Wissenschaftlicher Beirat für Familienfragen

Ausbildung, Studium und Elternschaft

Familie und Familienwissenschaft

Herausgegeben von Sigrun-Heide Filipp, Irene Gerlach, Siegfried Keil,
Notburga Ott und Kirsten Scheiwe

Wissenschaftlicher Beirat
für Familienfragen

Ausbildung, Studium und Elternschaft

Analysen und Empfehlungen zu
einem Problemfeld im Schnittpunkt
von Familien- und Bildungspolitik

Gutachten für das Bundesministerium
für Familie, Senioren, Frauen und Jugend

VS VERLAG

Bibliografische Information der Deutschen Nationalbibliothek
Die Deutsche Nationalbibliothek verzeichnet diese Publikation in der
Deutschen Nationalbibliografie; detaillierte bibliografische Daten sind im Internet über
<http://dnb.d-nb.de> abrufbar.

1. Auflage 2011

Alle Rechte vorbehalten
© VS Verlag für Sozialwissenschaften | Springer Fachmedien Wiesbaden GmbH 2011

Lektorat: Dorothee Koch

VS Verlag für Sozialwissenschaften ist eine Marke von Springer Fachmedien.
Springer Fachmedien ist Teil der Fachverlagsgruppe Springer Science+Business Media.
www.vs-verlag.de

Das Werk einschließlich aller seiner Teile ist urheberrechtlich geschützt. Jede Verwertung außerhalb der engen Grenzen des Urheberrechtsgesetzes ist ohne Zustimmung des Verlags unzulässig und strafbar. Das gilt insbesondere für Vervielfältigungen, Übersetzungen, Mikroverfilmungen und die Einspeicherung und Verarbeitung in elektronischen Systemen.

Die Wiedergabe von Gebrauchsnamen, Handelsnamen, Warenbezeichnungen usw. in diesem Werk berechtigt auch ohne besondere Kennzeichnung nicht zu der Annahme, dass solche Namen im Sinne der Warenzeichen- und Markenschutz-Gesetzgebung als frei zu betrachten wären und daher von jedermann benutzt werden dürften.

Umschlaggestaltung: KünkelLopka Medienentwicklung, Heidelberg
Gedruckt auf säurefreiem und chlorfrei gebleichtem Papier
Printed in Germany

ISBN 978-3-531-18015-1

Inhalt

1	**Einführung**.. 1	
2	**Die Ausgangslage**.. 11	
2.1	Elternschaft und Bildungsbeteiligung im Lebensverlauf............... 12	
2.1.1	Vereinbarkeit von Bildungsbeteiligung und Elternschaft......... 13	
2.1.2	Bildungsniveau und Elternschaft... 16	
2.2	Empirische Daten 21	
2.3	Alleinerziehende Eltern in Ausbildung und Studium – (k)ein Sonderfall.. 28	
2.4	Die Situation von Müttern am Arbeitsmarkt 30	
2.5	Resümee 34	
3	**Elternschaft und Ausbildung im dualen Ausbildungssystem** 36	
3.1	Zur Häufigkeit von Ausbildung und gleichzeitiger Elternschaft 37	
3.2	Rechtliche Rahmenbedingungen 40	
3.2.1	Vereinbarkeit von Elternschaft und Ausbildung im dualen System 40	
3.2.2	Finanzielle Förderung der Elternschaft während der dualen Ausbildung 42	
3.3	Teilzeitberufsausbildung... 45	
3.3.1	Bildungspolitische Zielsetzung der Teilzeitberufsausbildung ... 45	
3.3.2	Entwicklung der Teilzeitberufsausbildung 48	
3.3.3	Übersicht derzeitiger Projekte zur Teilzeitausbildung............. 53	
3.4	Die Lage der Auszubildenden mit Kindern und die Auswirkungen früher Elternschaft auf den weiteren Lebensverlauf 57	

4 Elternschaft und Hochschulstudium 62
4.1 Zur Häufigkeit von Studium und Elternschaft 64
4.2 Rechtliche Rahmenbedingungen 69
4.2.1 Vereinbarkeit von Studium und Elternschaft 69
4.2.2 Kinderbetreuung während des Studiums 71
4.3 Die Lage der Studierenden mit Kindern 72
4.3.1 Daten zur sozio-ökonomischen Lage studierender Eltern 73
4.3.2 Möglichkeiten und Formen der Kinderbetreuung 82
4.3.3 Zeitverwendung im Spannungsfeld von Studium und Familie .. 88
4.3.4 Formen der familialen Arbeitsteilung 92
4.3.5 Studierverhalten von Studierenden mit Kindern vs. ohne Kinder 95
4.3.6 Studienabbruch und Elternschaft 100
4.4 Auswirkungen einer Elternschaft im Studium und in der Berufseingangsphase auf den weiteren Lebenslauf 105
4.5 Resümee zur Lebenslage studierender Eltern 110

5 Leistungen für junge Eltern in Ausbildung und Studium 112
5.1 Allgemeine Leistungen für junge Eltern in Ausbildung und Studium 113
5.1.1 Kindergeld und Kinderfreibeträge 113
5.1.2 Elterngeld 114
5.1.3 Bundesausbildungsförderung (BAföG) 115
5.1.4 Arbeitslosengeld (ALG I) 120
5.1.5 Arbeitslosengeld II, Sozialgeld und Sozialhilfe 120
5.1.6 Kinderzuschlag 126
5.1.7 Wohngeld und Wohnberechtigungsschein (WBS) 128
5.1.8 Krankenversicherung 129
5.1.9 Mutterschutz/Mutterschaftsgeld 130
5.1.10 Bundesstiftung Mutter und Kind – Schutz des ungeborenen Lebens 131
5.2 Spezifische Leistungen für Alleinerziehende 131
5.2.1 Entlastungsbetrag für Alleinerziehende 131
5.2.2 Unterhalt für Alleinerziehende 132
5.2.3 Unterhalt für Kinder 132
5.2.4 Unterhaltsvorschuss 133

5.3		Spezifische Regelungen und Leistungen für Studierende	134
	5.3.1	Eigene Erwerbstätigkeit	134
	5.3.2	Urlaubssemester	135
	5.3.3	Teilzeitstudium	135
	5.3.4	Stipendien	135
	5.3.5	Sonstiges	136
5.4		Spezifische Leistungen für Auszubildende	136
	5.4.1	Berufsausbildungsbeihilfe (BAB)	136
	5.4.2	Teilzeitberufsausbildung	137
5.5		Kinderbetreuung	138
	5.5.1	Kinderbetreuung für Kinder unter drei Jahren	138
	5.5.2	Kinderbetreuung für Kinder im Alter von drei bis sechs Jahren	140
	5.5.3	Kinderbetreuung für Kinder über sechs Jahren	140

6 Empfehlungen **142**

6.1		Empfehlungen für Elternschaft und duales Ausbildungssystem	144
	6.1.1	Modifizierung des Vollzeitprinzips in der beruflichen Ausbildung	144
	6.1.2	Angebote der Kinderbetreuung und Unterstützung bei der Alltagsorganisation	147
	6.1.3	Finanzierung der Ausbildung und Sicherung des Lebensunterhalts	148
	6.1.4	Kombinierte Maßnahmenbündel und Modellvorhaben	149
6.2		Empfehlungen für Elternschaft und Hochschule	151
	6.2.1	Umbau der Studienorganisation	152
	6.2.2	Verbesserung der Kinderbetreuung	155
	6.2.3	Maßnahmen zur Finanzierung von Elternschaft und Studium	158
	6.2.4	Unterstützung von „Familiengerechten Hochschulen"	162

7 Bedingungen schaffen für die Vereinbarkeit von Ausbildung, Studium und Elternschaft! Ein Plädoyer **164**

Literatur **168**

Mitglieder des Wissenschaftlichen Beirats für Familienfragen **179**

Verzeichnis der Tabellen

Tabelle 1:	Frauen, Mutterschaft und Ausbildungsniveau (Westdeutschland)	22
Tabelle 2:	Frauen, Mutterschaft und Ausbildungsniveau (Ostdeutschland)	23
Tabelle 3:	Regelmäßige wöchentliche Arbeitszeiten (Teilzeit- und Vollzeitbeschäftigte, in Stunden)	31
Tabelle 4:	Vollzeit- und Teilzeitquote von aktiv erwerbstätigen Müttern (ohne vorübergehend Beurlaubte)	32
Tabelle 5:	Lebendgeburten verschiedener Altersgruppen (2007)	37
Tabelle 6:	Geburtsjahrgangsgruppen[a], Zeitpunkt der Geburt ihrer Kinder	39
Tabelle 7:	Projekte zur Teilzeitausbildung	54
Tabelle 8:	Studierende mit Kind(ern)	65
Tabelle 9:	Männer und Frauen mit Hochschulabschluss, Geburtszeitpunkt ihrer Kinder	67
Tabelle 10:	Studierende im innereuropäischen Vergleich (2005)	68
Tabelle 11:	Studierende Eltern, Einkommensquellen[a] (prozentuale Verteilung)	78
Tabelle 12:	Studierende Väter und Mütter, Betreuungspersonen[a] (Prozent)	87
Tabelle 13:	Studienbezogenes Zeitbudget (Std./Woche)*	90
Tabelle 14:	Mittlere Zeitverwendung von Studierenden für einzelne Tätigkeiten (Std./Woche)	91
Tabelle 15:	Stellenwert des Studiums (Angaben in Prozent)	96
Tabelle 16:	Subjektives Belastungsniveau studierender Väter und Mütter (Anteil der Studierenden pro Kategorie; 100 Prozent = Zeilensumme jeweils für Väter resp. Mütter)	97
Tabelle 17:	Belastungen im Studium (relativer Anteil der Studierenden pro Kategorie)	98
Tabelle 18:	Studienabbruch, Familienstand (horizontal prozentuiert) und Elternschaft	102
Tabelle 19:	Anteilige Mieten nach Kinderzuschlag	127

Verzeichnis der Abbildungen

Abbildung 1: Studierende Väter und Mütter, Familienstand (prozentuale Verteilung) 74

Abbildung 2: Quelle und mittlere Höhe des Einkommens (in Euro) von Studierenden mit Kindern 75

Abbildung 3: Monatliche Ausgaben von Studierenden mit und ohne Kind (arithm. Mittel in Euro neben der Säule) 79

Abbildung 4: Zeitaufwand von Studierenden für Erwerbstätigkeit und Studium (m = männlich, w = weiblich) 81

Abbildung 5: Organisationsformen der Kinderbetreuung, (Studierende mit Kind in Prozent) 83

Abbildung 6: Organisationsform der Kinderbetreuung nach Tagesabschnitt (Studierende mit Kind in Prozent) 85

Abbildung 7: Mittlerer Zeitaufwand für Kinderbetreuung, Alter des Kindes 89

Abbildung 8: Studienunterbrechung ohne vs. mit Kind (prozentuale Anteile) (Studierende im Erststudium) 96

Abbildung 9: HochschulabsolventInnen in unbefristeter Vollzeitbeschäftigung in der privaten Wirtschaft im Jahr des Studienabschnitts (erste Befragung) und fünf Jahre danach (zweite Befragung) 108

1 Einführung

Es gehört zu den wichtigsten Lebenszielen fast aller jungen Frauen und Männer, eine Familie zu gründen und Kinder zu haben. Gleichzeitig gehört auch der Abschluss einer guten Ausbildung – sei es im dualen System, sei es im Hochschulbereich – zu den selbstverständlichen Lebenszielen junger Frauen und Männer. So nehmen weit mehr als die Hälfte der Absolventen und Absolventinnen allgemeinbildender Schulen anschließend eine berufliche Ausbildung auf, mehr als ein Drittel studieren, entweder im Anschluss an die schulische Ausbildung oder an eine berufliche Ausbildung. Allerdings erweist sich die gleichzeitige Verfolgung dieser beiden wichtigen Lebensziele – Ausbildung und Elternschaft – insbesondere für Frauen als außerordentlich schwierig und belastend. Dies hat zur Folge, dass ein großer Teil der Akademikerinnen, aktuell rund 30 Prozent, auf Elternschaft ganz verzichtet und dauerhaft kinderlos bleibt.

Die mangelnde Vereinbarkeit von Ausbildung und Elternschaft unter den gegenwärtigen Rahmenbedingungen, sowohl im Bildungswesen als auch am Arbeitsmarkt, verstößt nach Ansicht des Wissenschaftlichen Beirats für Familienfragen gegen den Grundsatz der Gewährleistung einer freien Entfaltung der Persönlichkeit. Diese mangelnde Vereinbarkeit steht darüber hinaus auch im Widerspruch zu den wohlverstandenen Interessen des Gemeinwesens. Denn die Gesellschaft ist auf die hohe Qualifikation der jungen Erwachsenen ebenso angewiesen wie auf die nachwachsende Generation von Kindern. Beide Aspekte gewinnen in der bevorstehenden Phase des demografischen Wandels stark an Bedeutung.

Alle politischen Parteien und gesellschaftlichen Gruppierungen sind sich darin einig, dass *Erwerbstätigkeit* und Elternschaft vereinbar sein sollten. Auch wenn diesbezüglich bei weitem noch nicht alle Probleme gelöst sind, ist es doch mittlerweile nicht mehr vorstellbar, dass die Unvereinbarkeit von Erwerbstätigkeit und Elternschaft einfach hingenommen wird. Im Gegensatz dazu ist die Vereinbarkeit von *Ausbildung* und Elternschaft bislang kein zentrales Thema im öffentlichen Bewusstsein und in politischen Debatten und Programmen. Diese Feststellung ist, trotz einiger bemerkenswerter Entwicklungen in den vergangenen fünf Jahren, unverändert aktuell.

Mit der hier vorgelegten Aktualisierung seines Gutachtens aus dem Jahre 2004 (zuerst unter dem Titel „Elternschaft und Ausbildung") will der Beirat dazu beitragen, dass die Frage der Vereinbarkeit von Ausbildung und Elternschaft den gleichen Rang einnimmt wie die Frage der Vereinbarkeit von Erwerbstätigkeit und Elternschaft. In beiderlei Hinsicht ist politisches Handeln erforderlich, das sich gleichermaßen an der Sicherung des Wohlergehens und der Wohlfahrt der einzelnen Bürger und Bürgerinnen sowie an den wohlverstandenen Interessen des ganzen Gemeinwesens orientiert. Diese grundsätzlichen Überlegungen werden hier zunächst näher begründet und durch Erläuterungen zum Aufbau des Gutachtens ergänzt.

In den letzten Jahrzehnten ist der Bildungs- und Ausbildungsbereich – bedingt durch den gesellschaftlichen Strukturwandel – kompliziert und für manche auch unübersichtlich geworden. Der Abschluss einer guten beruflichen Ausbildung bildet dabei in jedem Fall eine wesentliche Grundlage für ein selbstständiges und eigenverantwortliches Leben. Die Qualifikationen, die sich der Einzelne über das Bildungssystem erwirbt, sind in hohem Maße mitentscheidend für seine zukünftigen Berufschancen und seine beruflichen wie persönlichen Lebensperspektiven. Bildung leistet damit einen wesentlichen Beitrag zur freien Entfaltung der Persönlichkeit; sie sichert das formale Recht auf die freie Berufs- und Arbeitsplatzwahl materiell ab und übt einen wesentlichen Einfluss auf die Höhe und Stetigkeit des Erwerbseinkommens aus. Gleichzeitig werden über die faktischen Zugangsmöglichkeiten zum Bildungssystem künftige Lebenslagen verteilt; defizitäre Entwicklungen in der Bildungsphase lassen sich zu späteren Zeitpunkten nur noch schwer und unter hohem materiellen Aufwand korrigieren.

Daneben ist der Bildungsstand der Bevölkerung auch gesamtwirtschaftlich von zentraler Bedeutung. Gerade in einer hoch entwickelten Volkswirtschaft wie der unseren ist das Humanvermögen, d. h. das an den Faktor Arbeit gebundene Interaktions- und Produktionspotenzial, eine zentrale Quelle wirtschaftlichen Wohlstands. Insbesondere vor dem Hintergrund sinkender Geburtenzahlen und eines geänderten Altersaufbaus der Bevölkerung wird es für die künftige wirtschaftliche Entwicklung entscheidend darauf ankommen, Begabungen frühzeitig zu erkennen, individuelle Fähigkeiten umfassend zu entwickeln und den Wissensstand der Bevölkerung zu erhöhen.

Es gibt eine Vielzahl schulischer Bildungswege, anerkannter Ausbildungsberufe, Studiengänge und Bildungsangebote. Dadurch wird die Vielfalt an Lebensoptionen für junge Menschen erhöht, oft aber auch die Orientierungs- und Entscheidungsfähigkeit junger Menschen und die ihrer Eltern auf die Probe gestellt. Ein weiteres Kennzeichen der heutigen Zeit ist, dass Bildungs- und Ausbildungsgänge nicht mehr auf eine eng begrenzte Lebensphase (z. B. die Schulzeit) beschränkt sind. Vielmehr ist lebenslanges Lernen gefordert, das viel – etwa im Rahmen der beruflichen Weiterbildung – praktiziert wird. Neben der erwähnten Vielfalt der Bildungs- und Ausbildungswege haben sich auch unterschiedliche Formen der gleichzeitigen wie der auf unterschiedliche Weise verschränkten Abfolge von Ausbildung, Erwerbstätigkeit und Familientätigkeit herausgebildet, die sich in vielfältigen Lebensverlaufsmustern abbilden (können).

Eine wesentliche Entwicklung der letzten Jahrzehnte besteht darin, dass der Abschluss formaler Ausbildungsgänge mit einem immer höheren Lebensalter erreicht wird. Ein ständig wachsender Anteil junger Frauen und Männer absolviert immer längere schulische und nachschulische Ausbildungsgänge. Das am meisten diskutierte Beispiel dafür sind „überlange" Studienzeiten an Hochschulen. So sind Studierende beim Erreichen eines Diploms an einer Universität 27,9, beim Erreichen eines Fachhochschuldiploms 27,8, beim Bachelor 25,8 und beim Master 28 Jahre alt (Statistisches Bundesamt 2007b: 13); aber auch das durchschnittliche Alter der Auszubildenden im dualen System ist – bei einer erheblichen Streuung – seit 1970 um mehr als zwei Jahre angestiegen (Berufsbildungsbericht 2001). Derzeit bemüht sich die Politik allerdings auf verschiedene Weise – etwa durch frühere Einschulung, Verkürzung der Regeldauer der Gymnasialbildung und nicht zuletzt durch die Einführung des Bachelor-Abschlusses – Rahmenbedingungen zu schaffen, unter denen dieser Trend umgekehrt werden könnte.

Die verlängerten Ausbildungszeiten, die in der Öffentlichkeit bislang vor allem unter den Aspekten der dadurch verkürzten Lebensarbeitszeiten, der Wettbewerbsfähigkeit im internationalen Vergleich u. ä. diskutiert werden, sind auch in familienpolitischer Hinsicht zu beachten.

Zum Ersten stellt sich die Frage nach der Vereinbarkeit von Ausbildung bzw. Studium und Elternschaft. Mit der steigenden Zahl und dem steigenden Alter Studierender könnte die Zahl der jungen Menschen weiter zunehmen, die während ihres Studiums Kinder haben werden (Huinink 1995; Schnitzer, Isserstedt, Middendorff 2001), und dies umso mehr, als – wie erwähnt – eine zunehmend große Gruppe junger Menschen die Teilhabe am tertiären Bildungssektor anstreben wird. Daneben gibt es eine nicht vernachlässigbare Anzahl von Frauen und Männern im späten Jugend- oder frühen Erwachsenenalter, die während ihrer Ausbildungszeit im dualen System Mütter oder Väter werden. Mit Blick auf diese Gruppe gilt es, auch die mangelnde Familienorientierung des Ausbildungssystems zu beleuchten.

Zum Zweiten wird in dem Maße, in dem der Abschluss einer Ausbildung immer später erfolgt, der Start in die eigene Familie von immer mehr jungen Menschen hinausgeschoben. Damit erhöht sich das Risiko, eine einmal geplante Familie später nicht mehr realisieren zu können – zumal die Bedingungen für die Vereinbarkeit von Familientätigkeit und (qualifizierter) Erwerbstätigkeit nach dem Abschluss einer Ausbildung ebenfalls defizitär geblieben sind. Indes sind für die überwiegende Mehrzahl junger Frauen und Männer der Kinderwunsch respektive der Wunsch nach Gründung einer Familie nach wie vor eine zentrale Option in ihrem Leben. Das gilt zunächst weitestgehend unabhängig von ihrer eigenen sozialen Herkunft, ihrem geplanten oder erreichten (Aus-)Bildungsstand bzw. ihrer aktuellen Lebenslage und ihren beruflichen Orientierungen. Der ursprünglich artikulierte Kinderwunsch wird aber offensichtlich bei einer nicht zu vernachlässigenden Zahl junger Erwachsener schließlich nicht in die Wirklichkeit umgesetzt.

Lange war es die (statistische) Norm, dass die einzelnen Entwicklungsaufgaben des Jugendalters und jungen Erwachsenenalters in einer klar definierten zeitlichen Abfolge zu bewältigen waren: Auf den Abschluss einer Ausbildung folgten der Eintritt in die Erwerbstätigkeit, die ökonomische Unabhängigkeit von den Eltern, der Aufbau einer dauerhaften Paarbeziehung und schließlich die Elternschaft und das Aufziehen von und Leben mit Kindern. Die Lebensverläufe waren in diesem Altersbereich somit durch eine eindeutige Abfolge dieser einzelnen Entwicklungsschritte charakterisiert. Doch mit der Verlängerung der Ausbildungszeiten gerät dieses sequentielle Muster von Ausbildung, Erwerbseintritt und Familiengründung ins Wanken. Zunehmend müssen viele dieser Aufgaben und Entwicklungsschritte innerhalb eines deutlich engeren Zeitfensters und/oder in einer veränderten zeitlichen Abfolge bewältigt werden. Dies kann auf individueller wie gesellschaftlicher Ebene in der Regel nicht konfliktfrei erfolgen; vielmehr sind Zielkonflikte der einen oder anderen Art strukturell programmiert. So mag der Wunsch nach ökonomischer Unabhängigkeit von den Eltern die Realisierung des Kinderwunsches zum eigentlich gewünschten Zeitpunkt verhindern oder der Wunsch nach einem Kind tatsächlich oder vermeintlich (jedenfalls von den Betroffenen so antizipiert) mit dem erfolgreichen Abschluss eines Studiums innerhalb eines bestimmten (z. B. durch Prüfungsordnungen definierten) Zeitrahmens unvereinbar werden.

Für junge Paare wird es somit immer schwieriger, in ihrem Lebenslauf ein Zeitfenster zu bestimmen, innerhalb dessen die Übernahme der Elternrolle mit anderen Aufgaben der Lebensführung und anderen Entwicklungsschritten in Einklang gebracht werden kann. Die Phase des Studiums erscheint der überwiegenden Zahl der Studierenden als eine wenig geeignete Zeit für Elternschaft – zumindest unter den gegenwärtigen Rahmenbedingungen und vor deren Hintergrund auch nicht zu Unrecht. Offensichtlich sehen die Studierenden den Abschluss des Studiums als eine wichtige Voraussetzung für Elternschaft an, soweit sie glauben, damit eine gefestigte berufliche Position – mindestens auf Seiten eines Partners – erreicht und eine tragfähigere finanzielle Perspektive für die zu gründende Familie gewonnen zu haben (Schneewind, Vascovics 1992). Doch auch dieser Zeitpunkt ist problematisch geworden, weil gerade in der Gruppe der Hochschulabsolventen und -absolventinnen die Zahl derjenigen, die nach Abschluss des Studiums in zeitlich befristeten Beschäftigungsverhältnissen erwerbstätig sein muss, stark zugenommen hat (siehe Middendorff 2003). In dieser Gruppe gibt es große Unsicherheit im Hinblick auf die Planbarkeit des eigenen Lebenslaufs sowie auf die finanziellen Grundlagen für die Realisierung ihres Kinderwunsches (vgl. auch Grünheid 2003). Das führt zu weiterem Druck, eine Elternschaft aufzuschieben. Wollen gerade junge Frauen all ihre beruflichen Optionen wahren, die sich ihnen nach Abschluss eines Hochschulstudiums eröffnet haben, so scheint es sich in der derzeitigen Situation ohnehin zu verbieten, in der Berufseinstiegsphase ein Kind zu bekommen. Damit wird erneut das grundsätzliche Problem der (mangelnden) Vereinbarkeit von Familientätigkeit und Erwerbstätigkeit in das Blickfeld gerückt, zu dem sich der Wissenschaftliche Beirat für Familienfragen schon mehrfach geäußert hat (siehe das Gutachten „Familie und Arbeitswelt" 1984 sowie zuletzt die Gutachten „Ganztagsschule – eine Chance für Familien" 2006a und „Bildung, Betreuung und Erziehung für Kinder unter drei Jahren" 2008).

Die Folgen sind besonderes bei den sehr gut ausgebildeten resp. hochqualifizierten Frauen zu erkennen. Wie die Daten des Mikrozensus 2008 ausweisen, bleiben in Westdeutschland mittlerweile rund 30 Prozent der jüngeren Frauen mit Hochschulabschluss dauerhaft kinderlos; für Ostdeutschland ergibt sich bis auf Weiteres allerdings ein deutlich niedrigerer Anteil. Hingegen sind von den altersgleichen Frauen ohne beruflichen Abschluss – bei gleichfalls stark gestiegenem Anteil – lediglich 15 Prozent kinderlos. In der Gruppe der weiblichen Führungskräfte sind – je nach Datenbasis und Abgrenzung der Zielgruppe – mehr als 42 Prozent (BMFSFJ 2008d: 54) oder sogar mehr als 70 Prozent (DIW 2006: 366) kinderlos. Diese Zahlen sprechen dafür, dass der oben erwähnte Zielkonflikt in vielen Fällen zu Ungunsten der Realisierung des Kinderwunsches bzw. der Elternschaft und zu Gunsten der Entscheidung für eine Erwerbstätigkeit und eine berufliche Karriere „gelöst" wurde. Die Daten verweisen auch darauf, das sei noch einmal hervorgehoben, dass die Vereinbarkeit von Ausbildung/Hochschulstudium und Familientätigkeit nur eine Facette des grundlegenden Problems der mangelnden Vereinbarkeit i. w. S. – von Ausbildung, Beruf/Erwerbstätigkeit und Familientätigkeit – ist.

Es wäre jedoch eine verkürzte Perspektive, wollte man den skizzierten Zielkonflikt nur auf individueller Ebene beleuchten. Vielmehr lässt er sich auch auf gesellschaftlicher Ebene nachzeichnen, und er ist hier von nicht minderer Brisanz. Denn es sind auf dieser Ebene ebenfalls zwei gleichermaßen hochrangige Ziele zu vereinbaren, nämlich zum einen die Förderung der Bildung und der Ausbau des Humanvermögens durch institutionalisierte Aus-, Fort- und Weiterbildung, zum anderen die generative Reproduktion desselben, d. h. die Gründung von Familien: So wie der Erhalt der wirtschaftlichen Leistungsfähigkeit die Förderung und Nutzung des Humanvermögens erfordert, so verlangt die Sicherung der sozialstaatlichen Ordnung, dass in der nachwachsenden Generation genügend Kinder geboren und erzogen werden, um die Sozialsysteme erhalten und die wirtschaftliche Leistungsfähigkeit auch in Zukunft sichern zu können (siehe hierzu auch das Gutachten des Wissenschaftlichen Beirates für Familienfragen beim BMFSFJ „Gerechtigkeit für Familien" 2001). Beide Ziele dürfen weder als miteinander unvereinbar angesehen werden, noch darf das entstehende „Dilemma", das gegenwärtig aus den Schwierigkeiten der Vereinbarkeit erwächst, individualisiert werden.

Das Problem der Vereinbarkeit von Elternschaft und Ausbildung stellt sich nicht nur im Rahmen des Hochschulstudiums, sondern auch während der Phase der beruflichen Ausbildung. Es sprechen mehrere Gründe dafür, der Elternschaft während der Ausbildung im dualen System ein eigenes Kapitel in diesem Gutachten zu widmen.

Zum Ersten haben wir es mit einer nicht zu vernachlässigenden Zahl von Frauen und Männern im späten Jugend- oder frühen Erwachsenenalter zu tun, die Ausbildung und Familientätigkeit zu vereinbaren haben. Zum Zweiten kann eine sehr frühe Elternschaft während der beruflichen Ausbildung eine Reihe von Folgeproblemen zeitigen, die sich deutlich von jenen unterscheiden, die im Umfeld der (ggf. „zu späten") Realisierung des Kinderwunsches in der Gruppe der Studierenden bzw. Hochschulabsolventen und -absolventinnen auftreten können. Die für diese Zielgruppe zu formulierenden Empfehlungen zur Verbesserung der Vereinbarkeit von Ausbildung und Familientätigkeit müssen – auch aufgrund des Altersunterschieds – andere sein als die für Studierende. Und schließlich sind bei der Analyse der Vereinbarkeit von Elternschaft und Ausbildung die Besonderheiten des dualen Ausbildungssystems und seiner Träger zu berücksichtigen. Die Empfehlungen richten sich daher an einen anderen Adressatenkreis, als dies bei den Empfehlungen für den Hochschulbereich der Fall ist.

Die hier skizzierte mangelnde Vereinbarkeit zeigt sich auch im Bereich der Weiterbildung. Neben der Ausbildung im Rahmen eines Studiums oder des dualen Systems entscheiden vor allem Möglichkeiten zur stetigen Weiterbildung im Erwerbsleben über den beruflichen Werdegang. Für die große und in Zukunft noch wachsende Bedeutung der Weiterbildung im Rahmen der individuellen, aber auch der gesamtgesellschaftlichen Entwicklung gibt es eine Reihe von Gründen.

Wie erwähnt, sind eine gute Ausbildung und weiteres kontinuierliches Lernen Voraussetzungen für Autonomie und Verantwortungsübernahme des Einzelnen im Rahmen beruflicher Arbeitsorganisation. Auch die veränderten Anforderungen der Zivilgesellschaft und die flächendeckende Technisierung des Alltags erfordern lebenslanges Lernen, das nach einem weit gefassten Verständnis die

Gesamtheit allen formalen, nicht formalen und informellen Lernens über den gesamten Lebenszyklus eines Menschen hinweg beinhaltet. Individuell wie kollektiv bedeutsam ist die Tatsache, dass heute große Teile erworbenen Wissens schnell veralten. Wenn aber Wissen und Kompetenzen stetig aktualisiert werden müssen, dann relativiert sich der Wert dessen, was früher in Schule und Ausbildung gelernt wurde, zu Gunsten der Weiterbildung (Forum Bildung 2001). Gerade mit Blick auf die gesamtgesellschaftliche Entwicklung sind Weiterbildung und lebenslanges Lernen von eminenter Bedeutung, da Deutschland sich – wie alle entwickelten Volkswirtschaften – im Übergang zu einer wissensbasierten Gesellschaft befindet, und wissensbasierte Dienstleistungen zukünftig den größten volkswirtschaftlichen Sektor ausmachen werden. Exportorientierung und zunehmende Globalisierung sorgen nicht nur für erhöhten Wettbewerb, sondern auch für eine zunehmende Internationalisierung der Arbeitsorganisation. Angesichts der demografischen Situation werden Erhaltung und Entwicklung des Wissens und der Kompetenzen älterer Arbeitnehmer einer der zentralen Wege sein, dem Arbeits- und Fachkräftemangel entgegen zu wirken. Der laufende Wandel von Arbeits- und Erwerbsformen und die Entwicklung hin zu einer Wissensgesellschaft machen Weiterbildung und lebenslanges Lernen also unverzichtbar, wenn eine hohe berufliche Qualifikation und das Humanvermögen insgesamt langfristig gesichert werden sollen.

Trotz der Bedeutung, die Weiterbildung und lebenslanges Lernen haben, wird dieses Gutachten dazu keine weiteren Ausführungen machen bzw. machen können. Eine differenzierte Bearbeitung des gesamten Bereiches der Weiterbildung setzt nicht nur die Unterscheidung nach Weiterbildung in Eigenverantwortung, durch Maßnahmen der Arbeitsförderung (SGB III) sowie durch Arbeitgeber voraus. Sie erfordert auch eine genaue Analyse der Ursachen für (Nicht-)Partizipation und etwaige systematische Benachteiligung sowie eine Analyse der Voraussetzungen für und der Folgen von Weiterbildung auf Seiten der einzelnen Familienmitglieder. Eine solche Bearbeitung des Themas ist im Rahmen des vorliegenden Gutachtens nicht zu leisten. Insbesondere die Tatsache, dass die Datenlage zur Situation von ArbeitnehmerInnen mit Elternverantwortung – sei es im Rahmen der Weiterbildung nach dem SGB III, sei es mit Blick auf Weiterbildung durch Arbeitgeber – insgesamt lückenhaft ist, gebietet es, die eigenständige und grundsätzliche Bearbeitung des Themas in diesem Gutachten auf die Seite zu rücken[1].

---

[1] Erste Evidenz liefern mittlerweile Büchel und Pannenberg (2004) sowie Puhani und Sonderhof (2008). Demzufolge nehmen Frauen mit Kindern speziell dann, wenn sie zugleich mit einem Partner zusammen leben, deutlich seltener an Weiterbildungsmaßnahmen teil als Frauen ohne Kinder oder Männer in ansonsten gleicher Lage. Für den Bereich der betrieblichen, vom Arbeitgeber getragenen Weiterbildung wurde erst jüngst nachgewiesen, dass die Verlängerung der Eltern- bzw. Erziehungs-

Vor diesem Hintergrund verfolgt das vorliegende Gutachten das Ziel, die „strukturelle Rücksichtslosigkeit" des Bildungssystems gegenüber Belangen von Familien zu analysieren, von der bereits im Fünften Familienbericht (BMFuS 1994) die Rede war, und Maßnahmen zu ihrer Überwindung vorzuschlagen. In diesem Zusammenhang sind strukturelle Veränderungen im Hochschulwesen sowie im Bereich der dualen Ausbildung ins Auge zu fassen. Trotz ermutigender Ansätze zu einer Neuorientierung können veränderte Rahmenbedingungen in unserer Gesellschaft, nicht zuletzt die gravierenden Veränderungen im gesellschaftlichen und wirtschaftlichen Kommunikationssystem, dazu führen, dass wir uns von einer Familienorientierung der Arbeitswelt immer weiter entfernen, statt uns – wie seit langem und vielerorts gefordert – einer größeren Vereinbarkeit von Erwerbstätigkeit und Familientätigkeit zu nähern. Daher ist dringend geboten, die Rahmenbedingungen, die dem Wunsch nach Gründung einer Familie entgegenstehen und zu Lasten des Lebens mit Kindern gehen, angefangen von den Systemen der berufsqualifizierenden Bildung zu beleuchten. Gerade mit Blick auf die Vereinbarkeit von Studium und Elternschaft ist der Zeitpunkt dafür günstig, denn wir stehen mitten in einem grundlegenden Wandel der Hochschulpolitik (indiziert z. B. durch den „Bologna-Prozess" mit einem Übergang zu gestuften Studiengängen und die stark steigende Wettbewerbsorientierung der Hochschulen auf europäischer Ebene). Dieser Wandel muss von einer familienpolitischen Perspektive begleitet sein, da nur so die erwähnte „strukturelle Rücksichtslosigkeit" des Bildungssystems im Bereich der Hochschule überwunden werden kann.

Im Folgenden wird in Kapitel 2 zunächst die Ausgangslage skizziert, vor deren Hintergrund sich die generelle Frage nach der Vereinbarkeit von Ausbildung, Studium und Elternschaft stellt. Es werden empirische Befunde zum Zusammenhang zwischen Bildungsniveau und Elternschaft im Lebensverlauf und in seiner zeitlichen Entwicklung vorgestellt, und das Problem des Kinderwunsches und seiner Realisierung wird erörtert. Die beiden folgenden Kapitel 3 und 4 beschäftigen sich mit den Problemen der Vereinbarkeit von Elternschaft und Ausbildung im dualen System sowie der Vereinbarkeit von Elternschaft und Hochschulstudium. Beide Kapitel folgen einem ähnlichen Aufbau. Zunächst wird im Sinne einer Bestandsaufnahme beschrieben, welche Probleme der Ver-

---

zeit von 18 Monaten auf drei Jahre im Jahre 1992 einen signifikant negativen Effekt für die Beteiligung von jungen Frauen mit und ohne Kinder hatte. Im offiziellen Berichtswesen über die Weiterbildungssituation in Deutschland wird den Aspekten „Familie" oder „Kinder" im Bereich beruflicher Weiterbildung hingegen weiterhin kaum Aufmerksamkeit geschenkt (vgl. Kuwan et al. 2006: insbes. 69–71).

einbarkeit bei Auszubildenden bzw. Studierenden im Einzelnen zu konstatieren sind, und es werden die jeweiligen rechtlichen Rahmenbedingungen skizziert, vor deren Hintergrund die Vereinbarkeitsproblematik zu sehen ist. Im Weiteren wird die Lebenslage der Betroffenen dargestellt, soweit sich diese aus empirischen Studien erschließen lässt. In beiden Kapiteln werden sodann die Auswirkungen von Elternschaft während der Ausbildung bzw. eines Studiums auf den weiteren Lebensverlauf beleuchtet. Dabei wird versucht nachzuzeichnen, in welchem Maße Entwicklungsoptionen der Betroffenen – auch im beruflichen Bereich – durch eine Elternschaft berührt sind. Die Tatsache, dass sich die beiden Kapitel 3 und 4 erheblich in ihrem Umfang unterscheiden, ist darauf zurückzuführen, dass für den Bereich des Hochschulstudiums erheblich mehr empirisches Material vorliegt als für das System der dualen beruflichen Ausbildung. Zudem wird dieses Gutachten insgesamt auch verdeutlichen, dass zu vielen familienpolitisch bedeutsamen Problem- und Fragestellungen unser empirisch gesichertes Wissen mehr als defizitär ist.

Kapitel 5 ergänzt die Darstellung der Probleme der Vereinbarkeit einer beruflichen Ausbildung oder eines Hochschulstudiums mit Elternschaft durch einen Überblick über die wichtigsten familienpolitischen Instrumente, die derzeit in diesen Bereichen wirksam werden, auch wenn sie zumeist nicht speziell dafür geschaffen bzw. ausgestaltet worden sind. Kapitel 6 fasst – getrennt für die Felder berufliche Ausbildung und Hochschule – die Empfehlungen zusammen, die sich nach Meinung des Wissenschaftlichen Beirats aus seinen Untersuchungen und Überlegungen im Hinblick auf eine bessere Vereinbarkeit von Ausbildung/Studium und Elternschaft ergeben.

Die in diesem Gutachten dargelegten Empfehlungen folgen einem Grundprinzip, das der Wissenschaftliche Beirat für Familienfragen in seinem Gutachten „Gerechtigkeit für Familien" (2001) formuliert hat. Demzufolge geht es ihm nicht um eine „Privilegierung" von Familien und auch nicht um eine durch gesellschaftlichen Bedarf begründete pronatalistische Politik. Vielmehr geht es um die Forderung, dass „Gelegenheitsstrukturen" geschaffen werden müssen, die es Paaren erleichtern, sich ihren Kinderwunsch (auch) in der Phase des Studiums wie der dualen oder tertiären Ausbildung zu erfüllen und damit eine echte Wahlmöglichkeit zu schaffen, sowie um einen gerechten Familienlasten- und Familienleistungsausgleich. Konkret geht es vor diesem Hintergrund um Fragen der individuell wie aus gesellschaftlicher Perspektive richtigen Balance: Für junge Menschen muss erkennbar werden, dass sich Ausbildung/Studium und Elternschaft im Prinzip vereinbaren lassen, ohne dass daraus nachhaltig negative Folgen für das Leben der Kinder oder ihrer Eltern erwachsen. Es soll in diesem Gutachten nicht darum gehen, scheinbar „optimale" Zeitfenster für eine Elternschaft zu definieren. Vielmehr soll aufgezeigt werden, wie die Optionen der

Lebensgestaltung für junge Menschen – nicht zuletzt für Frauen, die eine Ausbildung im dualen System oder ein Studium anstreben und erfolgreich absolvieren wollen – erweitert werden können. Dasselbe gilt im Hinblick auf die Optionen für Eltern, die bereits Erwerbsarbeit leisteten, nun aber eine „Familienphase" mit Weiterbildung oder mit beruflicher Spezialisierung durch einen (weiteren) Abschluss verbinden wollen.

Besonderer Dank für ihre engagierte Unterstützung bei der Aktualisierung dieses Gutachtens gilt den Mitarbeitern und Mitarbeiterinnen Frau Catherine Gregori (Ruhr-Universität Bochum) sowie Herrn Christian Damhus (Westfälische Wilhelms-Universität Münster) und Frau Alexandra Ressel (Katholische Universität Eichstätt).

2 Die Ausgangslage

Die Geburt von Kindern während einer Ausbildung oder während eines Studiums ist in der Bundesrepublik Deutschland ein relativ seltenes Ereignis. Generell sind in den letzten Jahrzehnten immer weniger Paare eine frühe Elternschaft eingegangen, auch wenn die absolute Zahl der Lebendgeburten bei Frauen jüngeren Alters durchaus beachtenswert ist. Von den insgesamt 684.862 lebend geborenen Kindern des Jahres 2007 wurden nach Angaben des Statistischen Bundesamts (2009c: 54, 56) 17.719 Kinder von Frauen im Alter von unter 20 Jahren (2,6 Prozent) und 96.433 Kinder von Frauen im Alter von 20 bis unter 25 Jahren (14,1 Prozent) geboren.

Der Anteil der Kinder, die von Frauen in einem jüngeren Alter geboren wurden, ist gleichwohl seit den Geburtsjahrgängen der späten 1940er-Jahre kontinuierlich zurückgegangen. Das sei an einer einfachen demografischen Größe veranschaulicht (Statistisches Bundesamt 2009d): In den westdeutschen Frauenjahrgängen, die Mitte der 1940er-Jahre geboren wurden (Jahrgänge 1944-1948), sind knapp 16 Prozent der durchschnittlichen Kinderzahl einer Frau bis zum Alter von 20 Jahren realisiert worden[2]. In den Jahrgängen, die Mitte der 1970er-Jahre (1974-1978) geboren wurden, ist dieser Anteil in den alten Bundesländern auf etwa 6,5 Prozent gesunken, wenn man eine vollendete Geburtenzahl von 1,4 Kindern je Frau unterstellt. Bis zum Alter von 25 Jahren wurden in den westdeutschen Frauenkohorten der späten 1940er-Jahre gut 55 Prozent der durchschnittlichen Kinderzahl erreicht. In den jungen Kohorten liegt dieser Wert nur noch bei knapp 28 Prozent. In der DDR gründeten bekanntermaßen sehr viel mehr Menschen ihre Familie in einem jungen Alter als in der alten Bundesrepublik. Aber auch hier weisen die Frauenkohorten der späten 1940er-Jahre mit 22 Prozent den höchsten Anteil der bis zum Alter von 20 Jahren geborenen Kinder an der durchschnittlichen Kinderzahl auf. Bis zum Alter von 25 Jahren wurde in diesen Jahrgängen die durchschnittliche Kinderzahl sogar zu 69 Prozent realisiert. Für die Kohorten 1974-1978 sinken diese Anteile etwa auf die westdeut-

---

[2] Dieser Anteil wird als Verhältnis der kumulierten altersspezifischen Geburtenziffern der Frauen eines Geburtsjahrgangs für die Altersjahre bis unter 20 Jahren zur zusammengefassten Geburtenziffer, die eine Schätzung der durchschnittlichen Gesamtkinderzahl einer Frau dieses Geburtsjahrgangs darstellt, berechnet. Die zusammengefasste Geburtenziffer dieser Kohorte liegt bei 1,71 Kindern je Frau.

schen Werte, wenn wiederum eine vollendete Geburtenzahl von 1,4 Kindern je Frau unterstellt wird. Dabei ist jedoch zu beachten, dass die Jahrgänge 1974-1978 etwa zur Wendezeit ins gebärfähige Alter kamen, und tatsächlich steigt der Anteil der bis zum Alter von 20 Jahren geborenen Kinder in den Kohorten ab 1979 wieder leicht an – interessanterweise jedoch nicht der Anteil der bis zum Alter von 25 Jahren geborenen Kinder. Dies passt zu dem Befund, dass in den neuen Bundesländern seit 1995 wieder ein steigender Trend bei der sog. Teenage-Mutterschaft beobachtet wird[3]. Dies geschieht jedoch zum einen auf niedrigem Niveau: Der Mikrozensus 2008 (Statistisches Bundesamt 2009a: Tabelle 1) weist für das gesamte Bundesgebiet 21.000 16- bis 19-jährige Mütter aus, das sind 1,18 Prozent der Frauen dieses Alters. Davon leben 16.000 in Westdeutschland (1,09 Prozent), der Rest in Ostdeutschland (1,63 Prozent). Und zum anderen erreichen die Anteile der Kinder, die von unter 20jährigen Müttern geboren werden, noch nicht wieder das Vorwendeniveau.

Die genannten Zahlen legen nahe, dass dennoch eine nicht zu vernachlässigende Zahl junger Frauen und Männer bereits während einer Ausbildung Eltern wird, weil viele junge Menschen in der betrachteten Altersspanne ihre berufliche Ausbildung oder ihr Studium absolvieren. Man weiß aber auch, dass die Bildungsexpansion und die Verlängerung der Ausbildungsbeteiligung junger Menschen für den starken Wandel des Geburtenverhaltens in der Bundesrepublik Deutschland mitverantwortlich waren. Bevor in den nächsten Abschnitten weiterführende empirische Befunde vorgestellt werden, soll daher kurz reflektiert werden, welche Faktoren für den Zusammenhang zwischen Bildungsbeteiligung, Bildungsniveau und Familienentwicklung von Bedeutung sind.

2.1 Elternschaft und Bildungsbeteiligung im Lebensverlauf

In der Diskussion um den Zusammenhang zwischen der Bildungsbeteiligung bzw. dem Bildungsniveau und der Kinderzahl von Personen unterscheidet man sinnvollerweise zwischen zwei Ursachenkomplexen, die das Geburtenverhalten beeinflussen, nämlich Auswirkungen der Tatsache, dass man sich in Ausbildung oder Studium befindet (sog. Institutioneneffekte), sowie Auswirkungen des erreichten Bildungsniveaus (sog. Niveaueffekte).

---

[3] Aus theoretischer Sicht ist dieser Befund nicht ganz überraschend, da eine Teenage-Mutterschaft mitunter als Ausdruck einer geringen biographischen Perspektive angesehen wird. Dabei spielen die Chancen für eine erfolgreiche Ausbildung und eine einträgliche Erwerbsbeteiligung eine wichtige Rolle. Viele Kinder von sehr jungen Müttern werden schon vor einer beruflichen Ausbildung geboren.

2.1.1 Vereinbarkeit von Bildungsbeteiligung und Elternschaft

Die Bereitschaft zu einer Elternschaft hängt eng damit zusammen, ob man sich in einer Ausbildung befindet oder nicht (Institutioneneffekte). Dabei gilt – jedenfalls unter den gegebenen Rahmenbedingungen in Deutschland –, dass Männer und Frauen während einer Ausbildung oder während eines Studiums mit einer deutlich geringeren Wahrscheinlichkeit eine Familie gründen dürften als in den darauf folgenden Lebensphasen. Diese These lässt sich mit einer Reihe von Argumenten gut begründen. Mindestens drei Aspekte kann man unterscheiden.

Zum Ersten ist zu vermuten, dass junge Menschen, die in Ausbildung sind und die Grundlagen ihrer beruflichen Existenz schaffen, in der heutigen Zeit noch gar nicht ernsthaft über das „Ob" und „Wann" von Ehe und Familie nachdenken, weil sich in der Ausbildungszeit die Konturen der zukünftigen Lebensgestaltung erst allmählich herausbilden. In dieser Phase gewinnen viele junge Menschen erst Klarheit über die eigenen Lebenspläne und zukünftigen Lebensoptionen. Eine enge Bindung an einen Partner und an Kinder erscheint daher in dieser Zeit kaum opportun. Da gerade Elternschaft eine für die Lebensplanung sehr weitreichende, langfristige Bindung bedeutet, wird sie bis auf weiteres vermieden. Kurzum: eine Elternschaft steht für junge Frauen und Männer während der Ausbildungszeit und während eines Studiums in der Regel nicht auf der Tagesordnung. Sie wollen und müssen zunächst andere Entwicklungsaufgaben erfolgreich bewältigen, die für den Aufbau und die Sicherung ihres zukünftigen Lebensstandards bedeutsam sind.

Zum Zweiten ist davon auszugehen, dass Bildungsbeteiligung und Elternschaft schwer miteinander zu vereinbaren sind. In der Ausbildungsphase ist die Lebensführung des Einzelnen grundsätzlich auf den erfolgreichen Abschluss einer beruflichen Qualifikation ausgerichtet – dieser hat höchste Priorität, und die individuelle Zeitökonomie ist primär daran orientiert. Eine Elternschaft droht dem Ziel eines erfolgreichen Ausbildungsabschlusses ernsthaft zuwider zu laufen und könnte den Erwerb wichtiger Ressourcen (im Sinne des Humanvermögens) für die zukünftige Lebensgestaltung gefährden. Kinder beanspruchen ein erhebliches Maß an Zeit und Aufmerksamkeit, die neben dem Engagement in der Ausbildung aufzubringen wären. Die Aufgaben der Kindererziehung und -betreuung, die in der individuellen Gestaltung des Alltagslebens einen breiten Raum einnehmen müssten, würden zu sehr mit den Erfordernissen der Ausbildung/eines Studiums konfligieren. Dass man umgekehrt von positiven Rückwirkungen einer Elternschaft auf den Ausbildungserfolg ausgehen könnte, erscheint hingegen weniger naheliegend.

Zum Dritten streben viele junge Erwachsene eine Elternschaft während der Ausbildung deshalb nicht an, weil sie ihren Lebensunterhalt während der Ausbildungszeit in der Regel noch nicht selbst bestreiten und weitgehend von Dritten (meistens von den Eltern) abhängig sind. Sie können daher kein stabiles, eigenständig erwirtschaftetes Einkommen vorweisen und die notwendigen Ressourcen für den Lebensunterhalt von Kindern nicht selbst bereitstellen. Dieses wird aber als wichtige Grundlage für die langfristig zu sichernde Versorgung einer Familie betrachtet. Junge Erwachsene sehen sich den Anforderungen einer „verantworteten Elternschaft" nicht gewachsen, wenn sie diese Voraussetzung nicht erfüllen. Elternschaft wird nach dem Motto „Alles zu seiner Zeit" auf die Lebensphase nach der Ausbildung verschoben. Dieses Motto muss auch noch auf die Berufseinstiegsphase bezogen werden. Denn während der ersten Jahre der Berufstätigkeit geht es nicht nur für Männer darum – wie es traditionell immer schon der Fall war –, eine möglichst stabile berufliche Situation und eine verlässliche wirtschaftliche Grundlage für eine Familie zu schaffen. Ebenso streben viele Frauen zunächst eine gute berufliche Position an, die es ihnen erlaubt, die Risiken, die mit der Geburt und Erziehung eines Kindes für ihr berufliches Engagement einhergehen, gering zu halten. Angesichts der Unsicherheiten auf dem Arbeitsmarkt mag dies für sie ein umso dringenderes Anliegen sein. Sie sind überwiegend bestrebt, zum Familieneinkommen beizutragen, um die finanziellen Belastungen erträglich zu gestalten und ihren Lebensstandard so weit wie möglich halten zu können.

Diese Situationsbeschreibung wird durch die Ergebnisse einer Studie des Hochschul-Informations-Systems (HIS) bestätigt, die im Jahre 2002 als Befragung einer als repräsentativ einzuschätzenden Stichprobe von N = 1.734 Studierenden durchgeführt wurde (Middendorff 2003). Fast zwei Drittel der befragten Studentinnen sahen den angemessenen Zeitpunkt für die Geburt des ersten Kindes erst dann als gegeben, wenn sie eine sichere berufliche Position eingenommen oder ausreichende Berufserfahrung gesammelt haben. Ein ähnliches Befundmuster zeigte sich in dieser Studie auch für männliche Studierende, wobei bei Letzteren der Aspekt der Sicherheit in der beruflichen Position eindeutig überwiegt.

Andererseits zeigen Ergebnisse der 18. Sozialerhebung des Deutschen Studentenwerks (Middendorf 2008: 59-68), in denen studierende Eltern einen Zusatzfragebogen ausfüllen konnten, dass sich die Vereinbarkeit von Elternschaft und Studium mittlerweile verbessert hat (Stichprobe N = 932). 54 Prozent der befragten Eltern geben an, dass sie noch einmal mit Kind studieren würden, weitere 6 Prozent würden dies tun, wenn das (jüngste) Kind schon etwas selbständiger ist. Zwischen West und Ost gibt es dabei große Unterschiede: 57 Prozent der studierenden Eltern in Westdeutschland sehen Elternschaft und Studium insgesamt als vereinbar an, 68 Prozent der Eltern in Ostdeutschland. Gegenüber 1991 haben sich die Werte für Ostdeutschland um 26 Prozentpunkte verbessert (hinsichtlich dieser hohen Zuwachsrate ist allerdings zu beachten, dass im Erhebungsjahr 1991 die Unsicherheit in Ostdeutschland besonders hoch gewesen sein dürfte), während in Westdeutschland immerhin 5 Prozentpunkte mehr Studierende Studium und Elternschaft für vereinbar halten. Insgesamt liegt der Anteil studierender Eltern in der zugrunde liegenden Befragung aus dem Jahre 2006 bei etwa 6 bis 7 Prozent. Seither ist er, bei kontinuierlich steigenden Studierendenzahlen, auf ca. 5 Prozent zurückgegangen (Isserstedt et al. 2010). Wesentliche Voraussetzung für die Vereinbarung von Kindern und Studium sind allerdings nicht nur das Vorhandensein eines Partners/einer Partnerin (wobei auch 40 Prozent der Alleinerziehenden eine Partnerin/einen Partner haben), sondern auch elternfreundliche Studienbedingungen.

Die Studie bestätigt damit Befunde einer Untersuchung der BZgA (2005: 42-44), die in einer repräsentativen Stichprobe von Akademikern und Akademikerinnen retrospektiv fragte, wie Eltern, die bereits im Studium Kinder bekommen hatten, die Vereinbarkeit von Studium und Elternschaft einschätzten. Die gleiche Frage wurde denjenigen gestellt, die während des Studiums noch keine Kinder hatten. 92 Prozent der frühen Eltern gaben an, dass Studium und Elternschaft gut oder – jedoch mit viel Geschick – vereinbar waren. Von den Befragten ohne Kinder in der Studienphase sagten 53 Prozent, dass Studium und Elternschaft gut bzw. mit Geschick vereinbar gewesen wären. Sind Kinder also erst einmal vorhanden, wird die Vereinbarkeit von Studium und Elternschaft überwiegend positiv gesehen, wobei zu beachten ist, dass die befragten Eltern in den 1970er bzw. 1980er-Jahren unter anderen Bedingungen als heute studierten. Die These der Unvereinbarkeit von Elternschaft, Ausbildung und Berufseinstieg kann daher keine allgemeine Gültigkeit beanspruchen.

Auch ein Blick auf die ehemalige DDR zeigt, dass es unter den dort gegebenen Bedingungen vorteilhaft sein konnte, zwar nicht unbedingt während einer beruflichen Ausbildung, aber doch während eines Studiums eine Familie zu gründen. Gesellschaftliche Rahmenbedingungen und geeignete sozial- und familienpolitische Regelungen entschärften die Vereinbarkeits-, Perspektiven- und Ressourcenprobleme und versetzten die jungen Menschen in die Lage, diese Probleme frühzeitig und dauerhaft zu lösen. Vereinbarkeitsprobleme während des Studiums wurden durch Freistellungsregelungen, finanzielle Unterstützungen seitens des Staates und zahlenmäßig ausreichende Betreuungsmöglichkeiten für die Kinder weitgehend ausgeräumt. Ressourcen- und Perspektivenprobleme waren angesichts einer beschränkten Optionenvielfalt und einer sicheren beruflichen Zukunft im Hinblick auf die weitere Lebensgestaltung von eher geringer Natur. Angesichts der überaus wichtigen Tatsache, dass die Vereinbarkeit von

Familientätigkeit und Erwerbstätigkeit auch nach dem Abschluss des Studiums im Planungssystem der DDR weitgehend gesichert war, musste es den angehenden Akademikerinnen (und Akademikern) vorteilhaft erscheinen, die Familienentwicklungsphase früh zu beginnen und abzuschließen, um die weitere Erwerbslaufbahn nicht durch geburtenbedingte Unterbrechungen zu beeinträchtigen (siehe hierzu auch die systemvergleichende Analyse des Wissenschaftlichen Beirats für Familienfragen in seinem Gutachten „Leitsätze und Empfehlungen zur Familienpolitik im vereinigten Deutschland", 1991). Dieser Hintergrund erklärt auch, warum sich 1991 Studierende in Ostdeutschland skeptischer zur Vereinbarkeit von Familie und Studium äußerten. Bewährte Regelungen fielen mit der Wiedervereinigung weg, während die an ihre Stelle tretenden Maßnahmen in ihrer Wirkung noch nicht bekannt waren und daher nicht als verlässlich betrachtet werden konnten. Diese Zweifel scheinen sich aber relativiert zu haben, dazu dürfte insbesondere die weiterhin gute Versorgung mit Ganztagsbetreuungsplätzen auch für kleine Kinder in Ostdeutschland beigetragen haben. Das Beispiel zeigt aber auch, dass ein gesellschaftliches Klima, in dem Kinder selbstverständlicher zum Leben junger Erwachsener gehören, Elternschaft generell begünstigt.

2.1.2 Bildungsniveau und Elternschaft

Unabhängig von der aufschiebenden Wirkung der Bildungsbeteiligung, wie sie gerade dargelegt worden ist, kann auch das erreichte Bildungsniveau einen Einfluss auf die Kinderzahl haben (Niveaueffekte). Dabei ist zwischen dem grundsätzlichen Wunsch nach einer Bindung in Ehe und Elternschaft und der faktischen Umsetzung dieses Wunsches zu unterscheiden. So wird insbesondere auf der Grundlage eines ökonomischen Erklärungsansatzes postuliert, dass mit der Höhe des Bildungsniveaus eine Verringerung der realisierten Kinderzahl einhergeht, da die Opportunitätskosten, die durch (vorübergehende) Einschränkungen einer Erwerbsbeteiligung entstehen, mit dem Bildungsniveau steigen und mehr alternative Optionen der Lebensgestaltung bestehen. Zudem verlieren die instrumentellen Vorteile von Ehe und Elternschaft – verwiesen wird hier auf mögliche Einkommens- und Versicherungsnutzen von Kindern – an Bedeutung.

Diese Argumentation lässt sich um den Hinweis auf ein grundsätzlich gewandeltes Rollenbild der Frau in Haushalt und Gesellschaft ergänzen. Die Orientierung auf Erwerbstätigkeit und eine eigenständige Sicherung der Lebensgrundlagen sind für Frauen selbstverständlich geworden. Gleichzeitig sind auch die Ansprüche im Hinblick auf eine eigene Elternschaft und die damit verbundene Verantwortung für den Nachwuchs gestiegen. Mehr noch: Im Unterschied zu den

Orientierungen und Ansprüchen im außerfamilialen Bereich dürfte in Westdeutschland – im Unterschied zu Ostdeutschland – das traditionelle Eltern- und Mutterbild eine stärkere Bedeutung behalten haben. Die gestiegenen Erwartungen und Anforderungen an eine Elternschaft und die relative Resistenz eines traditionellen Leitbildes der Elternrolle (in Westdeutschland) erweisen sich dann gerade für Hochausgebildete als hohe Hürden dafür, Elternverantwortung zu übernehmen.

Auch wenn die traditionelle Rollenverteilung in Westdeutschland noch dominiert, zeigt eine Explorativstudie der Hans-Böckler-Stiftung (2009) zu den Auswirkungen des Elterngeldes doch, dass ihre Strukturen – auch dank des Elterngeldes – langsam aufgebrochen werden. Immer mehr Väter nehmen nach der Geburt ihrer Kinder eine berufliche Auszeit[4], und viele von ihnen haben auch ein Interesse daran, dauerhaft eine egalitärere Aufteilung von Erwerbs- und Familienarbeit zu erreichen. Inwiefern dies den Familien gelingen wird, ist indes noch unklar. Sicher ist jedoch, dass das Elterngeld mit seiner auch medialen Wirkung wie wenige Maßnahmen zuvor die Gelegenheit bietet, Normen und Wertvorstellungen dauerhaft zu verändern.

Man kann fragen, ob es angesichts der hier thematisierten weitreichenden Bedeutung des Bildungsabschlusses für die individuelle Lebensplanung nicht auch Aspekte geben könnte, die eine frühe Elternschaft begünstigen. Eine gute Ausstattung mit materiellen, sozialen und kulturellen Ressourcen, wie sie in den höher qualifizierten Bevölkerungsgruppen zu erwarten ist, ist einer an modernen Standards orientierten Gestaltung einer Paargemeinschaft und Familie dienlich. Ressourcen-, aber auch Vereinbarkeitsprobleme sollten dadurch an Brisanz verlieren. Allerdings muss eine geeignete Infrastruktur mit öffentlich oder privat organisierten Möglichkeiten der Kinderbetreuung zur Verfügung stehen, damit Väter *und* Mütter einer Erwerbstätigkeit nachgehen können. Gleichzeitig muss das Thema „Familie" in der Arbeitswelt einen höheren Stellenwert erhalten als bisher, denn den Erfordernissen einer befriedigenden Familientätigkeit ist auch hier Rechnung zu tragen. Es stellt sich daher die Frage, ob dem empirischen Befund, dass mit steigendem Bildungsniveau die realisierte Zahl der Kinder zurückgeht und die Wahrscheinlichkeit einer (dauerhaften) Kinderlosigkeit zunimmt, auch ein negativer Zusammenhang zwischen dem Bildungsabschluss und dem Kinderwunsch entspricht. Ist der Anteil derjenigen, die kinderlos bleiben wollen, etwa unter den Akademikerinnen größer als in anderen Bildungsgruppen? Bisherige Befunde zeigen, dass sich die verschiedenen Bildungsgruppen bezüglich des Wunsches nach Familie und Kindern zunächst nur geringfügig unterscheiden. So wünschen sich Frauen mit niedriger Bildung 1,82 Kinder,

---

[4] Vgl. auch Kluve, Tamm (2009: 19-24).

Frauen mit mittlerer Bildung 1,74 und Frauen mit höherer Bildung 1,71 Kinder. Jüngere Frauen zwischen 20 und 29 wünschen sich 1,72 Kinder, ältere zwischen 30 und 39 1,77 (Höhn, Ette, Ruckdeschel 2006: 15)[5]. Bestätigt wird dies auch durch die online-Befragung Perspektive Deutschland (2006: 82). Die Unterschiede sind damit jedenfalls keineswegs so groß, wie es die bildungsspezifischen Differenzen in der realisierten Kinderzahl sind. Vielmehr zeigt sich, dass der Wunsch nach Kindern unabhängig vom Bildungsniveau stark ist (vgl. auch Kluve, Tamm 2009: 25). Das bestätigt ältere Befunde der Verbundstudie zu „Optionen der Lebensgestaltung junger Ehen und Kinderwunsch" (Schneewind, Vaskovics 1996) und einer vom HIS durchgeführten Studie unter Studienanfängern, derzufolge eine überwältigende Mehrzahl der Befragten einer „lebenslangen Partnerschaft" (80 Prozent) und einer „Familie mit Kindern" (66 Prozent) eine sehr hohe resp. hohe Priorität beimisst (Heublein und Sommer 2000).

Zu beachten ist in diesem Zusammenhang allerdings auch, dass der Kinderwunsch seit dem Ende der 1980er-Jahre insgesamt von etwa 2,1 auf 1,7 gesunken ist. Bei einer durchschnittlichen Kinderzahl von ca. 1,5 Kindern je Frau hat sich die Spanne zwischen Kinderzahl und Kinderwunsch damit erheblich verringert. Daneben ist auffällig, dass die gewünschte Kinderlosigkeit angewachsen ist. Der ‚Generations and Gender Survey' aus dem Jahr 2005 zeigt, dass 18 Prozent der Frauen keine Kinder haben möchte. Allerdings richtet sich der Kinderwunsch bei der Mehrheit von 58 Prozent noch immer auf 2 oder mehr Kinder. Der Kinderwunsch alleine kann jedoch nicht als einziger Maßstab für die Beurteilung der Fertilitätssituation herangezogen werden, zum einen weil es Unsicherheiten bei der Messung gibt und zum anderen weil er im Lebensverlauf auch nicht statisch sein dürfte.

Dieses wird durch Ergebnisse der schon zitierten Erhebung des HIS untermauert (Middendorff 2003). Mit Blick auf ihre Lebensentwürfe geben von den im Durchschnitt 25 Jahre alten Studierenden drei Viertel an, dass sie (mindestens) ein Kind haben möchten. Die Zwei-Kind-Familie dominiert als Wunschbild. Nur ca. sieben Prozent der Befragten möchten explizit kein(e) Kind(er) haben. Immerhin ca. 20 Prozent der Befragten sind sich bezüglich ihres Kinderwunsches noch unsicher. Allerdings zeigt sich bei den Studentinnen mit zunehmendem Alter eine wachsende Verunsicherung hinsichtlich ihres Kinderwunsches. Und ab einem Alter von etwa 30 Jahren scheint sich ein „Einstellungsbruch" (Middendorff 2003: 12) zu vollziehen, denn der Anteil jener Studentinnen, die sich ihres Kinderwunsches unsicher sind, nimmt bei dieser Altersgrenze signifikant zu: Traf dies in der Gruppe der Unter-30-Jährigen nur auf rund 15

---

[5] In der Studie wurde gefragt: „Haben Sie vor, in den nächsten drei Jahren Kinder zu bekommen?" Durch den konkreten Zeitraum fallen die Angaben zum Kinderwunsch hier geringer aus als in anderen Studien mit allgemeinerer Fragestellung (Höhn, Ette, Ruckdeschel 2006: 15).

Prozent der Studentinnen zu, so steigt dieser Anteil bei den Über-30-Jährigen auf 27 Prozent. Ähnliches zeigt sich für jene (zahlenmäßig deutlich geringere) Teilgruppe, die sich bereits definitiv gegen ein Kind entschieden hat: Der relative Anteil dieser Studentinnen liegt bei den Unter-30-Jährigen bei fünf Prozent, bei den Über-30-Jährigen bereits bei zehn Prozent. Bei den männlichen Befragten im Alter über 30 nimmt die Sicherheit des Kinderwunsches dagegen wieder deutlich zu. Angesichts dieser Befunde ist zu vermuten, dass sich bei Frauen mit einem hohen Bildungsabschluss besonders häufig eine Diskrepanz zwischen ursprünglichem Kinderwunsch und der realisierten Kinderzahl auftut. Diese Vermutung kann in der Tendenz durch einfache empirische Analysen von Kinderwunsch und Kinderzahl von Frauen unterschiedlichen Bildungsniveaus bestätigt werden (Huinink 2000). Die Ursachen für diesen Sachverhalt sind vielfältig. Auch wenn sie im Detail noch nicht ausreichend erforscht sind, bieten einige Studien eine Reihe von Argumenten seiner Begründung an (Engstler und Lüscher 1991; Kühn 2003; Nave-Herz 1988).

Ganz offensichtlich spielen hier Vorstellungen der Befragten darüber, was der „günstigste" Zeitpunkt für die Geburt des ersten Kindes sei, eine wichtige Rolle. Normative Orientierungen zum Alter bei Elternschaft werden dann auch als Gründe für eine – anfänglich nicht intendierte – lebenslange Kinderlosigkeit angeführt (Kühn 2003). Auch werden medizinische Ursachen genannt. Das Sterilitäts- bzw. Infertilitätsrisiko steigt bekanntlich bei Frauen und Männern mit zunehmendem Alter (jenseits des 30. Lebensjahres) an, und die Wahrscheinlichkeit einer ungewollten Kinderlosigkeit erhöht sich. Viele Paare passen dann ihre Vorstellungen von einer eigenen Familie den biologisch gegebenen Möglichkeiten an.

Eine gewisse Brisanz erhalten diese Argumente vor dem Hintergrund, dass sich ab dem 30. Lebensjahr erst recht ein Zielkonflikt zwischen dem Wunsch nach Kindern und dem Wunsch nach einer (künftigen) qualifizierten Erwerbstätigkeit und gesellschaftlicher Partizipation auftut. In einem verallgemeinerten Sinne kann man hier von Zeitfenstern sprechen, die sich zu unterschiedlichen Zeitpunkten schließen (*developmental deadlines;* vgl. Heckhausen, Wrosch, Fleeson 2001), da biologische (z. B. Infertilitätsrisiko) und/oder gesellschaftliche Faktoren (z. B. Altershöchstgrenzen für bestimmte Positionen) das Erreichen hoch bewerteter Ziele in dem einen *und* dem anderen Lebensbereich unwahrscheinlich oder gar unmöglich machen. Ob und gegebenenfalls in welchem Ausmaß dies darüber hinaus zu Konflikten zwischen den Partnern oder gar zu einer nachhaltigen Beeinträchtigung ihrer Beziehungsqualität führt, lässt sich mangels vorliegender Evidenz nicht beantworten. Indes scheinen solche *spillover*-Effekte unter bestimmten Bedingungen sehr wahrscheinlich.

Ein weiterer Gesichtspunkt ist zu beachten: Es ist schon darauf hingewiesen worden, dass Frauen und Männer mit guten beruflichen Perspektiven nach dem Abschluss der Ausbildung zunächst eine Konsolidierung ihrer Erwerbssituation anstreben, um die Risiken, die Elternschaft für ihr berufliches Fortkommen erzeugen kann, möglichst gering zu halten. Dieser Prozess wird von hochgradigen Ambivalenzen begleitet, die subjektiv durch eine fehlende Klärung der individuellen biografischen Perspektiven, durch die bereits erläuterte Bedeutung individueller Unabhängigkeit und – strukturell – durch die fehlende Vereinbarkeit von Erwerbstätigkeit und Familientätigkeit genährt werden (Kühn 2003). Die Folge ist ein ständiger, sich oft in Etappen vollziehender Aufschub der Elternschaft. Er kann zwar einer bewussten Planung folgen, ist aber häufig durch die Ausblendung einer gezielten Familienplanung aus dem Lebensalltag charakterisiert, bei der der Kinderwunsch zunächst nicht grundsätzlich in Frage gestellt wird. Doch – so wird auch argumentiert – trete ein „Gewöhnungseffekt" an die Lebensgestaltung ohne Kinder ein (Nave-Herz 1988), und die Bereitschaft, den dabei erreichten Lebensstandard aufzugeben, sinke. Eine Abkehr von der Familie sei die Folge. So wird von vielen jungen Frauen und Männern das erwähnte Planungsproblem durch eine mehr oder minder bewusst getroffene, oft mit großen inneren Konflikten einhergehende Entscheidung zu Gunsten einer gesicherten beruflichen Zukunft und zu Ungunsten eines hochgradig bindenden und risikobehafteten Schritts in das Familienleben gelöst. Die Befürchtungen, eine als befriedigend erlebte Lebensführung in Partnerschaft *und* Beruf auf unabsehbare Weise zu gefährden, nehmen mit dem Alter zu und werden mitunter so groß, dass sogar ein ursprünglich starkes Bedürfnis nach Elternschaft immer wieder – und irgendwann für immer – aus den individuellen Lebensplänen ausgeblendet wird.

Auch wenn man diese Effekte nicht als zu stark einschätzen sollte, ist damit im Lebensverlauf doch eine Zunahme nicht realisierter Kinderwünsche verbunden. In einigen anderen europäischen Ländern ist die späte Abkehr von der Familie bei Paaren offensichtlich seltener zu beobachten. Zwar steht in Ländern wie Schweden oder Frankreich eine Elternschaft ebenfalls erst in einem höheren Lebensalter an. Dennoch bleiben hier – auch in der Gruppe der Akademiker und Akademikerinnen – bei weitem nicht so viele Menschen kinderlos wie in der Bundesrepublik Deutschland. Entscheidend scheint dabei zu sein, dass man sich in diesen Ländern eher darauf verlassen kann, dass die zu erwartenden Opportunitätskosten einer Elternschaft gering sind. Dazu dürften die guten Vereinbarkeitsregelungen in diesen Ländern einen großen Beitrag leisten. Andererseits liegt Deutschland mit einer Fertilitätsrate von 1,37 Kindern pro Frau im Jahre 2007 nur knapp unter dem Durchschnitt der EU-25 (1,57 Kinder je Frau im gebärfähigen Alter), und es gibt einige Ländern, die entweder dieselbe oder sogar eine niedrigere Fertilitätsrate aufweisen als Deutschland (Eurostat Datenbank).

Das Ergebnis der bisherigen Forschung für die Bundesrepublik Deutschland ist eindeutig: Je höher der Ausbildungsabschluss von Frauen, desto später bekommen sie Kinder, desto höher ist der Anteil dauerhaft Kinderloser und desto geringer ist ihre durchschnittliche Kinderzahl. Im Folgenden werden diese Aussagen durch empirisches Material belegt.

2.2 Empirische Daten zum Zusammenhang zwischen Bildungsbeteiligung, Bildungsniveau und Elternschaft

Es ist bekannt, dass die durchschnittliche Zahl der Kinder von Frauen und Männern mit unterschiedlichem Bildungsniveau stark differiert. In den Tabellen 1 und 2 werden dazu aktuelle Daten für West- und Ostdeutschland dokumentiert. Von zentralem Interesse sind hier die jüngsten derzeit verfügbaren Angaben zur Verteilung der Frauen im Alter von 40 bis unter 45 Jahren (Jahrgänge 1964-68) mit unterschiedlichem Ausbildungsniveau nach der Zahl der von ihnen geborenen Kinder. Auch wenn Frauen dieser Altersgruppe noch Kinder bekommen können, liegt die Zahl ihrer Kinder üblicherweise bereits recht nahe an der später erreichten kohortenspezifischen Geburtenrate. Nachrichtlich werden daneben auch Zahlen für Frauen im Alter von 45 bis unter 50 Jahren (Jahrgänge 1959-63) angegeben, die einerseits als vollständiger, andererseits als etwas weniger aktuell anzusehen sind. Als Vergleichsgruppe werden zwei ältere Kohorten herangezogen (Jahrgänge 1944-1948 und 1954-1958), die zum Zeitpunkt der Erhebung 50 bis 54 bzw. 60 bis 64 Jahre alt waren und deren Familienplanung effektiv abgeschlossen ist. Die Daten sind auf der Grundlage des Mikrozensus 2008 berechnet worden.

Tabelle 1: Frauen, Mutterschaft und Ausbildungsniveau (Westdeutschland)

Ausbildungsabschluss	Kinderzahl in Prozent			
	Jahrgang 1944-1948 (60-64-Jährige)			
	0	1	2	3 u. m.
ohne Abschluss	9,66	18,88	34,83	33,48
Lehr-/Anlernausbildung	13,25	28,4	40,69	16,40
Fachschulabschluss*	17,78	26,67	37,78	15,56
Fachhochschule/Hochschule	23,19	21,74	38,41	14,5
	Jahrgang 1954-1958 (50-54-Jährige)			
	0	1	2	3 u. m.
ohne Abschluss	13,08	18,7	32,48	27,80
Lehr-/Anlernausbildung	16,58	23,77	38	16,88
Fachschulabschluss*	19,63	18,69	36,45	17,78
Fachhochschule/Hochschule	26,62	20,48	31,06	15,02
	Jahrgang 1964-1968 (40-44-Jährige)			
	0	1	2	3 u. m.
ohne Abschluss	15,09	16,6	28,02	28,88
Lehr-/Anlernausbildung	21,66	22,25	36,08	14,07
Fachschulabschluss*	26,9	22,76	34,48	11,72
Fachhochschule/Hochschule	32,41	20,60	32,16	11,56
nachrichtlich:				
	Jahrgang 1959-1963 (45-49-Jährige)			
	0	1	2	3 u. m.
ohne Abschluss		18,16	30,27	25,89
Lehr-/Anlernausbildung	17,62	21,57	39,18	15,16
Fachschulabschluss*	21,97	18,18	37,78	15,56
Fachhochschule/Hochschule	29,36	19,27	30,58	12,54

* darunter Meister/Techniker

Quelle: Statistisches Bundesamt (2009a: Tabelle 6); eigene Berechnungen.

Empirische Daten

Tabelle 2: Frauen, Mutterschaft und Ausbildungsniveau (Ostdeutschland)

Ausbildungsabschluss	Kinderzahl in Prozent			
	Jahrgang 1944-1948 (60-64-Jährige)			
	0	1	2	3 u. m.
ohne Abschluss	/	20,69	31,03	34,48
Lehr-/Anlernausbildung	5,94	28,22	43,56	20,19
Fachschulabschluss*	/	30,16	46,03	14,29
Fachhochschule/Hochschule	/	36,84	44,73	/
	Jahrgang 1954-1958 (50-54-Jährige)			
	0	1	2	3 u. m.
ohne Abschluss	/	/	30	30
Lehr-/Anlernausbildung	16,22	27,03	46,28	16,22
Fachschulabschluss*	/	26,67	50	12,22
Fachhochschule/Hochschule	8	22,67	53,33	9,3
	Jahrgang 1964-1968 (40-44-Jährige)			
	0	1	2	3 u. m.
ohne Abschluss	27,27	/	27,27	/
Lehr-/Anlernausbildung	9,32	34,16	37,27	10,87
Fachschulabschluss*	8,7	33,7	38,04	9,78
Fachhochschule/Hochschule	14,49	31,88	34,78	10,14

nachrichtlich:

	Jahrgang 1959-1963 (45-49-Jährige)			
	0	1	2	3 u. m.
ohne Abschluss	24	/	24	24
Lehr-/Anlernausbildung	5,61	28,97	44,55	15,26
Fachschulabschluss*	6,86	29,41	44,12	11,76
Fachhochschule/Hochschule	10,26	28,21	43,59	10,26

/ keine Angaben, da Zahlenwert nicht sicher genug
* darunter Meister/Techniker

Quelle: Statistisches Bundesamt (2009a: Tabelle 6); eigene Berechnungen.

Die Tabellen zeigen, dass die Kinderlosigkeit in allen Bildungsgruppen deutlich zunimmt und sich von den Jahrgängen 1944-48 bis 1964-1968 ungefähr verdoppelt. Kinderlosigkeit ist damit insgesamt der Faktor, der sich über die Jahre am stärksten verändert hat. Kinderlosigkeit steigt mit dem Bildungsgrad und ist in allen betrachteten Kohorten ohne Bildungsabschluss nur ungefähr halb so wahrscheinlich wie mit. Frauen ohne (Fach-)Hochschulabschluss sind deutlich seltener kinderlos als Hochschulabsolventinnen. Letztere weisen in der Kohorte der 40- bis 44-Jährigen mit 32,41 Prozent die höchste Kinderlosigkeit überhaupt auf. Dieser Anteil kann jedoch noch leicht sinken, da speziell Frauen dieser Kohorte mit höherem Bildungsabschluss noch Kinder bekommen könnten. So liegt der Anteil kinderloser Akademikerinnen in der Kohorte der 45- bis 49-Jährigen nur noch bei 29,36 Prozent. Befürchtungen, die Kinderlosigkeit von Akademikerinnen könne dauerhaft über 40 Prozent liegen, dürften sich damit nicht bewahrheiten. Etwas anders stellt sich die Situation bei weiblichen Führungskräften dar, von denen je nach Datenbasis und genauer Abgrenzung der Zielgruppe 57 Prozent (Eurostat 2005: 54) oder sogar 72 Prozent (DIW 2006: 366) kinderlos bleiben. Bei den männlichen Führungskräften sind es (nach Angaben des DIW) 63 Prozent.

Gleichzeitig sinkt im Zeitverlauf der Anteil von Frauen mit Lehrberuf oder Fachschulabschluss, die nur ein Kind haben, für Akademikerinnen und Frauen ohne Abschluss bleibt er ungefähr gleich. Frauen ohne Bildungsabschluss haben am seltensten nur ein Kind, gefolgt von den Hochschulabsolventinnen.

Die Zwei-Kind-Familie ist das dominierende Familienmodell in Westdeutschland, denn über alle Kohorten und Bildungsniveaus hinweg haben Frauen häufiger zwei Kinder als gar keine Kinder, nur eines oder drei und mehr. Dennoch sinkt der Anteil an Frauen, die zwei Kinder haben für fast alle Bildungsgruppen mit der Zeit; lediglich für Akademikerinnen steigt er bei den 40- bis 44-Jährigen wieder leicht an. Frauen mit Hochschulabschluss haben aber seltener zwei Kinder als Frauen mit beruflichem Abschluss. Frauen ohne Abschluss haben am seltensten zwei Kinder, jedoch deutlich häufiger drei und mehr Kinder als alle anderen Bildungsgruppen. Dabei sind höhere Kinderzahlen insgesamt eher selten.

Die Anteile fast aller Konstellationen sinken zugunsten von Kinderlosigkeit. Es kann daher nicht *ein* Familientyp definiert werden, der vorzugsweise aufgegeben wird. Insbesondere gibt es keinen Trend zur Ein-Kind-Familie.

Bei den westdeutschen Frauen mit einem höheren Ausbildungsabschluss (Fach- und Hochschulabschluss) fällt eine bimodale (zweigipflige) Verteilung der Kinderzahl auf, die bei den 40- bis 44-Jährigen noch stärker ausgeprägt ist als bei den früher geborenen Frauen. Diese Frauen haben in der Tendenz eher keine oder zwei Kinder; ein Trend zur Ein-Kind-Familie ist auch hier nicht auszumachen. Daher kann man von einer Polarisierung im Familienverhalten innerhalb dieser Gruppe sehr gut ausgebildeter Frauen sprechen.

Theoretisch lässt sich diese Polarisierung überzeugend mit der schon erwähnten Ambivalenz begründen, welche die biografische Planung vor allem hoch ausgebildeter Frauen begleitet (Huinink 2000)[6]. Innerhalb der Gruppe der westdeutschen Frauen mit niedrigeren Bildungsabschlüssen ist eine solche Polarisierung nicht zu erkennen. Auch bei den ostdeutschen Frauen findet man bimodale Verteilungen der Kinderzahl nicht; zudem sind die Unterschiede in der Kinderzahl zwischen den Bildungsgruppen hier geringer.

Die Kinderlosigkeit ist in Ostdeutschland deutlich geringer als in Westdeutschland. Allerdings sind für die älteren Kohorten darüber kaum verlässliche Daten vorhanden. Erst bei den 40- bis 44-Jährigen sind überhaupt für alle Bildungsgruppen Anteile kinderloser Frauen verfügbar. Es fällt auf, dass in dieser Gruppe die Kinderlosigkeit der Frauen ohne Abschluss mit 27,27 Prozent am höchsten liegt, während 14,49 Prozent der Hochschulabsolventinnen und nur 9,32 Prozent respektive 8,7 Prozent der Anlern- und Lehrberufe bzw. der Fachschulabsolventinnen keine Kinder geboren haben.

Kinderlosigkeit ist unter den ostdeutschen Frauen nach wie vor relativ selten; über die Zeit ist nur ein geringer Anstieg zu verzeichnen. Das ist zum einen der Tatsache geschuldet, dass die Frauen noch zu Zeiten der DDR in relativ jungem Alter ihre Familien gegründet haben. Die Anteile zeigen, dass der Anstieg der Kinderlosigkeit in Ostdeutschland in der jüngsten Kohorte – und damit nach der Wende – nicht so gravierend ist, wie von vielen prognostiziert wurde. Allerdings steigt der Anteil der kinderlosen Frauen mit (Fach)Hochschulabschluss über die Zeit auf 14,49 Prozent.

In der Kohorte der 60- bis 64-Jährigen nimmt der Anteil der Frauen, die ein Kind haben, mit dem Bildungsgrad zu, in der Kohorte der 50- bis 54-Jährigen und der 40- bis 44-Jährigen sinkt er. Frauen mit Lehr- oder Fachschulabschluss haben in der jüngsten Kohorte deutlich häufiger ein Kind als in den Jahren zuvor, während Frauen ohne Abschluss bzw. mit Hochschulabschluss seltener nur ein Kind bekommen.

Insgesamt haben mehr Frauen aller Kohorten und Bildungsgrade zwei Kinder als ein Kind. Innerhalb der Kohorten nimmt der Anteil derer, die zwei Kinder haben, mit dem Bildungsgrad eher zu; dies gilt in den Kohorten der 60- bis 64- und der 40- bis 44-Jährigen allerdings nicht für Hochschulabsolventinnen. Über die Zeit steigt der Anteil von Frauen mit zwei Kindern in der Kohorte der 50- bis

---

[6] Das Polarisierungsphänomen scheint sich jedoch auch in die niedrigeren Bildungsschichten auszubreiten, was angesichts der postulierten Bedeutungszunahme bewusster Familienplanung in der Bevölkerung unter den gegebenen Bedingungen familialen Lebens in der Bundesrepublik auch zu erwarten wäre.

54-Jährigen zunächst an, sinkt in der Kohorte der 40- bis 44-Jährigen jedoch z. T. deutlich ab (Hochschulabsolventinnen: –18,55 Prozent). Ein Teil dieses Effektes liegt sicherlich an der mit der Wiedervereinigung verbundenen Unsicherheit, die diese Kohorte in der Familiengründungsphase erlebt hat.

Die Wahrscheinlichkeit, drei Kinder zu haben, sinkt mit dem Bildungsgrad und über alle Kohorten hinweg. Für die Kohorte der 40- bis 44-Jährigen liegen für Frauen ohne Abschluss keine verlässlichen Zahlen vor. Dies liegt auch daran, dass es in Ostdeutschland deutlich weniger Frauen ohne Abschluss gibt als in Westdeutschland.

Insgesamt gibt es für Ostdeutschland keine klaren Muster, die in der Analyse der Daten herausgearbeitet werden könnten. Bei der Interpretation der Ergebnisse muss allerdings beachtet werden, dass die älteren Kohorten ihre Kinder in der DDR bekommen haben, was deutliche Auswirkungen auf die Vereinbarkeit von Familie und Beruf hatte. Die Jahrgänge 1964-68 dürften die ersten gewesen sein, die ihre Kinderwünsche aufgrund der Wiedervereinigung zurückgestellt oder geändert haben. Für alle Jahrgänge davor (die 1963 Geborenen waren 1989 immerhin 26 Jahre alt) wird gelten, dass sie den Großteil ihrer Kinder bereits vor der Wende bekommen haben.

Etwas stärker als im Westen scheint sich in Ostdeutschland ein Trend abzuzeichnen, auf ein zweites Kind zu verzichten, der zum Teil schon vor, verstärkt aber nach der Wende eingesetzt hat. Offensichtlich wird der Übergang von dem ersten zu einem zweiten Kind als ein „qualitativer Sprung" in der Familientätigkeit wahrgenommen, der sich mit den Notwendigkeiten der Alltagsbewältigung (subjektiv) nicht vereinbaren lässt. Jedenfalls hat dieser Trend dazu beigetragen, dass sich der Wiederanstieg der Geburtenzahlen in den neuen Bundesländern deutlich langsamer vollzieht, als man zu Beginn der 1990er-Jahre angenommen hatte. Dennoch kann man auch für Ostdeutschland nicht von einer Dominanz der Ein-Kind-Familie sprechen, da alle Bildungsgruppen in der Kohorte der 40-44jährigen etwas häufiger zwei Kinder als ein Kind haben. Damit unterscheiden sie sich dennoch von Müttern in Westdeutschland, die überwiegend zwei Kinder haben (siehe Tabelle).

Von einer Angleichung des Geburtenverhaltens in West- und Ostdeutschland kann insgesamt keine Rede sein (Kreyenfeld 2008: 135/136). Das war angesichts der Unterschiede in der familienrelevanten Infrastruktur, vor allem der Ausstattung mit Betreuungsplätzen für alle Altersgruppen der Kinder zwischen dem ersten und elften Lebensjahr, auch nicht anders zu erwarten. Aufgrund dessen ist die Schwelle zur Elternschaft in Ostdeutschland offensichtlich weniger hoch als in Westdeutschland, eine Familienerweiterung durch ein zweites Kind wird jedoch seltener gewagt.

Insgesamt muss offen bleiben, ob das erste Kind von vornherein geplant oder die Schwangerschaft nachträglich bejaht wurde. Ungewollte Schwangerschaften und ihre unterschiedlichen Ursachen werden in diesem Gutachten nicht behandelt, weil es hier vorrangig um die Vereinbarkeit von Elternschaft, Ausbildung und Studium in individuellen Lebensplänen geht. Dennoch bleibt eine verantwortete Empfängnisverhütung nach wie vor eine wichtige Herausforderung an die schulische und außerschulische Jugendbildung (Schmidt, Sielert 2008).

Als auffallendste empirische Befunde zum Zusammenhang zwischen Bildungsniveau und Elternschaft werden damit die – insbesondere in Westdeutschland klar ausgeprägte – Abnahme der durchschnittlichen Kinderzahl sowie die Zunahme der Kinderlosigkeit mit steigender beruflicher Qualifikation von Frauen belegt. Beide Effekte haben sich im Zeitablauf jeweils auch noch deutlich verstärkt. In der Gruppe der Hochschulabsolventinnen zeigt sich überdies eine zunehmende Polarisierung der Familienentwicklung, die Hinweise auf eine schwierige Ausgangslage gibt, in der das individuelle Interesse an einer Vereinbarkeit von Familien- und Erwerbstätigkeit groß ist, die Rahmenbedingungen dafür aber unzureichend sind. Diese Entwicklungen reflektieren somit sehr wahrscheinlich schwierige Abwägungsprozesse und schmerzhafte Entscheidungen, die bei einem zunehmenden Anteil der Betroffenen darin münden, die Elternschaft aufzugeben. Die Einschätzung vorhandener Optionen vor dem Hintergrund der Anforderungen befriedigender und „verantworteter Elternschaft" (Kaufmann 1995: 42) und der strukturellen Schwierigkeiten bei der Vereinbarkeit von Familientätigkeit und Erwerbstätigkeit beider Partner führen häufig zu einem immer weiteren Hinausschieben der Entscheidung für Kinder, das sich am Ende auch ohne bewusste Entscheidung als völliger Verzicht entpuppt (Huinink 1991; Kaufmann 1988). Bei denjenigen, die sich dezidiert für Elternschaft entscheiden, führt dies häufiger zu einer höheren Kinderzahl, in der Regel aber zugleich auch zur Aufgabe hochgesteckter Ziele im Erwerbsleben.

Ein weiteres Anzeichen für solche Entwicklungen ist auch die deutliche Verschiebung des Alters bei der Geburt von ersten Kindern in den letzten vier Jahrzehnten. In der Kohorte der 1952-1961 Geborenen (zum Zeitpunkt der Erhebung: der 45- bis 54-Jährigen) lag es bei 25 Jahren. Schon in der Kohorte der 1962-1971 geborenen Frauen lag der Schnitt bei 26 Jahren (Statistisches Bundesamt 2007a: 8) und könnte sogar noch leicht steigen, da ein Teil dieser Kohorte noch (erste) Kinder bekommen kann. Dabei gleicht sich das Alter Erstgebärender in Ost und West zunehmend an. Informationen über das tatsächliche Alter Erstgebärender sowie über die tatsächliche Anzahl der Kinder, die eine Frau geboren hat, können mit der amtlichen Statistik erst seit 2007 erhoben werden, da die Frauen seither im Mikrozensus gefragt werden, wie viele Kinder sie geboren haben. Vor 2007 wurde im Mikrozensus nur nach im Haushalt lebenden Kindern gefragt, zudem wurde kein Unterschied zwischen leiblichen und nichtleiblichen Kindern gemacht. Bei den Standesämtern wurde wiederum nur festgehalten, das wievielte Kind in einer aktuellen Ehe geboren wurde, die Geburtenfolge lediger Mütter blieb dagegen unbekannt (Statistisches Bundesamt 2009a: 5). Insgesamt wurde dadurch die tatsächliche Kinderzahl unterschätzt, das tatsächliche Alter bei der Geburt der ersten Kinder hingegen überschätzt.

Alles in allem bestätigen diese Daten insbesondere, dass von einem starken „Institutioneneffekt" der Bildungsbeteiligung auszugehen ist. Er bedingt ein höheres Alter bei der Elternschaft und – wenn auch vermutlich nur indirekt – eine geringere Kinderzahl. „Niveaueffekte" auf den Wunsch nach Familie und Kindern sind unter jungen Frauen und Männern und unter Studierenden eher gering; für die faktische Umsetzung des Kinderwunsches gilt das dagegen nicht. Aufgrund der mit dem Qualifikationsniveau steigenden Opportunitätskosten sind die Beschränkung der Kinderzahl und die endgültige Kinderlosigkeit unter Hochqualifizierten beträchtlich – bei steigender Tendenz.

2.3 Alleinerziehende Eltern in Ausbildung und Studium – (k)ein Sonderfall

Laut Mikrozensus 2008 (Statistisches Bundesamt 2009b: 50; 72) waren rund 89.000 Frauen und 2.000 Männer unter 25 Jahren alleinerziehend. Von den 11.000 alleinerziehenden Müttern zwischen 15 und 20 Jahren galten 8.000 als Nichterwerbspersonen – d. h. sie waren unter anderem noch in Ausbildung –, von den 79.000 alleinerziehenden Müttern zwischen 20 und 25 Jahren waren 25.000 erwerbstätig, 14.000 erwerbslos und 40.000 nicht erwerbstätig.

Alleinerziehende schränken ihre Erwerbstätigkeit in den ersten drei Lebensjahren des jüngsten Kindes verglichen mit Lebenspartnerinnen und Ehefrauen am stärksten ein (Statistisches Bundesamt 2006a: 13). Das ist sicherlich auch dem hohen Betreuungsbedarf geschuldet, den gerade kleine Kinder haben, selbst wenn sie tagsüber betreut sind. Sind die Kinder älter, arbeiten Alleinerziehende aber deutlich häufiger Vollzeit als Mütter in Paarbeziehungen (BMFSFJ 2009c: 89). Dennoch befinden sich 40,5 Prozent aller Alleinerziehenden im ALG II-Bezug; von den unter 25-Jährigen, die nur 5,8 Prozent aller Alleinerziehenden ausmachen, beziehen sogar 70,1 Prozent ALG II (BMFSFJ 2009d: 26).Von ihnen haben 86,8 Prozent mindestens ein Kind unter drei Jahren, 11,8 Prozent ein jüngstes Kind zwischen 4 und 6 Jahren und 1,5 Prozent ein jüngstes Kind im Alter von sieben Jahren und älter. Von den Alleinerziehenden mit unter Dreijährigen im Hilfebezug sind 23,1 Prozent arbeitslos und 26,5 Prozent arbeitsuchend, von denen mit Kindern zwischen 4 und 6 Jahren sind 46,7 Prozent arbeitslos und

16,3 Prozent arbeitssuchend, von den Alleinerziehenden mit älteren Kindern sind 32,4 Prozent arbeitslos und 5,9 Prozent arbeitssuchend (Lietzmann 2009: 3) gemeldet.

Eine qualifizierte und ausreichend entlohnte Erwerbsarbeit ist damit gerade in Einelternfamilien der Schlüssel, um Kinderarmut zu vermeiden und Kinder und ihre Eltern dauerhaft aus dem SGB II-Leistungsbezug herauszuhalten. Gerade für alleinerziehende Elternteile, die noch die Wahl haben, muss es deshalb darum gehen, Berufe zu ergreifen, die sie und ihr(e) Kind(er) möglichst auch in Teilzeit ernähren können.

Dies wird anhand der ALG II-Bezugsquoten alleinerziehender Frauen (ohne Altersbegrenzung) nach beruflicher Ausbildung besonders deutlich. So beziehen 59,7 Prozent der Alleinerziehenden ohne bzw. mit einer Anlernausbildung ALG II, 36,6 Prozent der Alleinerziehenden mit einer Berufsfachausbildung und nur 21,2 Prozent der Alleinerziehenden mit einem Hochschulabschluss (BMFSFJ 2009d: 27).

Unabhängig vom tatsächlichen Status junger Alleinerziehender kann aufgrund ihres Alters davon ausgegangen werden, dass sich insbesondere diejenigen, die in der amtlichen Statistik als „Nichterwerbspersonen" ausgewiesen werden, entweder in einer Ausbildung oder einem Studium befinden oder sich allein der Kindererziehung widmen. Letztere Gruppe ist dabei oft auf der Suche nach Angeboten, die es ihnen ermöglichen, unter ihren besonderen Bedingungen einen (beruflichen) Abschluss zu erwerben. Alleinerziehende in Ausbildung oder Studium werden mit ähnlichen Problemen zu kämpfen haben wie Eltern in Zweielternfamilien. Dennoch stellen sich für sie bestimmte Probleme verschärft, z. B. wenn Kinder krank sind und zuhause betreut werden müssen oder wenn sie Arbeit außerhalb der Öffnungszeiten von Kindertagesbetreuungseinrichtungen leisten sollen. Zudem ist die Finanzierung von Alleinerziehenden-Haushalten prekärer; häufig besteht sie aus einem Mix von Unterhalt, Unterhaltsvorschuss, Kindergeld, Kinderzuschlag, Bafög, ALG II oder Wohngeld. Insgesamt ist aber zu wenig über diese spezifische Gruppe Alleinerziehender bekannt.

Einige Hinweise geben die Ergebnisse einer Studie, in der junge Berliner Eltern zwischen 16 und 25 Jahren untersucht wurden (Berliner Institut für Sozialforschung 2008). Dabei wurden Daten des Mikrozensus 2005 hochgerechnet, nach denen in Berlin schätzungsweise 15.779 Mütter und 6.789 Väter unter 25 Jahren in Partnerschaften lebten. 8.972 Frauen unter 25 Jahren waren alleinerziehend, das sind 36 Prozent der Mütter in dieser Altersgruppe. Die Zahlen alleinerziehender Väter sowie gleichgeschlechtlicher Partnerschaften sind aufgrund der kleinen Stichprobe kaum verwertbar (Berliner Institut für Sozialforschung 2008: 16-17). Von den Müttern unter 25 Jahren – getrennte Angaben für Alleinerziehende werden dazu leider nicht gemacht – ging ein Prozent noch auf allgemeinbildende Schulen, 82,8 Prozent verfügten bereits über einen Schulabschluss, 16,2 Prozent waren ohne Schulabschluss. Zum Befragungszeitpunkt besuchten 10,5 Prozent eine berufliche Schule und 4 Prozent eine Hochschule, 18 Prozent waren erwerbstätig (ohne Auszubildende), 36,5 Prozent waren erwerbslos bzw. arbeitsuchend und 30 Prozent fielen in die Kategorie „Sonstige", was daraufhin deutet, dass sie zur stillen Reserve zählen und sich Kind und Haushalt widmen. Die Verfasser führen aus: „Ausgehend von diesen Zahlen lassen sich vertiefende Überlegungen zur prekären Situation der jungen Mütter bis 25 Jahre anstellen. 71 Prozent verfügen (noch) nicht über einen beruflichen Abschluss. Ziehen wir die Frauen ab, die sich noch in der Schule bzw. im Ausbildungssystem befinden, kommen wir auf 55,5 Prozent junger Mütter ohne berufsqualifizierenden Abschluss. Diese stehen dem Arbeits- und Ausbildungsmarkt als ‚Vollzeitmütter' entweder nicht zur Verfügung, sind auf der Suche nach einem Ausbildungs- oder Studienplatz oder arbeiten/jobben ohne beruflichen Abschluss" (Berliner Institut für Sozialforschung 2008: 24). Die Zahlen machen deutlich, dass viele junge Eltern Unterstützung benötigen, um einen Abschluss zu erreichen. Für Alleinerziehende gilt diese Schlussfolgerung aller Wahrscheinlichkeit nach in besonderer Weise.

Alleinerziehende in Ausbildung und Studium sind also insofern ein Sonderfall, als sie spezifische Unterstützungsbedarfe haben. Rein zahlenmäßig sind sie jedoch keine Ausnahmeerscheinung, da der Anteil der Nichterwerbstätigen und damit der Anteil der potenziell in Studium und Ausbildung stehenden Alleinerziehenden immerhin 53,93 Prozent dieser Gruppe (Statistisches Bundesamt 2009b: 50; 72; eigene Berechnung) ausmachen.

2.4 Die Situation von Müttern am Arbeitsmarkt

Für Männer und Frauen stellt sich die Situation am Arbeitsmarkt unterschiedlich dar. So lag die Erwerbsquote der 15- bis 65-Jährigen Frauen 2007 mit 69,2 Prozent niedriger als die der Männer mit 81,6 Prozent (Statistisches Bundesamt 2009c: 88).

Dabei verbirgt die Frauenerwerbsquote ungleichzeitige Entwicklungen. So ist die Frauenerwerbsquote zwar zwischen 2001 und 2006 insgesamt um 2,8 Prozentpunkte gestiegen, nicht aber die von Frauen geleistete Arbeitszeit. Der Anstieg ist damit vornehmlich auf vermehrte Teilzeitarbeit und u. a. auf die höhere Erwerbsbeteiligung von Müttern zurückzuführen (Jansen, Kümmerling, Lehndorff 2008: 2). Der Anteil an Teilzeitarbeit stieg zwischen 2001 und 2006 von 39,9 Prozent auf 45,8 Prozent (European Commission 2007), v. a. durch die Ausweitung sog. Minijobs. Teilzeitarbeit wird zu 87 Prozent von Frauen geleistet. Diese geben zu mehr als der Hälfte an, dies aufgrund familiärer oder persönlicher Verpflichtungen zu tun. Die Differenz in der Arbeitszeit von Frauen mit und ohne Kinder hat dabei zwischen 2001 und 2006 noch zugenommen (vgl. Jansen, Kümmerling, Lehndorff 2008: 3-5). Eine wichtige Trennlinie hinsichtlich der Erwerbsbeteiligung verläuft demnach nicht nur zwischen Männern und Frauen, sondern auch zwischen Müttern und Frauen ohne Kinder.

Tabelle 3: Regelmäßige wöchentliche Arbeitszeiten (Teilzeit- und Vollzeitbeschäftigte, in Stunden)

	Deutschland		Westdeutschland		Ostdeutschland	
	2001	2006	2001	2006	2001	2006
Männer ohne Kinder	40,5	39,6	40,5	39,7	40,1	39,0
Frauen ohne Kinder	33,8	32,8	33,4	32,4	35,8	34,4
Männer mit 1 Kind	41,0	40,7	41,0	40,7	41,2	40,5
Frauen mit 1 Kind	29,8	27,6	27,8	25,9	35,6	33,6
Männer mit 2 Kindern	41,9	41,5	42,0	41,6	41,4	40,4
Frauen mit 2 Kindern	26,0	23,0	24,1	21,6	34,2	31,4
Männer mit 3 u.m. Kindern	42,2	41,6	42,4	41,8	40,7	39,7
Frauen mit 3 u.m. Kindern	24,5	22,2	23,5	21,4	31,1	29,2

Quelle: Mikrozensus Sonderauswertung IAQ, Basis: alle Erwerbstätige.
(Aus: Jansen, Kümmerling, Lehndorff 2008: 5)

Sowohl die Arbeitszeiten als auch die Erwerbsquoten von Müttern unterscheiden sich aber nicht nur nach der Zahl ihrer Kinder, sondern auch nach dem Alter der Kinder und nach dem Bildungsstand der Mütter. Zwar ist mit der Geburt von Kindern in Deutschland in allen Bildungsgruppen zunächst ein deutlicher Rückgang der Erwerbsbeteiligung der Mütter zu beobachten: Die altersspezifischen aktiven Erwerbstätigenquoten von Frauen im Alter von bis zu 40 Jahren (Erwerbstätige ohne vorübergehend Beurlaubte), die mit Kindern in einer „Eltern-Kind-Gemeinschaft" (Lebensformenkonzept des Statistischen Bundesamtes) bzw. nicht mit Kindern zusammenleben, verweisen auf eine große Differenz zwischen den beiden Gruppen (59,2 Prozent zu 77,7 Prozent). Diese Zahlen relativieren sich allerdings im Lebensverlauf: Betrachtet man die gesamte Gruppe der 15- bis 65-jährigen Frauen mit und ohne Kinder, so weisen Frauen, die Kinder geboren haben, mit 67,3 Prozent gegenüber 62,1 Prozent bei kinderlosen Frauen eine leicht erhöhte Erwerbsquote auf (Mikrozensus 2008). Eine differenziertere Gegenüberstellung, die in beiden Fällen auch noch Häufigkeit und Umfang von Teilzeitbeschäftigung berücksichtigt, ist leider nicht möglich.

Betrachtet man die Vollzeit- und Teilzeitquoten erwerbstätiger Mütter, so zeigt sich wie erwartet ein großer Unterschied zwischen West- und Ostdeutschland sowie nach Alter des jüngsten Kindes.

Tabelle 4: Vollzeit- und Teilzeitquote von aktiv erwerbstätigen Müttern (ohne vorübergehend Beurlaubte)

Alter des jüngsten Kindes	Westdeutschland	Ostdeutschland
Vollzeit		
jüngstes Kind unter 3 Jahren	22	48
jüngstes Kind 3 bis unter 10 Jahren	19	51,75
jüngstes Kind über 10 bis unter 18 Jahren	29,5	58,5
Teilzeit		
jüngstes Kind unter 3 Jahren	78	52
jüngstes Kind 3 bis unter 10 Jahren	81	48,25
jüngstes Kind über 10 bis unter 18 Jahren	70,5	41,5

Quelle: Sonderauswertung des Mikrozensus für den Wissenschaftlichen Beirat (2008); eigene Berechnungen.

Nicht nur Erwerbsquoten und Arbeitszeitmuster unterscheiden sich zwischen den Geschlechtern, der Arbeitsmarkt ist insgesamt geschlechtsspezifisch segregiert. Ausdruck dessen sind beispielhaft die je zehn beliebtesten Ausbildungsberufe von Jungen und Mädchen im Jahre 2007 (Statistisches Bundesamt 2009c: 140)[7]. Sie zeigen, dass Mädchen eher in Ausbildungen für Dienstleistungsberufe, Jungen eher in Ausbildungen für das Handwerk und die Industrie zu finden sind. Mädchen wählen dabei häufig die Ausbildungsberufe, von denen sie glauben, dass sich Elternschaft und Erwerbstätigkeit verbinden lassen. Inwiefern dies tatsächlich stimmt, ist allerdings eine andere Frage. Andererseits ist belegt, dass in männerdominierten Berufen wie den Naturwissenschaften besonders schlecht in Teilzeit gearbeitet werden kann (Solga, Pfahl 2009: 4). Insofern liegt es für Mädchen nahe, typische Frauenberufe zu erlernen. Ähnlich stellt sich die Situation auch im Studium dar: Hier sind junge Frauen deutlich häufiger in Studiengängen der Sprach- und Kulturwissenschaften, der Veterinärmedizin und der Kunst bzw. Kunstwissenschaft vertreten, eher selten wählten sie 2007 dagegen Mathematik und naturwissenschaftliche Fächer oder ein Ingenieurstudium (Statistisches Bundesamt 2009c: 146). Zwar haben mehr junge Frauen eine Hochschulzugangsberechtigung als Männer (dass.: 125), sie beginnen und absolvieren ein Studium aber etwa genauso häufig erfolgreich wie junge Männer. Als wissenschaftliche Mitarbeiterinnen, bei den Promotionen, Habilitationen und in hauptberuflichen Professuren sind sie dagegen deutlich und von Stufe zu Stufe immer stärker unterrepräsentiert (dass.: 149).

Die Wahl eines Ausbildungsberufes oder eines Studienfaches ist jedoch in keiner Weise trivial. Schließlich entscheidet diese Wahl über die zukünftige Erwerbstätigkeit und damit auch über die Höhe des Gehalts und Aufstiegsmöglichkeiten. Aktuell verdienen Frauen im Durchschnitt pro Stunde 23 Prozent weniger als Männer. Die Differenz ist in Westdeutschland deutlich größer als in Ostdeutschland, sie beträgt im Westen 24 Prozent, im Osten lediglich 6 Prozent (Differenz des Bruttostundenverdiensts von Frauen und Männern 2007, vgl. BMFSFJ 2009b: 8; BMFSFJ 2009a: 58). Diese Lohndifferenzen lassen sich unter anderem mit den niedrigen Einkommen in typischen Frauenberufen, diskontinuierlichen Erwerbsverläufen, geringeren Aufstiegschancen und Teilzeitarbeit, aber auch mit Lohndiskriminierung, erklären. Der Gender pay gap ist unter jüngeren Frauen am geringsten und wird mit steigendem Alter kontinuierlich größer (Busch, Holst 2008: 187), was teilweise daran liegt, dass Frauen ihre Erwerbstätigkeit aufgrund von Elternzeit unterbrechen und anschließend einen geringeren Lohn erhalten (ausführlich dazu Ziefle 2004). Bereits die Geburt des

---

[7] Mädchen wählen demnach bevorzugt eine Ausbildung zur Kauffrau im Einzelhandel, Bürokauffrau, medizinischen Fachangestellte, Friseurin, Industriekauffrau, Fachverkäuferin im Lebensmittelhandwerk, Kauffrau für Bürokommunikation, Verkäuferin, zahnmedizinischen Fachangestellten und Hotelfachfrau. Jungen wählen eine Ausbildung zum Kraftfahrzeugmechatroniker, Industriemechaniker, Kaufmann im Einzelhandel, Elektroniker, Anlagenmechaniker für Sanitär-, Heizungs- und Klimatechnik, Koch, Metallbauer, Mechatroniker, Kaufmann im Groß- und Außenhandel sowie Maler und Lackierer (Statistisches Bundesamt 2009c: 140).

ersten Kindes führt dabei ein Jahr nach dem Wiedereinstieg im Vergleich zu Arbeitskolleginnen, die keine Kinder haben, zu Lohneinbußen von 16 bis 19 Prozent (Beblo, Bender, Wolf 2006: 18-19). Hinzu kommt, dass Frauen nach dem Wiedereinstieg verstärkt in Teilzeit und zum Teil in unterwertiger Beschäftigung sowie in Minijobs arbeiten.

Während viele junge Frauen inzwischen keine oder nur noch geringe Benachteiligungen in Bildung und Beruf erfahren, ändert sich dies mit der Geburt des ersten Kindes radikal. Auch die Aufteilung der reproduktiven Tätigkeiten in Paarbeziehungen ändert sich nach aktuellen Untersuchungen kaum bis gar nicht. So hat der Familienmonitor (BMFSFJ 2008a) gezeigt, dass die Erziehung und Betreuung weiterhin primär Frauensache sind. „81 Prozent der Mütter übernehmen den größten Teil der Betreuungs- und Erziehungsaufgaben. Auch von den Vollzeit berufstätigen Müttern ziehen 62 Prozent die Bilanz, dass die Verantwortung für die Erziehung und Betreuung ihrer Kinder überwiegend bei ihnen liegt" (BMFSFJ 2008a: 22).

Auch ein Gutachten zum Thema „Elternschaft und Ausbildung" muss insbesondere junge Mütter ins Auge fassen, weil sie mehr noch als die Männer die Last (und Lust) der Kinderbetreuung und -erziehung tragen und aufgrund ihres größeren Anteils an den reproduktiven Tätigkeiten weniger Zeit in eine Ausbildung oder ein Studium investieren können. Gleichzeitig hat Elternschaft für Mütter unter anderem in der Form von niedrigeren Einkommen, kürzeren Arbeitszeiten oder geringeren Karrierechancen gravierendere Langfristfolgen als für Väter. Diese Sachverhalte gilt es zu bedenken, wenn in den folgenden Kapiteln die Situation junger Eltern in Ausbildung und Studium näher untersucht wird.

2.5 Resümee

In diesem Kapitel wurde ein erster Einblick in die Zusammenhänge zwischen Ausbildung bzw. Studium einerseits und dem Übergang zur Elternschaft andererseits gegeben. Es konnte deutlich gemacht werden, dass die einfache Formel „Höhere Bildung = Niedrigerer Kinderwunsch = Höhere Kinderlosigkeit und geringere Kinderzahl" die Komplexität dieses Zusammenhangs nur sehr unzureichend abbildet. Viel deutet hingegen darauf hin, dass sich mit steigendem Qualifikationsniveau vor allem Frauen einem zusehends schwierigeren Abwägungsprozess zwischen Familie und Engagement im Beruf gegenübersehen. Unter den derzeitigen Rahmenbedingungen zur Vereinbarkeit von Familien- und Erwerbstätigkeit wird eine Familiengründung schon vor dem Zeitpunkt, zu dem die Berufstätigkeit aufgenommen werden soll, erst recht nicht als realistische Option

Resümee

gesehen. Eine längere Bildungsbeteiligung und der weitere Aufschub einer Elternschaft in den folgenden – oft von Unsicherheiten geprägten – ersten Jahren der Erwerbstätigkeit münden vermutlich häufig in Kinderlosigkeit, ohne dass diese ursprünglich beabsichtigt gewesen ist.

Im empirischen Teil des Kapitels wurden diese Vermutungen unter Verweis auf verschiedene sozialwissenschaftliche Studien erhärtet. Es wurde zudem gezeigt, dass nach der Geburt des ersten Kindes ein hoher Anteil der Frauen ihre Erwerbstätigkeit aufgibt. Dabei nimmt die Zahl der Mütter, die nicht oder nur für eine vergleichsweise kurze Zeit aus der Erwerbstätigkeit ausscheiden, mit dem Ausbildungsniveau deutlich zu. In den neuen Bundesländern scheiden Frauen aufgrund von Elternzeit generell seltener und kürzer aus als in den alten Bundesländern. Befunde zur Häufigkeit einer Elternschaft während einer Ausbildung im dualen Ausbildungssystem bzw. eines Hochschulstudiums wurden in diesem Kapitel noch nicht präsentiert. Dies geschieht erst in den folgenden Kapiteln, in denen sich das Gutachten eingehender der Situation von Müttern in Ausbildung und Studium sowie den Folgen einer Familiengründung in dieser wichtigen Lebensphase zuwendet.

3 Elternschaft und Ausbildung im dualen Ausbildungssystem

Die meisten jungen Menschen verbinden mit dem erfolgreichen Abschluss einer Ausbildung die Hoffnung, am gesellschaftlichen Wohlstand teilhaben und die eigene berufliche und persönliche Entwicklung absichern zu können. Zugleich ist der hohe Qualitätsstandard des dualen Ausbildungssystems ein wesentlicher Standortvorteil, auf den Deutschland verweisen kann.

Es liegt daher im öffentlichen Interesse, dass junge Menschen, die eine Ausbildung beginnen, diese auch erfolgreich abschließen können. Für die Fälle, in denen eine Ausbildung vorzeitig abgebrochen wird[8], lassen sich vielfältige Ursachen anführen. Diese Ursachen reichen von nicht erfüllten bzw. falschen Erwartungen an die Berufsausübung über mangelnder Eignung bis hin zu Konflikten zwischen Ausbilder und Auszubildendem (siehe Berufsbildungsbericht, BMBF 2009). Eine dieser Ursachen ist auch in der mangelnden Vereinbarkeit von Familientätigkeit und Ausbildung zu sehen. Obschon die Datenlage zu den Rahmenbedingungen einer Elternschaft während einer Ausbildung insgesamt sehr unbefriedigend ist (Mutterschaft bzw. Elternschaft werden weder in den Statistiken der Kammern noch in der Berufsbildungsstatistik oder in den regelmäßigen Erhebungen der Bundesanstalt für Arbeit bislang thematisiert), wird hier ein Problemfeld angesprochen, das die „strukturelle Rücksichtslosigkeit des Bildungssystems" illustrieren kann und das künftig größere familienpolitische Aufmerksamkeit verdient.

Für viele junge Menschen stellt sich die derzeitige Situation auf dem Arbeitsmarkt schwierig dar. Dies liegt u. a. an den Folgen der Finanz- und Wirtschaftskrise, zum anderen an dem starken demografischen Einbruch (vgl. Ulrich et al. 2010). Im Zeitraum vom 1. Oktober 2008 bis 30. September 2009 wurden bundesweit 566.004 neue Ausbildungsverträge abgeschlossen. Dies waren 50.338 bzw. 8,2 Prozent weniger als im Vorjahr. Gleichzeitig sank jedoch auch

---

[8] Im Jahr 2006 wurden 19,8 Prozent der Ausbildungsverträge vorzeitig gelöst. Dabei darf die vorzeitige Lösung eines Ausbildungsvertrags nicht ohne weiteres mit dem Abbruch einer Ausbildung gleichgesetzt werden, da eine Vertragslösung auch die Insolvenz des Ausbildungsbetriebes oder den Berufswechsel der Auszubildenden als Ursache haben kann. Nach Ergebnissen des BIBB dürfte rund die Hälfte derer, die ihren Ausbildungsvertrag lösen, Umsteiger sein, die ihre betriebliche Ausbildung in einem neuen Beruf und/oder Betrieb fortführen (vgl. Berufsbildungsbericht, BMBF 2009a: 20).

die Zahl der Schulabgänger aus allgemeinbildenden bzw. teilqualifizierenden beruflichen Schulen sowie die Zahl der bei der Bundesagentur für Arbeit registrierten „Altbewerber", welche in früheren Jahren keine Ausbildungsstelle bekommen haben, deutlich. Zum Ende des Berichtsjahres (Ende September 2009) registrierten die Arbeitsagenturen und ARGEN bundesweit noch 83.059 Ausbildungsstellenbewerber, für die die Vermittlungsbemühungen weiterliefen (2008: 96.325). Ihnen standen 17.255 noch unbesetzte betriebliche Ausbildungsplatzangebote gegenüber (2008: 19.507). Hinzu kamen rund 10.000 weitere Jugendliche, die bei den zugelassenen kommunalen Trägern als Ausbildungsbewerber gemeldet waren und für die Ende September die Vermittlungsbemühungen ebenfalls noch nicht abgeschlossen waren (Ulrich et al. 2010: 6).

3.1 Zur Häufigkeit von Ausbildung und gleichzeitiger Elternschaft

Die Frage nach einer Elternschaft während der Ausbildung im dualen System ist vor allem mit Blick auf die Gruppe der (sehr) jungen Mütter von Bedeutung. Anhand des Statistischen Jahrbuchs 2009 weist die folgende Tabelle den Anteil der Lebendgeburten verschiedener Alterskohorten aus:

Tabelle 5: Lebendgeburten verschiedener Altersgruppen (2007)

Altersgruppe	Frauen der jeweiligen Altersgruppe	Zahl der geborenen Kinder in der jeweiligen Altersgruppe	Prozent an allen Lebendgeburten
15 – 19 Jahre	22.639.000	17.648	2,58
20 – 24 Jahre	23.869.000	96.433	14,08
25 – 29 Jahre	24.581.000	196.669	28,72
30 – 34 Jahre	23.187.000	209.316	30,56
35 – 39 Jahre	29.558.000	132.455	19,35
40 – 44 Jahre	34.976.000	30.887	4,51

Quelle: Statistisches Bundesamt (2009c); eigene Berechnungen.

Von den insgesamt 684.862 Lebendgeburten im Jahr 2007 entfielen demnach 17.648 auf Frauen der Altersgruppe zwischen 15 und 19 Jahre. Dies entspricht einem Prozentsatz von rund 2,6 Prozent. Wird die Altersgruppe der 20 bis 24 Jahre alten Frauen mit 14 Prozent hinzugenommen, so ergibt sich immerhin ein

Prozentsatz von fast 17 Prozent „junger" Mütter. Das Durchschnittsalter der Frauen in einer dualen Ausbildung liegt bei 19,6 Jahren (BMBF 2007b: 110), sodass die Frage nach adäquaten Strategien zur Vereinbarkeit von Familie und Beruf bereits in der Phase der dualen Ausbildung Bedeutung hat.

Dieses Argument wird durch eine ältere Schätzung mit Daten des Familiensurvey 2000 belegt. Die Bezugsgruppe sind Frauen und Männer der Geburtsjahrgänge 1950 bis 1959, 1960 bis 1969 und 1970 bis 1979, die eine Ausbildung im dualen System oder in einer Fachschule (mit oder ohne erreichten Abschluss) erhalten haben. Tabelle 6 zeigt, dass etwa fünf Prozent der Männer und Frauen aus Westdeutschland, die bis Ende der 1960er-Jahre geboren worden waren und eine Ausbildung im dualen System oder in einer Fachschule abgeschlossen hatten, während ihrer Ausbildung Eltern wurden. In Ostdeutschland schwankt der Anteil in diesen Kohorten um zehn Prozent – Tendenz fallend. Unter den Mitgliedern der jüngeren Kohorten (1970 bis 1979), die zum Befragungszeitpunkt zwischen 21 und 30 Jahre alt waren, haben nach diesen Ergebnissen nur noch 3,2 bzw. 3,8 Prozent (bezogen auf West- bzw. Ostdeutschland) während der Zeit, in der sie in einer Ausbildung waren, ein Kind bekommen. Ein Unterschied zwischen Ost- und Westdeutschland ist nach der „Wende" also nicht mehr auszumachen.

Auch wenn aktuellere Daten derzeit fehlen, weisen Studien (z. B. LiLA 2007) darauf hin, dass die Zahl junger Mütter in Deutschland seit vielen Jahren relativ konstant ist. Allerdings, und dies geht aus der obigen Tabelle nicht hervor, existieren regionale Disparitäten: In Stadtstaaten wie Hamburg, Bremen und Berlin ist die Zahl junger Mütter besonders hoch. In Berlin sind etwa 4300 junge allein erziehende Mütter unter 25 Jahren bei den Jobcentern registriert. Hinzu kommt eine unbekannte Zahl junger Mütter, die in sogenannten Bedarfsgemeinschaften leben, über ihre Eltern oder ihren Partner/Ehemann finanziell abgesichert sind und keine Ausbildung haben. Laut Statistischem Bundesamt gab es im Jahr 2007 in Deutschland etwa 2,6 Millionen Alleinerziehende mit minderjährigen Kindern. Eine repräsentative Umfrage im Auftrag des Bundesministeriums für Familie, Senioren, Frauen und Jugend durch das Institut für Demoskopie Allensbach vom Herbst 2008 zeigte, dass 90 Prozent der Alleinerziehenden mit Kindern unter 18 Jahren Frauen sind und 16 Prozent der Alleinerziehenden jünger als 30 Jahre sind (Familienforschung Baden-Württemberg 2008: 6f.)

Zur Häufigkeit von Ausbildung und gleichzeitiger Elternschaft

Tabelle 6: Geburtsjahrgangsgruppen[a], Zeitpunkt der Geburt ihrer Kinder

Geburtsjahrgangsgruppen	Geburtszeitpunkt der Kinder	Westdeutschland (inkl. Belin/West)		Ostdeutschland (inkl. Berlin/Ost)	
		absolut	relativ[b]	absolut	relativ
1950 bis 1959	keine Kinder	232	23,2	35	14,7
	außerhalb einer Ausbildung	709	71,1	174	73,1
	während einer Ausbildung	57	5,7	29	12,2
	Gesamt	998	100	238	100
1960 bis 1969	keine Kinder	356	24,8	75	23,4
	außerhalb einer Ausbildung	1.010	70,4	218	67,9
	während einer Ausbildung	69	4,8	28	8,7
	Gesamt	1.435	100	321	100
1970 bis 1979	keine Kinder	620	67,6	186	64,8
	außerhalb der Ausbildung	268	29,2	90	31,4
	während der Ausbildung	29	3,2	11	3,8
	Gesamt	917	100	287	100

[a] Frauen und Männer wurden in der Stichprobe nicht getrennt betrachtet.
[b] Eigene Berechnungen.
Quelle: DJI Familiensurvey (2000); Sonderauswertung.

Friese (2008) schildert aus den Erfahrungen im Projekt „MOSAIK", dass für die Lebenssituation vieler dieser jungen Mütter die fehlende materielle Sicherung des Lebensunterhalts, fehlende Angebote in der Kinderbetreuung sowie die mangelnde Vernetzung der verschiedenen für die jungen Mütter zuständigen Ansprechpartner charakteristisch sind. In der Folge ergibt sich ein enger Zusammenhang von sozialökonomischen Armutslagen und früher Mutterschaft, der mit hoher Wahrscheinlichkeit biografische Risiken und prekäre Lebenslagen junger Mütter und ihrer Kinder zur Folge hat. Des Weiteren lassen sich individuelle Erfahrungen aus schwierigen Herkunftsfamilien, fehlende Vorbilder, unterbrochene Bildungsverläufe sowie fehlende oder niedrige Ausbildungsabschlüsse und mangelhafte Berufsperspektiven als prägende Belastungsfaktoren für die jungen Mütter identifizieren. Die größte Belastung für junge Mütter besteht jedoch darin, Familie und Ausbildung miteinander zu vereinbaren. Junge Mütter erleben den alltäglich zu bewältigenden Balanceakt häufig als psychisch und physisch überfordernd. Verbunden mit dieser Überbelastung sind auch eigene Schuldzuweisungen hinsichtlich der nicht mehr funktionierenden Alltagsorganisation und des schlechten Gewissens gegenüber dem Kind (Friese 2008: 36f.). Als besonders belastend empfinden junge Mütter insbesondere die fehlenden bzw. nicht ausreichenden Kinderbetreuungsangebote, speziell die Tatsache, dass Ausbildungszeiten und Kinderbetreuungsangebote oft nicht übereinstimmen sowie die fehlende Wohnortnähe. Zusammenfassend erklärt Friese (2008: 37), dass „junge Mütter vor der widersprüchlichen Anforderung [stehen], einerseits eine dem Erwerbsalter gemäße Verantwortung für ein Kind und für die Familie zu übernehmen und andererseits für sich selbst altersadäquate Entwicklungen der Jugendphase zu bewältigen. Eine Folge ist das Herausfallen aus sozialen Netzwerken und aus der Peer Group, die zu Isolation und sozialer Exklusion führen können. Fehlende Vernetzung und Ausgrenzung wird als besonders belastend empfunden." Es ist zwar möglich, die Ausbildung während der gesamten dreijährigen Elternzeit ruhen zu lassen, allerdings ist nach einer solch langen Pause ein problemloser Wiedereinstieg nur selten möglich. Aus diesem Grund kommt dem Ausbau der institutionellen Kinderbetreuung eine entscheidende Rolle für die Vereinbarkeit von Familie und dualer Ausbildung bei jungen Müttern zu. Hier bietet sich im Sinne einer familienbewussten Personalpolitik auch die Möglichkeit, dass betriebsinterne oder betrieblich organisierte Kinderbetreuungsplätze zum erfolgreichen Gelingen der Vereinbarkeit beitragen können.

3.2 Rechtliche Rahmenbedingungen

3.2.1 Vereinbarkeit von Elternschaft und Ausbildung im dualen System

Anders als beim Hochschulstudium sieht das Berufsbildungsgesetz (BBiG) in der sozialen Förderung der Auszubildenden keine Aufgabe des Ausbildungsbetriebs; insofern fehlt im BBiG auch das Gebot einer Berücksichtigung der besonderen Bedürfnisse der Auszubildenden mit Kindern. Das BBiG erwähnt Auszubildende mit Kindern überhaupt nicht, weil es – zu Unrecht – davon ausgeht, dass Auszubildende kinderlos seien und in aller Regel bei ihren Eltern lebten. Wenn man jedoch bedenkt, dass heute rund 72 Prozent der Auszubildenden über

18 Jahre alt – also volljährig – sind und dass sie mit 16 Jahren bei Zustimmung des Familiengerichts auch ohne Zustimmung der Eltern eine Ehe eingehen können, dann kann sich die Frage der Vereinbarkeit von Familien- und Erwerbstätigkeit in dieser Gruppe durchaus stellen.

Das Ausbildungsverhältnis wird nach § 3 Abs. 2 BBiG als Arbeitsverhältnis angesehen, soweit sich aus dem Gesetz oder dem „Wesen und Zweck" des Berufsausbildungsvertrages nichts anderes ergibt, d. h. das Ausbildungsverhältnis im dualen System richtet sich nach dem Gesetz und den Regeln des individuellen und kollektiven Arbeitsrechts, insbesondere den Tarifverträgen und Betriebsvereinbarungen. Nach § 9 Nr. 3 BBiG hat der/die Auszubildende – anders als der Student/die Studentin – die an ihn/sie ergangenen Weisungen zu befolgen, d. h. es gilt in der Regel Anwesenheitspflicht im Betrieb und in der Teilzeit-Berufsschule (Schulbesuchspflicht; § 7 BBiG). Da zwischen Elternpflichten und Anwesenheitspflichten deutliche Widersprüche bestehen können, gilt zwar das Mutterschutzgesetz und seine 14wöchige Mutterschutzfrist, doch damit wird nachhaltige Vereinbarkeit nicht gewährleistet. Obgleich die Elternzeit nicht auf die Berufsbildungszeiten angerechnet wird, d. h. die Berufsausbildungszeit wird für die Dauer der Elternzeit unterbrochen und verlängert sich um die in Anspruch genommene Elternzeit, wird ein Auszubildender bzw. eine Auszubildende, der/die von der Elternzeit des Bundes-Elterngeldgesetzes Gebrauch machen will, das Ausbildungsverhältnis nur mit großen Schwierigkeiten unterbrechen bzw. hinausschieben können, zumal die Ausbildungszeit selber zwischen zwei und drei Jahren liegt. In anderen Worten: Elternschaft während der dualen Ausbildung heißt häufig Abbruch der Ausbildung.

Sehr leicht kann somit ein Zusammenhang zwischen früher Mutterschaft, Ausbildungsabbruch, Partnerschaftskrise und Alleinerziehen entstehen. Dies kann bei den jungen Frauen dazu führen, dass sie keinen qualifizierten Abschluss einer Ausbildung erhalten und damit Gefahr laufen, von Sozialtransfers abhängig zu werden. Es lässt sich aber auch eine umgekehrte Folge von Ereignissen denken: Ausbildungskrise und Partnerschaftskrise können zu früher Elternschaft und diese zu Ausbildungsabbruch führen. So entsteht ein *circulus vitiosus*. Will der Gesetzgeber diesen durchbrechen, müsste im BBiG eine entsprechende Schutzvorschrift eingebaut werden, die dann allerdings für Frauen wieder diskriminierend wirken und die deshalb leicht dem Verdikt der Verfassungswidrigkeit verfallen würde.

3.2.2 Finanzielle Förderung der Elternschaft während der dualen Ausbildung

Die Ausbildungsvergütungen werden durch Tarifverträge geregelt; sie unterscheiden sich in ihrer Höhe außerordentlich. Die Kinderbetreuung wird bei der Höhe der Ausbildungsvergütungen jedoch nicht berücksichtigt. Soweit die finanzielle Förderung nicht in Tarifverträgen geregelt ist, richtet sie sich nicht nach dem BBiG oder dem BAföG, sondern nach dem SGB III (§ 14). Nach § 64 SGB III erhält ein/eine Auszubildende(r) Ausbildungsförderungsleistungen, wenn er/sie mit mindestens einem Kind zusammenlebt, und zwar auch dann, wenn er/sie im Haushalt der Eltern lebt bzw. wenn die Ausbildungsstätte von der Wohnung der Eltern erreichbar ist. Der Förderungssatz richtet sich grundsätzlich nach der Ausbildungsförderung des BAföG; im Unterschied zum BAföG gibt es jedoch Kinderzuschläge von 130 Euro pro Kind und Monat (vgl. Kapitel 5).

Teenage-Schwangerschaft und *Teenage*-Mutterschaft begründen in der Regel besondere Problemlagen für die jungen Auszubildenden (vgl. hierzu Kapitel 3.1). Die normale institutionelle und finanzielle Förderung wird diesen Problemlagen nicht gerecht. Zudem existiert eine Vielzahl öffentlicher Leistungen, die sich nach der jeweiligen Lebensform und dem Status der Auszubildenden richtet und für die jeweils andere gesetzliche Vorschriften gelten. Konkret bedeutet dies, dass der „Paragrafendschungel" gerade für die betroffenen jungen Mütter schwer durchschaubar ist (Märten 2009: 40).

Für sie stellt sich deshalb die Frage, in wieweit das Kinder- und Jugendhilfegesetz (SGB VIII) Hilfen bereitstellt. Auszubildende mit Kindern können sich durchaus auch auf das SGB VIII berufen, denn das KJHG richtet sich auch an „junge Menschen" bis zum Alter von 27 Jahren (§ 7, Abs. 1, Nr. 4). Dennoch wird das SGB VIII aufgrund seiner Konzeption und Struktur der besonderen Situation junger Mütter, die sich in der Ausbildung befinden, nicht gerecht.

Das SGB VIII kennt vier Arten der Jugendhilfe, die an sich für diesen Personenkreis in Frage kommen könnten, nämlich die Jugendsozialarbeit nach § 13, die Förderung der Erziehung in der Familie nach §§ 16 ff, die Förderung von Kindern in Tageseinrichtungen nach §§ 22 ff sowie die Hilfe zur Erziehung nach §§ 27 ff. Sieht man von der Kinderbetreuung nach §§ 22 ff ab, die gerade auch für junge Mütter in der Ausbildung wichtig ist, so zeigt sich, dass die anderen Hilfeformen nur schwer anwendbar sind.

Bei der Jugendsozialarbeit nach § 13 geht es unter anderem zwar auch um die Förderung der schulischen und beruflichen Ausbildung; Voraussetzung ist jedoch eine „soziale Benachteiligung" oder eine „individuelle Beeinträchtigung". Hinter § 13 steht das Modell einer „Benachteiligtenförderung", das auf die Familienförderung nicht zutreffen kann.

Familienförderung ist nun allerdings der ausdrückliche Zweck der §§ 16 ff. Sieht man jedoch von den besonderen Fällen der §§ 17 ff ab, deren Voraussetzungen in der Regel nicht vorliegen werden, so käme überhaupt nur die so genannte „allgemeine Förderung der Erziehung in der Familie" nach § 16 in Frage:

> (1) Müttern, Vätern, anderen Erziehungsberechtigten und jungen Menschen sollen Leistungen der allgemeinen Förderung der Erziehung in der Familie angeboten werden. Sie sollen dazu beitragen, dass Mütter, Väter und andere Erziehungsberechtigte ihre Erziehungsverantwortung besser wahrnehmen können. Sie sollen auch Wege aufzeigen, wie Konfliktsituationen in der Familie gewaltfrei gelöst werden können.
>
> (2) Leistungen zur Förderung der Erziehung in der Familie sind insbesondere:
> 1. Angebote der Familienbildung, die auf Bedürfnisse und Interessen sowie auf Erfahrungen von Familien in unterschiedlichen Lebenslagen und Erziehungssituationen eingehen, die Familie zur Mitarbeit in Erziehungseinrichtungen und in Formen der Selbst- und Nachbarschaftshilfe besser befähigen sowie junge Menschen auf Ehe, Partnerschaft und das Zusammenleben mit Kindern vorbereiten,
> 2. Angebote der Beratung in allgemeinen Fragen der Erziehung und Entwicklung junger Menschen,
> 3. Angebote der Familienfreizeit und der Familienerholung, insbesondere in belastenden Familiensituationen, die bei Bedarf die erzieherische Betreuung der Kinder einschließen.
>
> (3) Das Nähere über Inhalt und Umfang der Aufgaben regelt das Landesrecht.
>
> (4) Ab 2013 soll für diejenigen Eltern, die ihre Kinder von ein bis drei Jahren nicht in Einrichtungen betreuen lassen wollen oder können, eine monatliche Zahlung (zum Beispiel Betreuungsgeld) eingeführt werden.
>
> (Quelle: http:/bundesrecht.juris.de/sgb_8/16.html)

Mit der Betonung der Familienförderung in ihren spezifischen Lebenssituationen ist ein Perspektivenwechsel verknüpft, wie Wiesner (2006) in seinem Kommentar zum §16 SGB VIII feststellt. Nicht mehr die Betonung von Defiziten der familialen Erziehung (Defizitorientierung) ist Ansatz- und Richtpunkt für die Jugendhilfe, sondern die Entwicklung von Fähigkeiten, Strategien und Ressourcen für eine eigenständige Lebensführung, der Aufbau von Kompetenzen für eine eigenverantwortliche Partizipation am gesellschaftlichen Leben („Ressourcenorientierung" und „Empowerment") (vgl. Wiesner 2006: 237).

§16 Absatz 2 Nr. 1 SGB VIII weist die Familienbildung ausdrücklich als Angebot der Jugendhilfe aus. Familienbildung wird verstanden als ein eigenständiger, mit anderen Arbeitsfeldern der Jugendhilfe verbundener Bereich, in dem der Familie als ganzer und ihren Mitgliedern unter Berücksichtigung der familiären Bedürfnisse, Interessen und Erfahrungen in den jeweiligen Aufgaben und Positionen Angebote gemacht werden, um die Lernprozesse in der Familie zu unterstützen. Dadurch sollen Handlungskompetenzen zur Gestaltung des familiären Zusammenlebens erweitert werden, um Probleme eigenständig angehen zu können (ebd. 241).

Hierbei geht es nun allerdings um Erziehungsprobleme, die Eltern mit ihren Kindern haben können, nicht um das hier diskutierte strukturelle Problem der mangelnden Vereinbarkeit.

Bei den Hilfen zur Erziehung nach §§ 27 ff geht es um Hilfen für die Kinder und Jugendlichen – sei es, dass diese ihnen selber oder dass sie den Eltern gewährt werden (z. B. Heimerziehung versus z. B. Erziehungsberatung). Sie sind nicht primär dazu bestimmt, Müttern, die sich in der Ausbildung befinden, zu helfen.

Es zeigt sich also, dass im SGB VIII eine Lücke klafft zwischen den Hilfen zur Erziehung bzw. zur Berufsfindung der Kinder und Jugendlichen einerseits und der Förderung der Erziehung in der Familie andererseits, selbst wenn die vorhandenen Instrumente in der Praxis dazu genutzt werden, *Teenage*-Mütter zu unterstützen. Der Gesetzgeber sollte diese Lücke schließen, indem er Regelungen schafft, die für die besondere Lage junger Mütter in der Ausbildung gedacht sind.

Demgegenüber zeichnet sich die Agentur für Arbeit als vorrangig zuständige Stelle ab, die Auszubildende durch die Zahlung von Berufsausbildungsbeihilfe (BAB) unterstützt (Hahner 2009: 89).

Die Berufsausbildungsbeihilfe (BAB) wird während einer beruflichen Ausbildung sowie einer berufsvorbereitenden Bildungsmaßnahme geleistet. Auszubildende erhalten Berufsausbildungsbeihilfe, wenn sie während der Ausbildung nicht bei den Eltern wohnen können, weil der Ausbildungsbetrieb vom Elternhaus zu weit entfernt ist. Die Ziele der Förderung liegen in der Überwindung wirtschaftlicher Schwierigkeiten, die einer angemessenen beruflichen Qualifizierung entgegenstehen, der Unterstützung des Ausgleichs am Ausbildungsmarkt, der Sicherung und Verbesserung der beruflichen Beweglichkeit der Unterstützung und Ergänzung der Hilfen der Berufsberatung, hauptsächlich bei der überörtlichen Ausgleichsvermittlung (Quelle: www.arbeitsagentur.de, abgerufen am 12. März 2010).

Allerdings, so zeigt Hahner (2009), kann es auch hier zu einer Finanzierungslücke kommen: Wird kurzfristig eine Ausbildung aufgenommen, führt der Wegfall des Arbeitslosengelds II bei den Betroffenen unweigerlich zu einem finanziellen Engpass. Dieser resultiert zum einen aus dem Auszahlungszeitpunkt des ALG II zum Monatsbeginn, wohingegen die Ausbildungsvergütung meist erst zum Monatsende ausgezahlt wird. Zum anderen entsteht die Versorgungslücke aus der mitunter langen Bearbeitungszeit, bis über den BAB-Antrag entschieden wird (Hahner 2009: 89f.). Im schlimmsten Fall kann dies gar zum Abbruch der Ausbildung führen (ebd. 90).

Folgende Finanzierungsquellen sind für Teilzeit-Auszubildende denkbar (Biedermann 2007: 3, zitiert in Hahner 2009: 91; vgl. dazu auch Abschnitt 5.5).

- Ausbildungsvergütung
- eigenes Kindergeld
- Kindergeld für das Kind
- Erziehungsgeld/ab 01.01.2007 Elterngeld
- Berufsausbildungsbeihilfe
- ALG II ggfs. als Darlehen
- Unterhaltsvorschussgesetz Leistungen/Unterhalt vom Kindesvater
- Sozialgeld und Kosten der Unterkunft – Anteil für das Kind
- Leistungen der Eltern
- Kinderzuschlag (aber Anspruch aufgrund des geringen Korridors von 140 Euro unwahrscheinlich)
- Wohngeld (in Verbindung mit dem Kinderzuschlag; bei BAB und ALG II ist eine eigenständige Wohnkostenerstattung vorgesehen).

Die finanzielle Förderung zeigt sich somit als eines der zentralen Probleme bei einer Elternschaft in der beruflichen Ausbildung. Die für die jungen Mütter nur schwer durchschaubaren Zuständigkeiten sowie Probleme bei Antragsstellung und Bearbeitung der Anträge (vgl. Hahner 2009) können im schlimmsten Fall zum Abbruch der Ausbildung führen.

3.3 Teilzeitberufsausbildung

3.3.1 Bildungspolitische Zielsetzung der Teilzeitberufsausbildung

Eine Alternative mit Potenzial zur Lösung der Vereinbarkeitsprobleme von Elternschaft und Ausbildung ist die Teilzeitausbildung. Für ihre Einführung und Weiterentwicklung sprechen drei verschiedene, miteinander verflochtene Motive: ein bildungspolitisches, ein sozialpolitisches und ein demografisches Motiv.

3.3.1.1 Bildungspolitisches Motiv

Junge Mutterschaft verursacht verschiedene Probleme für die jeweiligen Personen. So sind die Betroffenen wesentlich öfter ohne beruflichen Bildungsabschluss als Frauen ohne Kinder. Eine Untersuchung zu den Auswirkungen von verschiedenen Merkmalen auf die Arbeitslosigkeit von Jugendlichen zeigt, dass die Wahrscheinlichkeit, ohne Ausbildungsabschluss zu bleiben, für junge Frauen mit der Betreuung eines oder mehrerer eigener Kinder rapide ansteigt. Je jünger die Kinder, desto höher der Anteil der Mütter, die ohne beruflichen Ausbildungsabschluss sind. Während von allen Müttern ca. jede fünfte (21 Prozent) ohne beruflichen Ausbildungsabschluss ist, ist es unter den Müttern von Kindern unter 10 Jahren beinahe (24 Prozent) und von Müttern mit Kindern unter einem Jahr noch jede vierte (25 Prozent). Auch Puhlmann (2009: 12) erklärt, dass die Wahrscheinlichkeit, dass kein Berufsabschluss erreicht wird, für diejenigen am höchsten ist, die sich nach Schulabgang um den Haushalt und/oder die Kindererziehung kümmern müssen. Sie liegt bei 91 Prozent, oder anders formuliert: Das Erreichen eines Berufsabschluss ist für diese Frauen bisher nahezu ausgeschlossen (auch Puhlmann 2009). Auch die BIBB-Übergangsstudie „Welche Jugendliche bleiben ohne Berufsausbildung" von Ursula Beicht und Joachim Gerd Ulrich (2008) kommt zu einer ernüchternden Betrachtung, wenn sie resümiert: „Fast ein Fünftel der ungelernten Jugendlichen – es handelt sich überwiegend um junge Frauen – hat ein eigenes Kind zu betreuen [...] Wenn junge Frauen [...] bereits ein eigenes Kind zu betreuen haben, steigt ihr Risiko, ohne Ausbildung zu bleiben, rapide an. Eine Ausbildung erfordert in der Regel mindestens einen gleichen Zeitaufwand wie eine Vollzeit-Erwerbstätigkeit und ist zeitlich nicht realisierbar, wenn keine ausreichenden externen Betreuungsmöglichkeiten für das Kind vorhanden sind" (Beicht, Ulrich 2008: 8).

Eine Untersuchung des Landes Nordrhein-Westfalen legt ebenfalls Zeugnis über die prekäre Bildungslage junger Mütter im Alter von 15 bis unter 30 Jahren ab. Sie sind demnach wesentlich häufiger ohne beruflichen Bildungsabschluss als Frauen ohne Kinder. Waren 1997 rund 44 Prozent der Mütter in dieser Altersgruppe ohne einen beruflichen Abschluss (bei gleichaltrigen Frauen ohne Kinder traf dies auf 23,4 Prozent zu), stieg dieser Anteil im Jahr 2005 auf 52,6 Prozent, oder anders formuliert: mehr als jede zweite, unter dreißigjährige Frau mit Kindern in Nordrhein-Westfalen war ohne Schulabschluss (Ministerium für Generationen, Familie, Frauen und Integration 2007: 41). Auch bezüglich des Qualifikationsgrades zeigt sich bei jüngeren Müttern, dass dieser zumeist unterdurchschnittlich ausfällt. 47,7 Prozent dieser Mütter gehören demnach zu den Geringqualifizierten, während bei gleichaltrigen Frauen ohne Kinder der entsprechende Prozentsatz bei 21 Prozent liegt. Auch dieser Wert ist im Vergleich zum Jahr 1997 ganz erheblich angestiegen. Damals waren 41,7 Prozent der jungen Mütter geringqualifiziert (ebd. 41).

Es darf somit formuliert werden, dass das bildungspolitische Motiv darin besteht, jungen Müttern mit Kindern die Teilnahme an einer Ausbildung zu ermöglichen. Eine solche Teilnahme und ein erfolgreicher Abschluss einer Ausbildung haben neben den biografischen auch weitreichende Konsequenzen für die

Volkswirtschaft (da weitere gut ausgebildete Arbeitskräfte dem Arbeitsmarkt zur Verfügung stehen) und für den Sozialstaat (durch Reduzierung der Abhängigkeit von Transferleistungen). Hierin ist das zweite Motiv zu sehen.

3.3.1.2 Sozialpolitisches Motiv

Junge Mutterschaft stellt, das zeigen die oben aufgeführten Daten, eine deutliche Benachteiligung für Frauen dar, sich die notwendigen schulischen und beruflichen Abschlüsse anzueignen, um am Erwerbsleben teilhaben zu können. Neben der Betreuung ihres Kindes bzw. ihrer Kinder bleibt ihnen kaum Zeit, um weiter am dualen Ausbildungssystem zu partizipieren. Die Konsequenz hieraus ist in nicht wenigen Fällen die Abhängigkeit von sozialstaatlichen Transferleistungen. So weist Anslinger (2008: 81) für die Stadt Bremen aus, dass im Oktober 2003 914 Frauen unter 25 Jahren mit Kindern unter drei Jahren im Sozialhilfebezug waren. Damit liegt die Sozialhilfequote junger Mütter unter 25 Jahren in Bremen bei rund 35 Prozent, während sie im Durchschnitt in der Hansestadt bei 9,2 Prozent liegt!

Sowohl eine Untersuchung zu den Alleinerziehenden im Sozialbezug des Zentrums für interdisziplinäre Ruhrgebietsforschung (ZEFIR 2003) als auch die Armuts- und Reichtumsberichte der Bundesregierung (BMAS 2008a, 2005) legen dar, dass insbesondere Alleinerziehende ein höheres Armuts-und Sozialhilferisiko tragen. Da es sich hierbei nach wie vor hauptsächlich um Mütter handelt, sind vor allem sie von dem Bezug von Sozialhilfe bzw. heute von ALG II abhängig. Mit einer Sozialhilfequote von 26,3 Prozent waren Ende 2003 weibliche Alleinerziehende in deutlich höherem Maße auf Hilfe zum Lebensunterhalt angewiesen als alle anderen Bedarfsgemeinschaften (BMAS 2005: 63).

Zu den typischen Schwierigkeiten junger Mütter mit Kindern gehören, so zeigt Puhlmann (2009), die Schwierigkeiten, in der sozialen Umwelt akzeptiert zu werden, sich eine soziale Lebensbasis zu erarbeiten, die eigene Existenz zu sichern und gleichzeitig die Kinder zu erziehen.

Sozialpolitisch geht es folglich darum, die Gruppe der jungen Mütter auf Dauer aus der Abhängigkeit von staatlichen Transferleistungen wie dem Arbeitslosengeld II zu lösen, allerdings auch darum, „Sozialstaatskarrieren" (Anslinger 2008) zu verhindern. Hierzu bedarf es jedoch einer stärkeren Berücksichtigung der Vielfalt von Lebensbedingungen und Lebensplänen junger Menschen, welche bei der Implementierung der Teilzeitausbildung eine große Rolle spielen. Mit der Vielfalt der Lebenslagen ist zum einen gemeint, dass ein wachsender Anteil junger Menschen nicht mehr geradlinig von der Schule in eine Ausbildung übergehen kann oder will, z. T. weil das Angebot an Ausbildungsstellen nicht ausreicht oder die Qualität der Schulbildung und der Schulabschlüsse den Ausbildungsanforderungen nicht entsprechen oder weil sie längere Zeit brauchen, um eine Entscheidung für eine Ausbildung zu treffen. Viele junge Menschen haben in den letzten Jahrzehnten nach der Schulzeit zusätzliche Qualifizierungsmaßnahmen durchlaufen, die oftmals sogenannte Warteschleifen waren, mit dem Ziel, doch noch in Ausbildung einzumünden. In dieser Zeit wurden aus Jugendlichen junge Erwachsene und damit steigt auch die Wahrscheinlichkeit, dass sie eine Familie gründen, d. h. die Dringlichkeit der Schaffung von Möglichkeiten für junge Erwachsene, noch einen Berufsabschluss machen zu können und damit prekäre Lebenslagen und die anhaltende Abhängigkeit von staatlichen Transferleistungen zu vermeiden, ist gewachsen (vgl. Puhlmann 2009: 13).

3.3.1.3 Demografisches Motiv

Neben den dargestellten bildungs- und sozialpolitischen Motiven kann dem Teilzeitausbildungsgesetz jedoch auch ein demografisches Motiv unterstellt werden. Im Kern geht es also darum, wie Puhlmann (2009: 15) richtig erkennt, jungen Menschen auch eine frühe Elternschaft zu ermöglichen, ohne dass diese auf eine Ausbildung verzichten müssen. Dies geschieht nicht zuletzt vor dem Hintergrund der doppelten Notwendigkeit einer Förderung aller jungen Menschen; der volkswirtschaftlichen einerseits, der zufolge es im Zusammenhang der demografischen Strukturen nicht weiter hinnehmbar ist, dass erhebliche Teile junger Menschen ohne Berufsausbildung bleiben, und der individuell-biografischen, der zufolge alle jungen Menschen auch das Recht auf eine Ausbildung haben. Die Vereinbarkeit der beiden Sphären Familie und Beruf (auch in der Ausbildung) ist nicht zuletzt vielleicht auch eine Möglichkeit, die niedrige Geburtenrate zu erhöhen.

3.3.2 Entwicklung der Teilzeitberufsausbildung

Seit Anfang der 1990er-Jahre wird Teilzeitberufsausbildung in Fachkreisen intensiv diskutiert. Ein Auslöser hierfür war das Forschungsprojekt des Bundesinstituts für Berufsbildung „Junge Erwachsene ohne Berufsausbildung". Zentrale Frage war, warum diese Jugendlichen – damals 14 Prozent von 700.000 jungen Erwachsenen – keine Ausbildung hatten. Die Auswertung zeigte, dass insbesondere junge Frauen mit Kindern betroffen waren (Puhlmann 2007). Als Konsequenz dieser Erkenntnis wurde Teilzeitberufsausbildung in mehreren Modellprojekten erprobt und erforscht.

3.3.2.1 JAMBA

In Hessen wurden Erfahrungen mit Teilzeitausbildung im Rahmen des Projekts „Jamba" („Junge allein erziehende Mütter in der Berufsausbildung"), welches von 1998 bis 2003 durchgeführt und von der TU Darmstadt wissenschaftlich begleitet wurde, gesammelt. Hier wurde erstmalig gezeigt und belegt, wie und dass die Berufsausbildung junger Mütter erfolgreich sein kann und dass Betriebe dafür durchaus zu gewinnen sind, sowie nach den ersten Erfahrungen und mit entsprechendem Rückhalt in unterstützenden Netzwerken für sich Vorteile daraus ziehen (Puhlmann 2009). Die meisten am Modellprojekt beteiligten Betriebe hatten zu Beginn der Ausbildung noch keine Erfahrungen mit der Zielgruppe junge Mütter gesammelt. Aus diesem Grund bestanden seitens der Betriebe vielfältige Vorbehalte. Diese Vorbehalte bezogen sich im Wesentlichen auf die eher gering qualifizierenden Schulabschlüsse, das höhere Alter sowie auf die höheren Ausfall- und Fehlzeiten der jungen Mütter, bedingt durch mögliche Erkrankungen des Kindes (Anslinger 2008: 16).

3.3.2.2 BEAT
2002 wurde in Nordrhein-Westfalen das Modellprojekt „Betriebliche Erstausbildung in Teilzeit für junge, insbesondere alleinerziehende, Mütter und Väter" (BEAT) durch den Bildungsträger RE.init e.V. durchgeführt. Übergeordnetes Ziel war es, die Teilzeit-Ausbildung zur Regelausbildung weiter zu entwickeln. In den konkreten Fällen, in denen Teilzeit-Ausbildung durchgeführt wurde, sollten die jungen Mütter und Väter dazu befähigt werden, berufliche Qualifizierung und familiäre Pflichten miteinander zu vereinbaren, ein besseres Selbstwertgefühl zu entwickeln und durch das Erreichen eines anerkannten Berufsabschlusses dazu befähigt werden, das Leben eigenverantwortlich gestalten zu können (Hahner 2009: 71f.). Problematisch bei „BEAT" im Vergleich mit „Jamba" war, dass die umfangreiche finanzielle Bezuschussung der Teilzeit-Ausbildungsverhältnisse nicht dauerhaft gegeben war. Vor allem die Subventionierung der Ausbildungsplätze durch die öffentliche Hand war wohl bei „Jamba" ein Anreiz für einen Teil der Betriebe an dem Projekt teilzunehmen oder nach Ablauf der Projektzeit Teilzeit-Ausbildungsplätze zur Verfügung zu stellen (Anslinger 2008; Specht 2006: 1). Es ist anzunehmen, dass im Zuge der demografischen Entwicklung und des mit ihr einhergehenden Fachkräftemangels die Unternehmen zunehmend die Bedeutung einer erfolgreichen Ausbildung junger Mütter als Gewinn für ihr Unternehmen betrachten und entsprechend ohne oder mit (zeitlich) begrenzter finanzieller Bezuschussung mehr Teilzeit-Ausbildungsverhältnisse anbieten.

3.3.2.3 MOSAIK
In Bremen wurde von Mai 2003 bis Juni 2006 das Forschungsprojekt „Kompetenzentwicklung für junge Mütter" (MOSAIK) ins Leben gerufen. Ziel war die Erarbeitung von Konzepten für eine ganzheitliche Kompetenzentwicklung für junge Mütter und ihre Kinder, um sie langfristig zu einer eigenständigen und

ökonomisch unabhängigen Existenzsicherung zu befähigen. Zur Zielerreichung wurden im Projekt drei Ansätze verfolgt: (1) Auf der Basis demografischer, sozioökonomischer und soziokultureller Daten wurde eine Definition der Zielgruppe sowie eine Bedarfserhebung vorgenommen; (2) Anhand der empirischen Datenbasis sowie auf der Grundlage der Bedarfserhebung wurden individuelle und ganzheitliche Förderansätze für Qualifizierung und Berufsbildung sowie für Kinderbetreuung entwickelt; (3) Als Prototyp im Land Bremen wurde eine regionale Netzwerkstruktur, die so genannte „Förderkette junge Mütter" aufgebaut und zu bereichsübergreifenden Kooperationen zusammen geführt (Anslinger 2008: 13f.). Von September 2006 bis Ende August 2007 wurde die Transferphase des Projekts vom Standort Gießen aus fortgesetzt (Hahner 2009).

Die Ergebnisse bzw. Schlussfolgerungen des Projektes MOSAIK lassen sich folgendermaßen zusammenfassen (Friese 2008: 39f.):

- Insbesondere für benachteiligte Jugendliche und junge Mütter, die aufgrund ihrer biografischen Verläufe längerfristige Unterbrechungszeiten in der Bildungsbiografie aufweisen, sind niedrigschwellige und sozialräumlich konzipierte Angebote zu entwickeln.
- Voraussetzung für eine gelingende *Work–life*-Balance auch für junge Frauen sind Ausbildungskonzepte in zeitmodifizierten Strukturen, die eine Vereinbarkeit von Ausbildung und Familie ermöglichen. Regelhaft zu implementieren sind die mit der Novellierung des Berufsbildungsgesetzes rechtlich verankerten zeitmodifizierten Ausbildungsmodelle. Sie bieten einen Ansatz, die Diskrepanz zwischen beruflichen und familiären Strukturen zu mindern und eine erfolgreiche Integration junger Mütter in das System der beruflichen Bildung zu ermöglichen.
- Von den Betrieben, Kammern, Schulen und Bildungsträgern werden jungen Müttern positive Aspekte wie eine hohe Motivation, ein hohes Maß an Sozial- und Organisationskompetenz sowie gute Prüfungsergebnisse bescheinigt. Jedoch existieren auch Bedenken gegen die Abweichung von der Ausbildungsnorm und Unsicherheiten bezüglich der Umsetzung der neuen ordnungsrechtlichen Regelungen im Ausbildungsalltag. Dabei werden Problemlagen wie höhere Ausfallzeiten durch Krankheit des Kindes sowie zeitweise Überforderungen aufgrund der Doppelbelastung der Auszubildenden thematisiert. Betriebe, die in Teilzeit ausbilden, übernehmen eine wichtige soziale Verantwortung. Die Bereitschaft kann durch finanzielle Anreize und Unterstützung gestärkt werden. Hierzu gehören auch Finanzierungen für eine sozialpädagogische Begleitung sowie Beratungs-, Informations- und Koordinierungsangebote.

- Aus Sicht der jungen Mütter wird zwar die strukturelle und emotionale Ambivalenz deutlich, die in der Ausbildung bewältigt werden muss, wie etwa hinsichtlich Zeitknappheit und widerstreitender Empfindungen bezüglich der Verbundenheit mit dem Kind. Zugleich stellen sich jedoch die Berufsausbildung und der damit erreichte Zugewinn an Kompetenz und Selbstbewusstsein als zentrale stabilisierende Faktoren heraus. Diese Bemühungen um Ausbildung und eigenständige Lebensführung junger Mütter für sich und ihre Kinder sind durch adäquate Finanzierungsmodelle zu unterstützen. Von Bedeutung ist es, die Finanzierung der Auszubildenden möglichst aus einer Hand zu gestalten und so auszustatten, dass die Teilnehmerinnen Planungssicherheit bekommen. Ausgeschlossen werden sollte, dass junge Mütter durch Ausbildung unter das Existenzminimum fallen.
- Junge Mütter in einer Berufsausbildung benötigen Unterstützung bei der Alltagsgestaltung und im Zeitmanagement. Einen zentralen Stellenwert in der Berufsvorbereitung und -ausbildung nimmt die sozialpädagogische Begleitung ein, die für junge Mütter und insbesondere alleinerziehende Frauen bei der schwierigen Bewältigung der Vereinbarkeit von Ausbildungs- und Erziehungsaufgaben eine kontinuierliche Unterstützung gewährt. Der Umgang mit Behörden und die Bewältigung der komplexen Problemlagen des Alltags erfordern eine intensive und professionelle Beratung.
- Die Umsetzung und Implementierung einer bedarfsgerechten Teilzeitberufsausbildung im Regelsystem der beruflichen Bildung können nicht nur einzelne Träger oder informelle Netzwerke leisten. Für eine nachhaltige Perspektive ist es unerlässlich, Netzwerke und Kooperationen zu bilden und Zielvereinbarungen für regionale Stufenprogramme zu formulieren. Zur Integration von Teilzeitberufsausbildung in die Regelstruktur der beruflichen Bildung sind Vernetzungen und Anbindungen auf der Entscheidungsebene der kommunalen Sozialpolitik sowie der berufsbildenden Netzwerke zu entwickeln. Hierzu sind institutionelle Knotenpunkte wie z. B. Koordinierungs- oder Kooperationsstellen einzurichten.

Als eine Folge dieser Projekte und mehrjähriger Lobbyarbeit wurde das Berufsausbildungsgesetz Anfang 2005 dahingehend geändert, dass eine zeitliche Verkürzung der Berufsausbildung nun auch täglich oder wöchentlich möglich ist, wenn die Auszubildenden bereits Kinder haben oder nahe Familienangehörige pflegen (Wolff 2008).[9]

---

[9] Der einschlägige Paragraf lautet: §8: Abkürzung und Veränderung der Ausbildungszeit

Im Dezember 2007 sprach der nordrhein-westfälische Landtag Empfehlungen zur Teilzeitberufsausbildung aus und im darauffolgenden Jahr äußerten sich der nordrhein-westfälische Frauenausschuss und der Ausbildungskonsens.[10] Im selben Jahr erließ der Hauptausschuss des BIBB „Empfehlungen zur Abkürzung und Verlängerung der Ausbildungszeit/zur Teilzeitberufsausbildung" (2008) (§ 8 BBIG/§ 27 HwO) sowie zur vorzeitigen Zulassung zur Abschlussprüfung (§ 45 Abs. 1 BBIG/§ 37 HwO)" (vgl. G.I.B.-Info 2/2009). In diesen Empfehlungen heißt es allgemein: „Die Abkürzung beinhaltet auch die Teilzeitausbildung, die insbesondere Alleinerziehende und junge Eltern durch die Verkürzung der täglichen oder wöchentlichen Ausbildungszeit die Möglichkeit gibt, die Berufsausbildung und Familie zu vereinbaren"(BIBB 2008).

Im Februar 2009 schließlich wurde die Förderlinie des Ministeriums für Arbeit, Gesundheit und Soziales „TEP-TZAB – Einstieg begleiten - Perspektiven öffnen" als Teil des Programms „Brücken bauen in den Beruf" ins Leben gerufen, bei der rund 200 zwölfmonatige Maßnahmen zur Integration von Berufsrückkehrerinnen finanziert werden (G.I.B.-Info 2/2009).

---

(1) Auf gemeinsamen Antrag der Auszubildenden und Ausbildenden hat die zuständige Stelle die Ausbildungszeit zu kürzen, wenn zu erwarten ist, dass das Ausbildungsziel in der gekürzten Form erreicht wird. Bei berechtigtem Interesse kann sich der Antrag auch auf die Verkürzung der täglichen und wöchentlichen Ausbildungszeit richten (Teilzeitberufsausbildung).
(2) In Ausnahmefällen kann die zuständige Stelle auf Antrag Auszubildende die Ausbildungszeit verlängern, wenn die Verlängerung erforderlich ist, um das Ausbildungsziel zu erreichen. Vor der Entscheidung nach Satz 1 sind die Auszubildenden zu hören.
(3) Für die Entscheidung über die Verkürzung oder Verlängerung der Ausbildungszeit kann der Hauptausschuss des Bundesinstituts für Berufsbildung Richtlinien erlassen. (Aus dem Berufsausbildungsgesetz 2005, Quelle: Puhlmann 2009).
[10] Im Dezember 2007 war Teilzeitberufsausbildung Thema einer Debatte im nordrhein-westfälischen Landtag und wurde 2008 auch im Rahmen des Ausbildungskonsens angegangen. Auch der im März 2008 erstmalig ausgeschriebene Wettbewerb „familie@unternehmen.NRW" sucht ausdrücklich nach innovativen Ansätzen zum Thema Teilzeitausbildung. Aufgrund einer Umfrage des nordrhein-westfälischen Ministeriums für Arbeit und Soziales konnte die Landesregierung in ihrem Bericht für den Frauenausschuss im Januar 2009 erstmalig Zahlen zu den bestehenden Teilzeitausbildungsverhältnissen in NRW vorlegen (Dokument abrufbar unter http://www.gib.nrw.de/service/downloads/TZA_MMV14-2368.pdf [07.04.2010]). Im Juni 2009 fasste die 19. Konferenz der Gleichstellungs- und Frauenministerinnen, -minister, -senatorinnen und -senatoren der Länder einstimmig einen Beschluss zum Thema Teilzeitberufsausbildung (vgl. Internetseite der G.I.B unter http://www.gib.nrw.de/service/specials/Teilzeitberufsausbildung/einfuehrung [abgerufen am 7.4.2010])

3.3.3 Übersicht derzeitiger Projekte zur Teilzeitausbildung

Die folgende Tabelle gibt einen Einblick in die verschiedenen Projekte zur Teilzeitausbildung, ohne einen Anspruch auf Vollständigkeit zu erheben.

Ein besonderes Kennzeichen der Teilzeitberufsausbildung liegt in den regionalen Netzwerken mit den Arbeitgebern, den Kammern, den Berufsschulen, den Arbeitsagenturen und der Verwaltung. Die Arbeitgeber werden während der Einführung und Ausbildungszeit unterstützt, die jungen Mütter finden bei der Kinderbetreuung und Sicherstellung der Existenz Unterstützung. So war im „Jamba"-Projekt des Landes Hessen nicht nur der Ausbildungsablauf vom Projektträger organisiert, sondern dieser vermittelte auch entsprechende Kinderbetreuung. Für SGB-II-Teilnehmende werden die Kosten der Maßnahme zur Hälfte vom SGB-II-Träger getragen. Auch die Arbeitsagenturen sind nach §10 SGB III zur hälftigen Ko-Finanzierung aufgefordert. Dabei gibt es für Empfänger von SGB-II-Leistungen eine Altersgrenze von 27 Jahren (Christ 2009: 19).

Wie aus der Aufführung verschiedener Projekte zur Teilzeitausbildung zu entnehmen ist, werden immer mehr Programme initiiert Mit der Verankerung im BBIG und den Empfehlungen des Hauptausschusses ist auch „der Prozess der Regulierung abgeschlossen und Teilzeitberufsausbildung damit zur Regel geworden" (Puhlmann 2009: 16). Dennoch bleibt die Teilzeitberufsausbildung eher selten. So zählen eine zahlenmäßige Erhebung der Teilzeitberufsausbildungsplätze und eine regelmäßige Berichterstattung, das Überdenken von Regeln für SGB-II-Empfänger, die Einführung adäquater bundesrechtlicher Finanzierungsregeln aus einer Hand, die Schaffung eines einheitlichen Informationsstands bei den Akteuren sowie die Ausschreibung aller Stellen im Öffentlichen Dienst als Teilzeitausbildungsstellen nach wie vor zu den wichtigsten Forderungen (ebd. 17).

Tabelle 7: Projekte zur Teilzeitausbildung

Projekt	Träger	Ort
Projektverbund LiLA	LIFE e.V.	Berlin
Alleinerziehende durch Umschulung in Arbeit – Büroberufe in Teilzeit (IHK)	Campus & more GmbH Institut Reinickendorf	Berlin
STARegio-Projekt „Teilzeitausbildung für junge Mütter und Väter unter 25 Jahren sowie in Pflege eingebundene junge Menschen"	IHK und HWK Lübeck	Lübeck
Ausbildung in Teilzeit	IHK Kiel, HWK Lübeck	Kiel
Berufsausbildung in außerbetrieblichen Einrichtungen (BaE) – kooperatives Modell in Teilzeit für junge Frauen mit Kind(ern)	Dienstleistungszentrum Neumünster, ARGE von Stadt Neumünster und Agentur für Arbeit	Neumünster
Teilzeitausbildung für junge Mütter und Väter und in Pflege eingebundene junge Menschen	HWK zu Flensburg	Flensburg
Teilzeitausbildung für junge Mütter und Väter und in Pflege eingebundene junge Menschen	IHK zu Flensburg	Flensburg
STARegio-Projekt „Teilzeitausbildung für junge Mütter und Väter unter 25 Jahren sowie in Pflege eingebundene junge Menschen"	Handwerkskammer Lübeck und IHK Kiel	Pinneberg
STARegio-Projekt „Teilzeitausbildung für junge Mütter und Väter unter 25 Jahren sowie in Pflege eingebundene junge Menschen"	Handwerkskammer Lübeck und IHK Kiel	Itzehoe
Umschulung in Teilzeit „Kombi Teilzeit 07" Kaufmann/-frau im Groß- und Außenhandel	Jobcenter Wildeshausen, Landkreis Oldenburg	Oldenburg
Familie und Umschulung	Bildungswerk der Niedersächsischen Wirtschaft gGmbH	Oldenburg
TaF – Teilzeitausbildung für junge Frauen mit Kind	Diakonisches Werk Stadtverband für Innere Mission in Hannover e.V. Sina	Hannover
EvA – Erfolgreich vorbereitet auf eine Ausbildung	DAA Hannover	Nienburg
Teilzeitausbildung für alleinerziehende junge Frauen unter 27 Jahren	IB Mittelhessen	Wetzlar
Kompetenzentwicklung für (junge) Mütter/Projekt MOSAIK	Justus-Liebig-Universität Gießen, FB 03 Sozial- und Kulturwissenschaften, Institut für Erziehungswissenschaft, Fachgebiet Berufspädago-	Gießen

Teilzeitberufsausbildung

Projekt	Träger	Ort
	gik/Arbeitslehre	
Teilzeitausbildung für junge Mütter	Volkshochschule Göttingen e.V.	Göttingen
Berufsvorbereitende Bildungsmaßnahme für junge Mütter	Verein zur Förderung von Frauenerwerbstätigkeit im Revier e.V.	Dortmund
MiA ViA - Mütter in Ausbildung, Väter in Ausbildung, Castrop-Rauxel	RE/Init e.V.	Castrop-Rauxel
BOQ-BEAT - Berufliche Orientierung und Qualifizierung für eine Betriebliche Erstausbildung in Teilzeit	RE/Init e.V., Gemeinnützige Beschäftigungsgesellschaft Herne mbH	Herne
MiA ViA – Mütter in Ausbildung, Väter in Ausbildung, Herne	RE/Init e.V., Gemeinnützige Beschäftigungsgesellschaft Herne mbH	Herne
BOQ-BEAT - Berufliche Orientierung und Qualifizierung für eine Betriebliche Erstausbildung in Teilzeit	RE/Init e.V., Bildungszentrum des Handels e.V.	Bochum
BOQ-BEAT - Berufliche Orientierung und Qualifizierung für eine Betriebliche Erstausbildung in Teilzeit	RE/Init e.V.	Recklinghausen
Jo Fa - Job und Familie	RE/Init e.V.	Recklinghausen
BOQ-BEAT - Berufliche Orientierung und Qualifizierung für eine Betriebliche Erstausbildung in Teilzeit in den Bezirksstellen der VESTISCHEN ARBEIT Kreis Recklinghausen Vest und bei der Kreisverwaltung Recklinghausen	RE/Init e.V., Bildungszentrum des Handwerks e.V.	Recklinghausen
MiA ViA - Mütter in Ausbildung, Väter in Ausbildung; Recklinghausen	RE/Init e.V.	Recklinghausen
MiA ViA - Mütter in Ausbildung, Väter in Ausbildung, Marl	Bildungszentrum des Handels e.V.	Marl
BOQ-BEAT - Berufliche Orientierung und Qualifizierung für eine Betriebliche Erstausbildung in Teilzeit	RE/Init e.V.	Gelsenkirchen
MoVa - Modifizierte Vollzeitausbildung	RE/Init e.V.	Gelsenkirchen
Jo Fa - Job und Familie	RE/Init e.V.	Gelsenkirchen
Vorbereitung auf eine Teilzeit-Erwerbstätigkeit oder Teilzeit-Berufsausbildung	Trivium GmbH im Auftrag der Arge SODA	Oberhausen

Projekt	Träger	Ort
BOQ-BEAT - Berufliche Orientierung und Qualifizierung für eine Betriebliche Erstausbildung in Teilzeit	RE/Init e.V.	Bottrop
MiA ViA Bottrop	RE/Init e.V.	Bottrop
Berufsvorbereitung für junge Mütter und Väter in Teilzeit (keine eigene Zielgruppenmaßnahme, sondern TZ-Kapazitäten in den „normalen" TZ-bvB)	Verschiedene Träger im Bezirk der Agentur für Arbeit Wesel	Wesel
BAFF Betriebliche Ausbildung für Frauen in Teilzeit	Geba Münster, Arbeitsgemeinschaft Münster	Münster
BAFF – Betriebliche Ausbildung für Frauen in Teilzeit – Ein individuelles Coaching von ausbildungssuchenden jungen Müttern	GEBA Münster, Impulse e.V.	Warendorf
ModUs – Modulares Unterstützungssystem für Mütter, Kinder, Betriebe	CJD Bonn	Bonn
Berufsvorbereitende Bildungsmaßnahme	Donner + Partner GmbH	Mainz
Betriebliche Ausbildung Alleinerziehender	Verein zur beruflichen Förderung von Frauen e.V.	Frankfurt
Teilzeitausbildung für junge Mütter im Verbund	Verein zur beruflichen Förderung von Frauen e.V., Internationaler Bund	Frankfurt
JAMBA – Junge alleinerziehende Mütter in Berufsausbildung	Fresko e.V.	Wiesbaden
Berufsausbildung in Teilzeit – Projekt Diana	Paritätischer Wohlfahrtsverband Baden-Württemberg	Stuttgart
Berufsausbildung in Teilzeit – Projekt Diana	Diakonische Jugendhilfe Region Heilbronn	Heilbronn
Münchner Initiative Junge Frauen in Arbeit	WfZ – Werkstätten für Zweiradmechanik e.V.	München
Tau – Teilzeitausbildung für junge Mütter und Väter	BfZ Bamberg	Bamberg

Quelle: Hahner (2009: 260-267).

3.4 Die Lage der Auszubildenden mit Kindern und die Auswirkungen früher Elternschaft auf den weiteren Lebensverlauf

Selbst wenn Mutterschaft während der beruflichen Ausbildung mit gut drei Prozent Prävalenzrate (vgl. Tabelle 6) rein quantitativ scheinbar kein großes Problem darstellt, sind vor dem Hintergrund entsprechender Hochrechnungen gleichwohl pro Jahr mehr als 20.000 junge Frauen davon betroffen. Die Gründe junger Frauen und Männer, sich vor oder während einer Ausbildung für ein Kind zu entscheiden, mögen vielfältig sein, sie sind jedoch bislang in Deutschland – im Unterschied zu den USA oder Großbritannien – kaum erforscht. Verwiesen wird zum einen darauf, dass die Realisation des Kinderwunsches noch während der Ausbildungszeit ein Ausdruck hoher Belastung in der Herkunftsfamilie sein kann, die zu (generalisierten) Problemen in der Schule und/oder in der Ausbildung führen und damit zu dem frühen Wunsch, eine eigene Familie gründen zu wollen. So berichtet Zierau (2002), dass der Gruppe der sehr jungen Mütter in Ausbildung vermehrt Frauen angehören, die aus „sozial schwierigen" Verhältnissen stammen. Auch kann die Entscheidung für ein Kind während dieser Lebensphase mit einer mangelnden Unterstützung in dem Prozess der beruflichen Orientierung einhergehen oder der Überzeugung entspringen, den falschen Beruf gewählt zu haben. Vor diesem Hintergrund könnte frühe Mutterschaft auch als „Flucht" aus der Berufsausbildung resp. aus dem Ausbildungsverhältnis zu verstehen sein.

Junge Mütter, die während der Ausbildung eine Familie gründen resp. ihr Kind alleine erziehen, tun dies entgegen der gesellschaftlichen Reihenfolge von „Statuspassagen": Sie bekommen ihr Kind früher, als dies im normalen biografischen Ablauf von Schulbesuch, Ausbildung, Partnerschaft und Elternschaft vorgesehen ist (Paul-Kohlhoff 2002; vgl. ferner Zybell 2003, auch Kapitel 1). Dies hat vielfältige Auswirkungen, denn die Rahmenbedingungen, unter denen Ausbildung im dualen System organisiert ist, nehmen kaum Rücksicht darauf, ob diese standardisierte Abfolge im Lebensablauf eingehalten wird oder nicht. Eine häufig zu beobachtende Folge ist – wie erwähnt – der vorzeitige Abbruch der Ausbildung. Einer Untersuchung des Bundesinstituts für Berufsbildung (Troltsch, Alex, Bardeleben, Ulrich 1999: 35) bei 20- bis 29-Jährigen aus dem Jahre 1998 zufolge hatten ca. elf Prozent der Männer und ca. zwölf Prozent der Frauen dieser Altersgruppe keinen Ausbildungsabschluss. In dieser Gruppe sind aber junge Menschen, die Kinder haben, überdurchschnittlich häufig vertreten: So hatten 24 Prozent der verheirateten Frauen mit Kindern keinen berufsqualifizierenden Abschluss.

Eine zu Beginn der 1990er-Jahre durchgeführte Befragung des BiBB zur fehlenden Ausbildung bei Frauen bietet eine Schätzbasis für den Zusammenhang von Mutterschaft und Berufslosigkeit (Puhlmann 1993). Es stellte sich heraus, dass von den Befragten, die keine Berufsausbildung hatten, elf Prozent (Westdeutschland) ihre Ausbildung wegen einer Elternschaft oder der Planung einer Familie abgebrochen bzw. erst gar nicht begonnen hatten. In Ostdeutschland war damals eine Berufslosigkeit eher selten, und trotz des frühen Alters bei Familiengründung zu DDR-Zeiten hatte Elternschaft kaum einen nachteiligen Effekt auf den Abschluss einer Ausbildung.

Eine wichtige Frage in diesem Zusammenhang ist, wie häufig die Geburt eines Kindes bei jungen Frauen und Männern zum Abbruch ihrer Ausbildung führt und welche Einflüsse auf den weiteren Bildungs- und Erwerbsverlauf zu finden sind. Hierzu lassen sich mit Hilfe der Daten des Mikrozensus oder des Familiensurvey 2000 keine gesicherten Aussagen machen. Es bestehen also weiterhin gravierende Lücken in der Datenlage (vgl. Berufsbildungsbericht 2002), die bereits im Fünften Familienbericht (BMFuS 1994) angemahnt worden sind.

In einer vom Bundesministerium für Bildung, Wissenschaft, Forschung und Technologie geförderten Studie sollten die Zusammenhänge zwischen Ausbildungsabbruch und Schwangerschaft resp. Mutterschaft durch eine Befragung an Berufsschulen erhellt werden (Zierau und Bartmann 1996). An 36 Berufsschulen und Berufsfach-/Fachschulen in den Bundesländern Niedersachsen, Baden-Württemberg und Sachsen-Anhalt waren Klassenlehrer und Klassenlehrerinnen und „Koordinatoren und Koordinatorinnen" zu den (vermuteten) Ursachen des Ausbildungsabbruchs ihrer Schüler und Schülerinnen befragt worden – und zwar bezogen auf jene Ausbildungsberufe, in denen 80 Prozent der Ausbildungsabbrüche zu verzeichnen waren. Auch wenn die Ergebnisse der Studie nicht ohne Weiteres verallgemeinert werden können, verweisen sie doch deutlich auf das große Risiko, welches die Geburt eines Kindes für den weiteren Ausbildungs- und Erwerbsverlauf mit sich bringt. Denn von den jungen Frauen, die im Verlauf ihrer Ausbildung Mutter geworden waren, hatten etwa zwei Fünftel die Ausbildung abgebrochen, nur ein Fünftel hatte die Ausbildung ohne Unterbrechung weitergeführt (Zierau 2002). Zugleich zeigte sich, dass ein Abbruch der Ausbildung umso wahrscheinlicher war, je früher die Schwangerschaft während der Gesamtausbildungszeit eingetreten war. Vielfach wurde vor diesem Hintergrund seitens der befragten Lehrkräfte die Vermutung formuliert, dass frühe Mutterschaft einen Ausweg aus einer „ungeliebten Berufsausbildung" darstelle und/oder eine Präferenz für „traditionelle Geschlechtsrollenbilder" abbilde.

Nach dem Berufsbildungsbericht 2002 sind Versuche, eine nach der Geburt eines Kindes unterbrochene Ausbildung fortzuführen, einen Bildungsabschluss nachzuholen und/oder eine Erwerbstätigkeit aufzunehmen, in vielen Fällen nicht erfolgreich. Es gelingt vielen jungen Frauen nur schwer, einen angemessenen Einstieg resp. Kontinuität in ihr berufliches Leben zu bringen. Sehr junge Frauen, die vor Abschluss ihrer Berufsausbildung schwanger wurden und ihre Lehre nach der Geburt eines Kindes abgebrochen haben, werden – sofern sie keine massive Unterstützung erfahren – mit hoher Wahrscheinlichkeit auch langfristig nicht in das Erwerbsleben integriert werden (Puhlmann 2002). Diese älteren Befunde werden auch durch den aktuellen Datenreport zum Berufsbildungsbericht 2009 bestätigt. Dieser hält fest, dass junge Frauen, haben sie bereits ein eigenes Kind zu betreuen, besonders oft ungelernt bleiben, denn eine Berufsausbildung erfordere einen hohen Zeitaufwand und sei somit kaum realisierbar, wenn – was häufig der Fall ist – keine ausreichenden externen Betreuungsmöglichkeiten für das Kind zur Verfügung stünden (BIBB 2009).

Die „prekäre Armut" junger Frauen (Paul-Kohlhoff 2002), die vor Abschluss ihrer Ausbildung Kinder zur Welt gebracht haben, macht sie für potenzielle Arbeitgeber unattraktiv, sodass „Stigmatisierungen" bei der Suche nach einem Ausbildungsplatz oft vorgezeichnet sind. Allzu häufig führt also eine frühe Elternschaft während der Ausbildungszeit in Pfade des Abbruchs einer Berufsausbildung und erhöht damit mittel- und langfristig das Risiko einer anhaltenden Arbeitslosigkeit.

Mitunter dürfte auch die Berufswahl selbst seitens junger Frauen vor dem Hintergrund der (vermeintlichen) Vereinbarkeit von Familie und beruflicher Ausbildung getroffen werden. Die Berufswahl wird dann mit Möglichkeiten der Teilzeitbeschäftigung und/oder einem geringen weiteren Qualifizierungserfordernis begründet – jedoch um den Preis, dass das Spektrum der zu wählenden Berufe auf wenige, eher niedrig bezahlte Berufe begrenzt ist. So fanden sich im Jahr 2008 75,8 Prozent aller weiblichen Ausbildungsanfänger in nur 25 Berufen wieder (BMBF 2009). Eine Teilzeitbeschäftigung besitzt jedoch einen einkommensmindernden Effekt im Lebensverlauf. Eine Folge ist, dass – die gegenwärtigen Scheidungs- bzw. Trennungsvoraussetzungen unterstellt – ein großer Teil dieser Mütter ihre Kinder alleine erziehen muss und damit auf eigenes Einkommen angewiesen ist, das allerdings gerade in den von ihnen gewählten Berufen gering sein dürfte. Laut Berufsbildungsbericht 2002 sind etwa 45 Prozent der 20- bis 29-jährigen Frauen ohne Berufsausbildung, die schon Kinder haben, alleinstehend, geschieden oder sie leben getrennt (BMBF 2002).

Eine Studie zur Situation von Alleinerziehenden in der Bundesrepublik Deutschland lässt weitere Schlüsse auf die Situation sehr junger Mütter zu (BMFSFJ 1997). Junge Mütter im Alter zwischen 16 und 21 Jahren sind in etwa einem Drittel der Fälle erwerbstätig, nahezu 50 Prozent sind Hausfrauen, und etwa ein Fünftel ist arbeitslos. Die Anzahl und Art der verschiedenen Einkommensmöglichkeiten differieren erheblich in den unterschiedlichen Alterskohorten alleinerziehender Mütter oder Väter. Eine absolute Sonderposition nimmt dabei sowohl in West- wie in Ostdeutschland die jüngste Altersgruppe der 16- bis 19-Jährigen ein. Ihr gehört knapp ein Viertel (23,2 Prozent) aller Alleinerziehenden an. Bedingt durch den Umstand, dass sich die Kinder dieser Elterngruppe im Kleinkind- und Vorschulalter befinden, ist der Erwerbstätigenanteil unter ihnen mit gut einem Drittel (36,0 Prozent) im Vergleich zu den anderen Alterskohorten gering. Folglich setzt sich ihr Einkommen im Mittel aus drei unterschiedlichen Einkommensarten – und damit in weit höherem Maße aus unterschiedlichen Transferleistungen – zusammen, als es auf andere Bevölkerungsgruppen zutrifft. Über die Hälfte der Mütter in der jüngsten Altersgruppe der Alleinerziehenden ist auf den Bezug von Sozialhilfe (41,3 Prozent) oder auf Arbeitslosenunterstützung (10,9 Prozent) angewiesen.

Vor diesem Hintergrund stellt sich die Frage, welche Rahmenbedingungen es sind, die dazu beitragen, dass die jungen Mütter (und in der Regel handelt es sich um die Mütter) ihre Ausbildung nach der Geburt eines Kindes und angesichts ihrer familialen Verpflichtungen häufig nicht erfolgreich abschließen. Zu nennen ist zunächst die besondere Lebenssituation der jungen Mütter: Ihre finanziellen Ressourcen sind zumeist sehr begrenzt, sodass sie die Kosten für außerhäusliche Formen der Kinderbetreuung nur schwer aufbringen können. Zudem sind junge Mütter sozial oftmals isoliert, da der Kontakt zu Gleichaltrigen wegen fehlender Freizeit reduziert ist und sich ihre Lebenswelten von denen der Gleichaltrigen ohne Kinder deutlich unterscheiden. Es droht damit die Gefahr, dass sie aus einem altersgemäßen Entwicklungsprozess und den damit verbundenen Anregungen und Erwartungen an berufliche Weiterentwicklung ausgeschlossen werden oder sich selbst ausgrenzen.

Hinzu kommen bei sehr jungen Müttern häufig Defizite in der Beziehungs- und Erziehungskompetenz (vgl. hierzu das Gutachten des Wissenschaftlichen Beirats für Familienfragen zum Thema „Stärkung familialer Beziehungs- und Erziehungskompetenzen", 2005) – sei es, weil sie selbst oft aus belasteten Familienverhältnissen stammen oder weil sie aufgrund ihres Alters noch nicht über die hinreichende Lebenserfahrung verfügen, um den vielfältigen gleichzeitigen Anforderungen gerecht werden zu können, die durch Ausbildung, Erziehung eines Kindes und den Aufbau einer verlässlichen Paarbeziehung an sie gestellt werden. Insofern sehen sich junge Mütter schnell einer Belastungskumulation gegenüber. Diese wirkt sich wiederum auch auf die Entwicklung ihrer Kinder aus, indem sehr junge Mütter oft weniger in der Lage sind, auf die besonderen Bedürfnisse von Säuglingen und Kleinkindern einzugehen. Somit kann diese Gruppe von Müttern mit Blick auf die Entwicklung der Kinder durchaus als „Risikogruppe" bezeichnet werden (z. B. Ziegenhain 2007, Ziegenhain, Derksen,

Dreisörner 2004, Ziegenhain, Wijnroks, Derksen, Dreisörner 1999); denn Belastungen erschweren den einfühlsamen Umgang von Vater resp. Mutter mit ihrem Kind und somit den Aufbau einer sicheren Bindung der Kinder an ihre Eltern – seien diese Belastungen in der Schwierigkeit begründet, berufliche, haushalts- und kindbezogene Aufgaben zu koordinieren, oder seien sie begründet in knappen Ressourcen, durch die kleine Fehler zu Krisen werden können und die ihrerseits verhindern, dass materielle, zeitliche und vor allem psychische Reserven gebildet werden können (Krappmann 2003). Zugleich ist die häufig zu beobachtende relative Armut der jungen Mütter ein Risikofaktor für die weitere schulische und sozioemotionale Entwicklung ihrer Kinder (Elfter Kinder- und Jugendbericht, BMFSFJ 2001; Walper, Gerhard, Schwarz, Gödde 2001), sodass ein Kreislauf der Armut über Generationen hinweg eingeleitet oder perpetuiert werden kann.

4 Elternschaft und Hochschulstudium

Der erfolgreiche Abschluss eines Hochschulstudiums gilt in Deutschland – allen verfügbaren Daten zufolge völlig zu Recht – als Schlüssel zu einer Erwerbstätigkeit mit vergleichsweise geringem Beschäftigungsrisiko und überdurchschnittlichem Einkommen. Junge Menschen, die ein Studium aufnehmen, erhoffen sich davon zumeist - aber nicht allein - solche materiellen Vorteile. Vielmehr erwarten sie von den besonderen Investitionen in ihr Humanvermögen, die sie während der Studienphase tätigen, wichtige Beiträge zu ihrer persönlichen und beruflichen Entwicklung, mit der Aussicht auf berufliche Aufgaben, deren Wahrnehmung mehr Verantwortung mit sich bringt und mehr Eigenständigkeit bietet als dies bei Personen ohne akademische Qualifikationen üblicherweise der Fall ist.

Struktur und Rahmenbedingungen eines Hochschulstudiums haben sich in den letzten fünf bis zehn Jahren möglicherweise stärker geändert als in vielen Jahrzehnten zuvor. Dies liegt insbesondere am sogenannten „Bologna-Prozess",[11] aufgrund dessen die Studien- und Prüfungsordnungen an Fachhochschulen und Universitäten mittlerweile fast flächendeckend auf gestufte Studiengänge mit den Abschlüssen Bachelor und Master umgestellt und die Studieninhalte allgemein in einen modularen Aufbau mit laufenden, auf einzelne Veranstaltungen oder Module bezogenen Prüfungen gebracht worden sind. Die Umsetzung dieses Prozesses ist – rein formal betrachtet – in Deutschland sehr weit gediehen. Dass die Struktur der neuen Studiengänge noch zahlreicher Justierungen bedarf, wird allerdings von praktisch allen Beteiligten bejaht. Anders als dies in Deutschland traditionell der Fall war, werden in einigen Bundesländern zudem seit einigen Jahren Studiengebühren erhoben,[12] mit denen – zumindest bisher – die finanzielle Ausstattung der betroffenen Hochschulen erkennbar verbessert wurde, die von Vertretern der Studierendschaft jedoch abgelehnt werden. Ob die Erhebung solcher Gebühren auf Dauer weiter um sich greift oder im Gegenteil wieder verschwindet, ist derzeit offen.

---

[11] In der Bologna-Erklärung von 1999 haben die Bildungsminister von 30 europäischen Staaten vereinbart, bis zum Jahr 2010 einen einheitlichen europäischen Hochschulraum durch ein System vergleichbarer Abschlüsse zu schaffen.

[12] Das Bundesverfassungsgericht hat mit seiner Entscheidung am 26.01.2005 klargestellt, dass die Erhebung von Studiengebühren ausschließlich in die Zuständigkeit der Länder fällt und damit entsprechende Regelungen im HRG für ungültig erklärt.

Studierende finden sich in Deutschland daher gegenwärtig in mehr als einer Hinsicht in einer Übergangsperiode. Gleichwohl steigt der Anteil Studierender an den relevanten Altersgruppen einem langjährigen Trend folgend ungebrochen weiter an. So nahmen im Sommersemester 2009 und Wintersemester 2009/2010 bundesweit rund 423.400 junge Frauen und Männer, davon ca. 50 Prozent Frauen, ein Hochschulstudium auf. Das sind rund 7 Prozent mehr als 2008 (Statistisches Bundesamt 2009e).

Bei Beginn ihres Studiums (2006) sind Studierende im Durchschnitt 21,6 Jahre, beim Abschluss durchschnittlich 27,6 Jahre alt, wobei sich Universität und Fachhochschule insgesamt kaum unterscheiden. Lediglich die Bachelorabsolventen und Bachelorabsolventinnen sind mit 25,6 Jahren an der Universität und mit 26,4 Jahren an der Fachhochschule jünger als der Durchschnitt (Feuerstein 2008). Während Teenage-Schwangerschaften in der zumeist früher beginnenden und kürzeren Phase einer beruflichen Ausbildung im dualen System nicht immer bewusst geplant sind, ist die Phase des Studiums schon rein altersmäßig zugleich eine Lebensphase, in der sich jungen Menschen die Frage nach der Realisation ihrer Kinderwünsche stellen kann. Um eine immer weitere Verschiebung der Realisierung solcher Wünsche zu vermeiden, könnte die Zeit eines Hochschulstudiums als mögliche Phase der Elternschaft von kleinen Kindern sogar viel besser geeignet sein als die anschließende Phase des Berufseinstiegs und des Aufbaus vielversprechender beruflicher Perspektiven – wenn denn die Rahmenbedingungen für eine Vereinbarung von Elternschaft und Hochschulstudium geeignet oder sogar günstig sind. Die Frage danach steht im Mittelpunkt dieses Kapitels.

Die Datenlage zur Häufigkeit und zu den Umständen einer Elternschaft während eines Studiums ist im Vergleich zur Ausbildung im dualen System relativ gut. Hierzu tragen sowohl die Sozialerhebungen bei, die das Hochschul-Informations-System (HIS) regelmäßig im Auftrag des Deutschen Studentenwerks (DSW) bei Studierenden durchführt, als auch die Befragungen von Hochschulabsolventen und Hochschulabsolventinnen, deren beruflicher Werdegang durch das HIS im Längsschnitt verfolgt wird. Sehr eingehend wurde die Situation studierender Eltern in einer Sonderauswertung der 13. und der 18. Sozialerhebung des DSW aus den Jahren 1991 und 2007 analysiert (Kahle 1993, Middendorff 2008). Diese Angaben wurden ergänzt durch Untersuchungen einzelner Universitäten resp. Fakultäten zur Lage der Studierenden mit Kindern.

4.1 Zur Häufigkeit von Studium und Elternschaft

Nach Angaben des Statistischen Bundesamtes (Stat. Bundesamt 2010) waren im Wintersemester 2009/2010 in Deutschland knapp 2,1 Mio. Studierende an Universitäten und Fachhochschulen eingeschrieben. Wie die Ergebnisse der 18. und 19. Sozialerhebung des Deutschen Studentenwerks (DSW) aus den Jahren 2006 und 2009 zeigen, hat sich der Anteil aller Studierenden mit Kindern zuletzt nicht erhöht, sondern er ist – bei gestiegenen Zahlen Studierender – sogar gesunken. Wie Tabelle 8 ausweist sind die Anteile der studierenden Väter (6 Prozent im Jahr 2006) und Mütter (8 Prozent im Jahr 2006) bis zur 19. Sozialerhebung jeweils um 2 Prozentpunkte zurückgegangen. Sie lagen demnach im Jahr 2009 bei etwa 4 Prozent bzw. 6 Prozent, der Durchschnittswert für alle studierenden Eltern im Erststudium betrug 5 Prozent. Insgesamt müssen aktuell ca. 94.500 Studierende ihr Studium mit Familientätigkeit vereinbaren.[13]

Hinter dieser Gesamtbilanz liegt eine unterschiedliche Entwicklung in Ost- und Westdeutschland. So ist seit der 17. Sozialerhebung in den alten Bundesländern der Anteil der Studierenden mit Kind geringfügig zurückgegangen, in den neuen Ländern ist er dagegen um 2 Prozent Punkte zurückgegangen. Studierende mit Kind sind im Durchschnitt deutlicher älter als ihre Kommilitonen und Kommilitoninnen. So sind sie im Mittel 30,7 Jahre alt, während Studierende ohne Kind im Durchschnitt 23,8 Jahre alt sind, wobei das Alter eine sehr hohe Spannbreite ausweist, die zu beachten ist, will man das hohe Durchschnittsalter der Studierenden mit Kind bewerten. Lediglich zehn Prozent der Studentinnen mit Kind sind 23 Jahre und jünger, 45 Prozent der studierenden Eltern sind zwischen 24 und 29 Jahre alt. 45 Prozent der studierenden Eltern sind 30 Jahre oder älter. Dies lässt bereits erkennen, dass die Gruppe studierender Eltern nicht homogen ist, sondern je nach Alter der Eltern – und dem Zeitpunkt der Geburt der Kinder – Elternschaft und Studium mit unterschiedlichen Problemstellungen verbunden sein dürften. Betrachtet man die Gesamtgruppe der studierenden Eltern, so haben 20 Prozent der Studentinnen im Alter von 29 Jahren mindestens ein Kind, bei Studenten in diesem Alter sind es 12 Prozent (Isserstedt 2010).

---

[13] Die im Folgenden referierten Befunde aus der 19. Sozialerhebung des DSW zum Studienverlauf von Studierenden mit Kindern beziehen sich nur auf die im Erststudium befindlichen Mütter und Väter.

Tabelle 8: Studierende mit Kind(ern)

	1994	1997	2000	2006	2009
Studierende mit Kindern (in % aller Studierender)	6,7	6,9	6,7	7	5
Geschlecht					
Studierende Väter	5,9	6,5	6,3	6	4
Studierende Mütter	7,8	7,4	7,1	8	6
Region					
Westdeutschland	7,7	6,0	6,3	6	5
Ostdeutschland	6,7	7,0	6,8	9	7
Alter des jüngsten Kindes (in % aller studierender Eltern)					
Krippenalter bis 3 Jahre	52	60	52	nda	64
zwischen 4 und 10 Jahre	26	21	29	nda	25
älter als 10 Jahre	22	19	22	nda	10
Anzahl der Kinder (in % aller studierender Eltern)					
ein Kind	62	66	62	68	66
zwei Kinder	28	24	28	24	25
drei und mehr Kinder	10	10	10	8	9

Quelle: Schnitzer et al. (2001); Isserstedt et al. (2007); Isserstedt et al. (2010); bearbeitet.

Hinsichtlich der Anzahl der Kinder weist die Tabelle 8 aus, dass unter den Studierenden mit Kind 2009 66 Prozent ein Kind, und 34 Prozent zwei und mehr Kinder hatten. Die Zahl der Kinder korreliert mit dem Ehestand. Verheiratete Studierende haben die meisten Kinder. Hingegen ist es für die Kinderzahl unerheblich, ob sich nicht verheiratete Studierende in einer festen Partnerschaft befinden. Das Alter des jüngsten Kindes lag bei ca. 64 Prozent der Studierenden bei bis zu drei Jahren. Das bedeutet, dass hier spezifische Betreuungsangebote vor Eintritt in den Kindergarten erforderlich waren. 15 Prozent der Kinder Studierender im Erststudium waren älter als drei Jahre und jünger als sieben. Kinder im Alter von 7 bis 15 Jahren hatten 16 Prozent und nur ein geringer Anteil von 5 Prozent hatte Kinder, die älter als 15 Jahre waren (Isserstedt 2010).

Für die Studiensituation, die (zeitliche) Flexibilität der studierenden Eltern und die Betreuungssituation ist die Frage bedeutsam, ob die Kinder vor oder während des Studiums geboren wurden. Nach den Ergebnissen der 19. Sozialerhebung sind 38 Prozent der jüngsten Kinder vor Studienbeginn ihrer Eltern geboren worden. 55 Prozent der jüngsten Kinder wurden innerhalb der Regelstudienzeit ihrer Eltern geboren, wobei die Geburt des Kindes zumeist in der ersten Hälfte des Studiums erfolgte. Etwa 7 Prozent der Geburten erfolgten erst in einer späteren Phase des Studiums. Die eben gemachten Angaben wurden ermittelt, indem das Alter der Kinder den bereits durchlaufenen Studiensemestern gegenüber gestellt wurde. Im Hinblick auf den Geburtszeitpunkt lässt sich beobachten, dass die Geburt des jüngsten Kindes bei Studentinnen mit 40 Prozent häufiger vor Beginn des Studiums liegt als bei männlichen Studenten (34 Prozent).

Ergänzend zu diesen Befunden der 19. Sozialerhebung des DSW lassen sich mit den Daten des Familiensurvey 2000 des Deutschen Jugendinstituts (DJI) für verschiedene Geburtsjahrgangsgruppen und nach Ost- und Westdeutschland differenzierte Anteile der Frauen und Männer mit einem akademischen Bildungsabschluss schätzen, die während des Studiums Eltern geworden sind. Diese Daten sind in Tabelle 9 dokumentiert.

Zur Häufigkeit von Studium und Elternschaft

Tabelle 9: Männer und Frauen mit Hochschulabschluss, Geburtszeitpunkt ihrer Kinder

Geburtszeitpunkt der Kinder	Westdeutschland (inkl. Berlin/West)		Westdeutschland (inkl. Berlin/West) Nur Frauen		Ostdeutschland (inkl. Berlin/Ost)	
	absolut	relativ[a]	absolut	relativ	absolut	relativ
Geburtsjahrgangsgruppen 1950 bis 1953						
keine Kinder	46	25,3	18	21,7	6	9.4
außerhalb des Studiums	119	65,4	57	68,7	39	60,9
während des Studiums	17	9,3	8	9,6	19	29,7
Gesamt	182	100	83	100	64	100
Geburtsjahrgangsgruppen 1960 bis 1969						
keine Kinder	126	43,8	47	31,5	14	23,7
außerhalb des Studiums	132	45,8	85	57,0	31	52,5
während des Studiums	30	10,4	17	11,4	14	23,7
gesamt	288	100	149	100	59	100

[a] Eigene Berechnungen.
Quelle: DJI Familiensurvey (2000).

Deutlich erkennbar sind die Unterschiede zwischen Ost- und Westdeutschland in der Bereitschaft, während des Studiums eine Familie zu gründen. Wie man Tabelle 9 (letzte Spalte) entnehmen kann, war in der DDR eine Familiengründung während des Studiums nichts Ungewöhnliches. Die relativen Anteile der Bevölkerung mit akademischem Abschluss dieser Geburtskohorten, die während ihres Studiums Eltern geworden sind, liegen mit rund 23 resp. 30 Prozent in Ostdeutschland deutlich höher als in Westdeutschland (rund 10 Prozent in beiden Kohorten). Die Ursachen für diesen hohen Anteil liegen auf der Hand, wenn man die familienpolitischen Maßnahmen berücksichtigt, die in der DDR seit Anfang der 1970er-Jahre eine Mutterschaft während des Studiums erleichterten (siehe auch Kap. 2). So galt es generell als Norm, Kinder zu haben, und dies begründete zugleich den Anspruch eines Paares auf eine eigene Wohnung. Für die Zeit nach der Wende sind aufgrund fehlender Daten keine empirisch belastbaren Aussagen mehr möglich. Es lässt sich jedoch festhalten, dass sich der Anteil Studierender mit Kind in den neuen Bundesländern im Zeitverlauf an die Werte in den alten Bundesländern anglich. Erst seit 2006 ist wieder ein leichter Anstieg in den neuen Bundesländern zu verzeichnen.

Tabelle 10: Studierende im innereuropäischen Vergleich (2005)

Land	Durchschnittsalter bei Studienbeginn (in Jahren)	Verheiratete Studierende[a]	Studierende mit Kindern[a]	Nicht „traditioneller" Weg ins Studium[a]	Erwerbstätigkeit vor Studium[a]
Österreich	20,9	8,9	10,8	5,6	16
Finnland	23,3	15,2	8,0	7,1	42
Frankreich	19,1	4,3	5,1	9,2	35
Deutschland	21,9	5,1	4,8	3,3	64
Irland	22,8	11,2	11,3	17,6	33
Italien	21,1	n. a.	n. a.	n. a.	22
Lettland	22,2	9,8	10,7	6,4	45
Niederlande	23,1	18,4	6,0	n. a.	n. a.
Portugal	20,3	4,7	4,5	6,8	19
Spanien	20,9	4,8	3,6	7,2	n. a.
England (Wales/UK)	27,8	n. a.	n. a.	7,7	n. a.

[a] Prozentualer Anteil an allen Studierenden.
Quelle: Eurostudent (2005).

Eine Einschätzung der vorgestellten Zahlen zur Häufigkeit einer Elternschaft im Studium wird für Deutschland erleichtert, wenn ergänzend ein Vergleich zu anderen europäischen Ländern gezogen wird. Ein solcher Vergleich ist leider nicht in detaillierter Form möglich. Daher sei in Tabelle 10, die der vom HIS in Zusammenarbeit mit Institutionen aus anderen Ländern durchgeführten Studie „Euro-Student 2005" (HIS 2005) entnommen worden ist, lediglich gezeigt, wie groß die relativen Anteile verheirateter Studierender und Studierender mit Kindern in anderen europäischen Ländern sind. Deutschland liegt demnach am unteren Rand des Mittelfeldes. Auffallend ist der hohe Anteil Studierender mit Kind in Irland und Österreich.

Berücksichtigt man, ob die Studierenden einen „nicht-traditionellen" Weg ins Studium gewählt haben (d. h. nicht sofort nach dem Erwerb der Hochschulreife an die Universität gegangen sind), so zeigt gerade Irland den vergleichsweise höchsten Anteil der Studierenden mit Kind. Diese stellen auch die niedrigsten relativen Anteile der Studierenden mit einem traditionellen Hochschulzugang. Umgekehrt weisen die meisten Länder mit einer niedrigen Quote der Studierenden mit Kind einen hohen Anteil mit traditionellem Hochschulzugang auf. Von einer klaren Korrelation kann jedoch nicht ausgegangen werden, da Länder wie beispielsweise Österreich und Lettland mit einem hohen Kinderanteil der Studierenden einen nur relativ niedrigen Wert in Bezug auf den nicht-traditionellen Weg ins Studium erlangen. Andere Zusammenhänge sind in den Daten nicht ohne Weiteres zu erkennen.

Die referierten Daten zur Häufigkeit der Elternschaft während des Studiums im europäischen Kontext sind zwar nur begrenzt aussagekräftig und müssen deshalb mit Vorsicht interpretiert werden. Sie legen indes die Vermutung nahe, dass für die innereuropäischen Differenzen des Hochschulbesuchs von Eltern auch Unterschiede im Hochschulzugang ursächlich sein könnten.

4.2 Rechtliche Rahmenbedingungen

Bevor im nächsten Schritt auf Untersuchungen zur Lage studierender Eltern eingegangen wird, werden hier zunächst kurz die rechtlichen Rahmenbedingungen für die Vereinbarkeit von Studium und Elternschaft und damit den Status studierender Eltern sowie für Fragen der Kinderbetreuung behandelt. Weitere Rahmenbedingungen, insbesondere für die Finanzierung des Studiums, werden in Kapitel 5 dargestellt. Insgesamt zeigt sich, dass es zwar verschiedene Maßnahmen gibt, die die soziale und wirtschaftliche Lage studierender Eltern positiv beeinflussen. Gleichwohl kann jedoch nicht von einer „Förderung von Studierenden mit Kind" gesprochen werden.

4.2.1 Vereinbarkeit von Studium und Elternschaft

Grundsätzlich existieren keine hochschulrechtlichen Regelungen, die die Erbringung von Betreuungsleistungen während des Studiums formal ausschließen. Dies ist ein wesentlicher Unterschied zu den in der Arbeitswelt geltenden Regeln, wonach ein Arbeitsverhältnis grundsätzlich die Anwesenheit der Arbeitnehmer und Arbeitnehmerinnen am Arbeitsplatz voraussetzt. Darüber hinaus gehört es nach § 2 Hochschulrahmengesetz (HRG) zu den Aufgaben der Hochschulen, „die besonderen Bedürfnisse von Studierenden mit Kindern zu berücksichtigen". Und es gibt beim Numerus Clausus ein Benachteiligungsverbot (§ 34 HRG) dahingehend, dass Bewerbern und Bewerberinnen aus der Betreuung und Pflege von Kindern unter 18 Jahren keine Nachteile entstehen dürfen. Das Hochschulrahmengesetz macht es den Hochschulen zur Aufgabe, für die Vereinbarkeit auch in der Praxis zu sorgen. Auch das Bundesausbildungsförderungsgesetz (BAföG) beinhaltet familienbezogene Elemente. So werden z. B. Auszubildende mit Kindern bis zu 10 Jahren von der Altersbegrenzung der Ausbildungsförderung ausgenommen (§ 10 Abs. 3 Nr. 3) und Auszubildenden mit Kindern Fristverlängerung gewährt (§ 15 Abs. 3 und § 48 Abs. 2). Schließlich sind studierende Eltern in den meisten Studiengebühren erhebenden Ländern von Studiengebühren für das Erststudium befreit (nicht jedoch in Hamburg, wo nur die erziehungsbedingt verlängerte Studienzeit freigestellt ist). Dabei unterscheiden sich die Befreiungsregeln zwischen Ländern und auch zwischen Hochschulen jedoch z. T. nach dem Alter der Kinder und der Zahl der freigestellten Semester.

Dennoch ist zu berücksichtigen, dass die Vereinbarkeit von Studium und Elternschaft nicht nur eine Frage der Studienorganisation ist. Vielmehr muss auch die Doppelbelastung durch Studium und Elternschaft berücksichtigt werden. Dies gilt insbesondere für alleinerziehende Studierende und in den Fällen, in denen beide Eltern studieren bzw. teilzeiterwerbstätig sind (s. Abschnitt 4.1.3). Auch wenn rechtlich kein zeitlicher Mindestaufwand für das Studium kodifiziert ist, lässt sich aus verschiedenen Regelungen schließen, dass der Gesetzgeber zumindest von einem „Halbzeit-Studium" ausgeht. Das ergibt sich z. B. aus der Umrechnung von Teilzeit-Studiengängen bei der Begrenzung der Förderungshöchstdauer oder aus den Regelungen zur Inanspruchnahme von Arbeitslosengeld neben dem Studium.

Bei der praktischen Vereinbarkeit von Studium und Elternschaft kommt es zum einen auf den zeitlichen Umfang, der für die Kinderbetreuung zugrunde gelegt wird, zum anderen auf die Berücksichtigung dieses Zeitaufwandes bei der Studiengestaltung und bei der Studienfinanzierung an. Im HRG ist bisher die Berücksichtigung von Mutterschutz- und Elternzeit nach Maßgabe des Mutterschutzgesetzes und des Elterngeldgesetzes bei der Gestaltung von Prüfungsordnungen vorgeschrieben (§ 16 HRG). In den Prüfungsordnungen sind Mutterschutzzeiten (drei Monate) sowie die Elternzeit (in der Regel bis zur Vollendung des dritten Lebensjahres) bei der Zugrundelegung der Regelstudienzeiten hinzuzurechnen. Vereinfacht gesagt heißt dies, dass Abschlussprüfungen in die „Kindergartenzeit" verlegt werden können. Bei der Festsetzung der Regelstudienzeiten selbst sowie der Regelung der Studiengänge fehlt dagegen eine entsprechende bundesrechtliche Rahmenregelung.

Soweit das Überschreiten der Regelstudienzeiten außerhalb des Prüfungsrechts sonstige Folgen hat, müssten die Folgeregelungen die Elternschaft berücksichtigen, wie dies z. B. im BAföG geschehen ist, indem in den Fällen, in denen die Förderungshöchstdauer aufgrund der Pflege und Erziehung eines Kindes unter 10 Jahren überschritten wurde, Ausbildungsförderung über die Förderungshöchstdauer hinaus gewährt wird. Auch in den Studienordnungen spielen Fristen eine Rolle, sodass auch hier die Berücksichtigung der Elternschaft während des Studiums geboten ist.

Neben der Notwendigkeit, Elternzeit bei der Gestaltung des Studiums und der Prüfungen zu berücksichtigen und hierfür einen angemessenen zeitlichen Umfang vorzusehen, gibt es auch Probleme bei der praktischen Vereinbarkeit von Studium und Elternschaft. Hierbei geht es vor allem um die zeitliche Verteilung der Lehrveranstaltungen. Außer einer Generalklausel, nach der bei der Gestaltung der Veranstaltungspläne auf die Bedürfnisse von studierenden Eltern Rücksicht genommen werden sollte, lassen sich rechtliche Regeln kaum finden oder aufstellen. Der einzige zeitliche Rahmen, der – bezogen auf das Alter der Kinder – für die Wahrnehmung der Studienverpflichtungen sicher zur Verfügung steht, ist die „Kindergartenzeit" der Drei- bis Sechsjährigen; doch auch hier gibt es große Unsicherheiten aufgrund der Angebotsstrukturen. Durch die Schaffung der so genannten „Verlässlichen Grundschule"[14] steht Studierenden mit Grundschulkindern neuerdings immerhin ein sicherer Zeitrahmen für ihr Studium zur Verfügung. Darüber hinaus bleibt es mangels rechtlicher Regelbarkeit eine Angelegenheit der Lehrenden und der studentischen Eltern selbst, Studium und Elternschaft im Alltag vereinbar und lebbar zu machen.

4.2.2 Kinderbetreuung während des Studiums

Für die Vereinbarkeit von Studium und Elternschaft sind die Möglichkeiten der Kinderbetreuung von ausschlaggebender Bedeutung (vgl. Abschnitt 4.1.3.2). Sieht man von der Möglichkeit familiärer oder nachbarschaftlicher Selbstorganisation ab, kommt es vor allem auf das Recht auf eine institutionelle Kinderbetreuung an. Ein solches Recht besteht für alle Eltern derzeit von der Vollendung des dritten Lebensjahres an bis zum Schuleintritt (§ 24 KJHG). Einige Länder haben diesen Anspruch auf Kinder ab der Vollendung des zweiten Lebensjahres ausgeweitet. Über das Inkrafttreten der im Kinderförderungsgesetz von 2008 für das Jahr 2013 ins Auge gefassten, bundesweiten Ausweitung auf Kinder ab der Vollendung des ersten Lebensjahres wird derzeit immer noch diskutiert.

Das geltende Recht bezieht sich auf die Kinderbetreuung im Kindergarten sowohl öffentlicher wie freier Träger. Das so genannte Wunsch- und Wahlrecht

---

[14] Das Konzept der „verlässliche Grundschule" wird in den einzelnen Bundesländern unterschiedlich gehandhabt. Die Idee dahinter ist, einen festen Unterrichts- und Betreuungsblock sicherzustellen, der den Eltern Planungssicherheit, gerade auch im Kontext der Vereinbarkeit von Familie und Beruf, gibt.

der Eltern (§ 5 KJHG) soll dabei Berücksichtigung finden. Ein Recht auf eine ortsnahe ganztägige Kinderbetreuung im Kindergarten gibt es jedoch nicht. Für die kleineren Kinder gibt es ein Krippen- und für die Schulkinder ein Hortangebot (§ 24 KJHG), die – insbesondere in Westdeutschland – jedoch nicht bedarfsadäquat sind. Damit entspricht das Angebot an institutioneller Kinderbetreuung zurzeit den Bedürfnissen studentischer Eltern noch nicht vollständig, auch wenn Eltern, die sich in einer Ausbildung befinden, die studieren oder erwerbstätig sind, Vorrang bei der Besetzung von Krippen-, Kindergarten- und Hortplätzen eingeräumt wird. Als Alternativen zu den öffentlichen und freien Kindertageseinrichtungen kommen neben der Selbstorganisation der Kinderbetreuung, die nach § 25 KJHG von den Kommunen gefördert werden soll, im Wesentlichen nur die Tagesmütter (§ 23 KJHG) in Frage. Hingegen dürfen Betriebskindergärten nur für Beschäftigte eingerichtet werden. Dies bedeutet, dass ein evtl. vorhandener Hochschulbetriebskindergarten keine Plätze für Studierende bereitstellen kann. Damit haben die Hochschulen selbst keinerlei eigenständige Möglichkeit, Kinderbetreuungsplätze für Studierende einzurichten, da die Haushaltsmittel der Universitäten dafür nicht ausgegeben werden dürfen. Kinderbetreuungsplätze für Studierende dürfen demnach derzeit nur die Studentenwerke bereitstellen. Diese dürfen wiederum keine Plätze für Bedienstete anbieten, d. h. es ist rechtlich nicht möglich, knappe Ressourcen zu bündeln und eine gemeinsame Tagesstätte für Kinder Studierender und von Wissenschaftlern und Wissenschaftlerinnen zu schaffen. Trotz des Rechts auf einen Kindergartenplatz sind die rechtlichen Rahmenbedingungen für die institutionelle Kinderbetreuung während des Studiums demnach hochgradig defizitär.

Deshalb sehen sich zahlreiche Hochschulen in Deutschland gezwungen, teilweise aus Studiengebühren finanzierte Kinderbetreuungsmöglichkeiten in Ausnahme- bzw. Notfällen anzubieten.[15]

4.3 Die Lage der Studierenden mit Kindern

In den folgenden Abschnitten wird die Lebenslage von Studierenden mit Kind(ern) anhand ausgewählter sozialstruktureller Merkmale, vor allem hinsichtlich der Familienformen und der Einkommenssituation, beschrieben. Dabei wird auch die Frage thematisiert, in welchem Umfang studierende Eltern einer Erwerbstätigkeit nachgehen müssen, um den Lebensunterhalt bestreiten zu können. Darüber hinaus dürfte das Studierverhalten auch von den Möglichkeiten der Kinderbetreuung abhängen. Denn sowohl die ökonomische Lage der Studieren-

---

[15] Siehe hierzu Hertie-Stiftung (Hrsg.): „Familiengerechte Hochschule" 2003: 192 ff.

den mit Kind(ern) resp. der Umfang ihrer Erwerbstätigkeit wie auch die Betreuungsoptionen bestimmen, wie das Zeitbudget genutzt und wann wie viel Zeit für das Studium aufgewendet werden kann. Da Art und Umfang der Zeitverwendung jedoch auch vor dem innerfamilialen Kontext zu beleuchten sind, soll in einem Exkurs auf Formen der familialen Arbeitsteilung unter Studierenden eingegangen werden. Die Auswirkungen der Elternschaft auf das Studierverhalten werden in einem weiteren Abschnitt behandelt. Außerdem wird erörtert, inwieweit Elternschaft während des Studiums mit einem erhöhten Risiko des Studienabbruchs verbunden ist und welche Auswirkungen dies auf den weiteren Lebensverlauf hat.

4.3.1 *Daten zur sozio-ökonomischen Lage studierender Eltern*

4.3.1.1 Familienstand von Studierenden mit Kindern und Erwerbssituation

Studierende mit Kind sind nach der 19. Sozialerhebung des DSW/HIS mehrheitlich verheiratet oder leben in fester Partnerschaft. Studierende Väter sind mit 49 Prozent etwas seltener verheiratet als studierende Mütter (51 Prozent). 38 Prozent der studierenden Eltern leben in einer festen Partnerschaft, wohingegen 11 Prozent ohne (festen) Partner sind. Im Vergleich von alten und neuen Bundesländern lässt sich eine deutliche Differenz in der Anzahl der verheirateten und nicht verheirateten Studierenden mit Kind feststellen. Während in den neuen Ländern 31 Prozent verheiratet sind, sind es im Vergleich 54 Prozent in den alten Bundesländern. Mit einem Anteil von 19 Prozent ist die Anzahl der Alleinerziehenden in den neuen Ländern deutlich höher als in den alten Ländern (8 Prozent)[16]. Für die männlichen Alleinerziehenden konnten in diesem Kontext keine genauen Werte ermittelt werden, da die Fallzahlen zu gering sind.

---

[16] Hier ist jedoch zu beachten, dass es schwierig ist, den Alleinerziehenden-Status exakt abzugrenzen, da viele Alleinerziehende bspw. neue Partner haben oder sich die Erziehung mit dem Ex-Partner teilen.

Abbildung 1: Studierende Väter und Mütter, Familienstand
(prozentuale Verteilung)

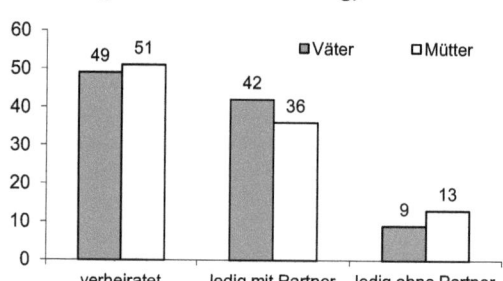

Quelle: Isserstedt et al. (2010); bearbeitet.

Hinsichtlich der Erwerbs- resp. Einkommenssituation der Partner und Partnerinnen finden sich deutliche Unterschiede zwischen studierenden Vätern und Müttern. Studierende Väter haben – unabhängig davon, ob sie verheiratet sind oder unverheiratet in einer Partnerschaft leben – seltener eine Partnerin an ihrer Seite, die zum Erwerbseinkommen beiträgt als die studierenden Mütter einen Partner. Die verheirateten studentischen Väter haben in 54 Prozent der Fälle eine erwerbstätige Partnerin. Das Bild sieht für die verheirateten studentischen Mütter anders aus, hier geben 83 Prozent einen erwerbstätigen Partner an. Umgekehrt sind ca. 77 Prozent der männlichen Studierenden mit Kind selbst neben dem Studium erwerbstätig, 52 Prozent sogar dauerhaft. Bei den Studentinnen hingegen sind 51 Prozent erwerbstätig und laufend erwerbstätig noch 33 Prozent. Betrachtet man die Erwerbstätigkeit studierender Eltern, so zeigt sich, dass verheiratete Eltern wesentlich seltener berufstätig sind als unverheiratete Eltern. Die Studierenden mit Kind, die sich in einer festen Partnerschaft befinden, sind am häufigsten erwerbstätig (69 Prozent). Dies betrifft insbesondere die Väter, da sie im Vergleich seltener eine Partnerin haben, die einer Erwerbstätigkeit nachgeht (Isserstedt 2010).

4.3.1.2 Höhe und Herkunft der Einkommen der studierenden Eltern

In der aktuellsten Sozialerhebung des Studentenwerks aus dem Jahr 2009 wurde ebenso wie in der Sonderausgabe „Studieren mit Kind" der Sozialerhebung von 2008 die wirtschaftliche Lage studierender Eltern genauer analysiert. Es zeigt sich, dass die studierenden Eltern eine äußerst heterogene gesellschaftliche

Gruppe darstellen. Dies betrifft sowohl die Lebenssituation als auch die wirtschaftliche Lage und die Quellen, aus denen sich das Haushaltseinkommen speist. Grundsätzlich gilt, dass das Geschlecht und der Familienstand starke Einflussfaktoren für die Zusammensetzung des monatlichen Einkommens studierender Eltern sind. Im Durchschnitt stehen ledigen Müttern und Vätern mit Kind 1.049 Euro zur Verfügung. Die Einnahmen der verheirateten Studenten mit Kind belaufen sich auf 1.603 Euro.[17]

Vergleicht man das Monatseinkommen unverheirateter Eltern, so sind keine geschlechtsspezifischen Unterschiede erkennbar. Ledige Eltern haben etwas mehr als 1.000 Euro monatlich zur Verfügung. Das höchste Monatsbudget stand den verheirateten studierenden Vätern zu. Die studierenden Mütter verfügten über 1.496 Euro, die studierenden Väter über 1.744 Euro. Damit ergibt sich für die Verheirateten ein deutlicher geschlechtsspezifischer Unterschied von ca. 250 Euro pro Monat

Abbildung 2: Quelle und mittlere Höhe des Einkommens (in Euro) von Studierenden mit Kindern

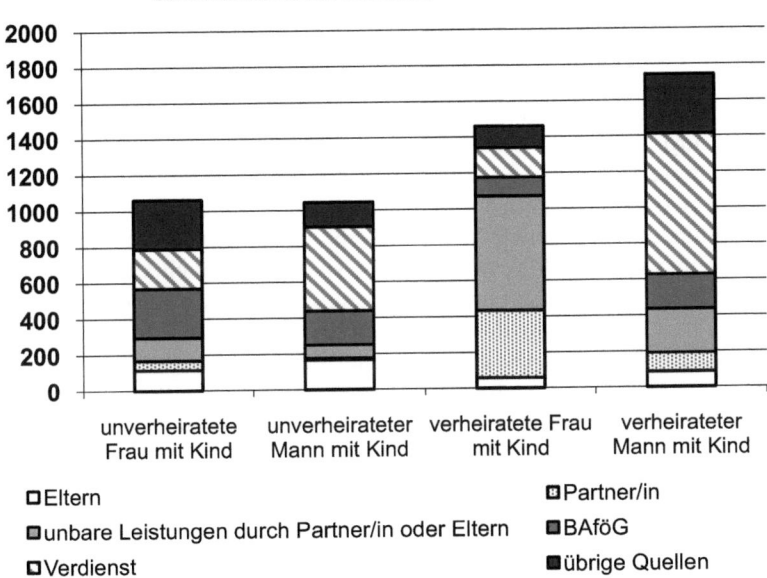

Quelle: Isserstedt et al. (2010); eigene Darstellung.

---

[17] Diese Angaben beziehen sich auf studierende Eltern im Erststudium, die nicht im elterlichen Haushalt leben.

Betrachtet man die Finanzierungsstruktur der einzelnen Gruppen, so lässt sich erkennen, dass bei den ledigen Müttern keine der unterschiedlichen Finanzierungsquellen eine herausragende Stellung hat. Die Haupteinnahmequellen sind hier insbesondere das BAföG, das 26 Prozent des Gesamteinkommens ausmacht, und die sog. „übrigen Quellen". Unter Letzteres fallen u. a. monetäre Leistungen wie Kindergeld, Erziehungsgeld oder auch Unterhaltszahlungen der eigenen Eltern oder der Väter eigener Kinder. Für ledige und verheiratete Väter stellt der eigene Verdienst mit 45 Prozent den wichtigsten und größten Teil der Finanzierung (Isserstedt et al. 2010). Die Daten der Sozialerhebung aus dem Jahr 2000 berücksichtigen in ihrer Erhebung zusätzlich die Situation der alleinerziehenden Mütter. Hier sei darauf verwiesen, dass sie mit 33 Prozent einen deutlich höheren Anteil am Einkommen durch Erwerbsarbeit erbringen mussten als jene mit Partner. Damit entfallen häufig Finanzierungsquellen, auf die kinderlose Studierende zurückgreifen können (Schnitzer 2001).

Auch nach Einführung von Studiengebühren gibt es keine speziell auf studierende Eltern zugeschnittene Förderung seitens des Staates. Eine Förderung durch BAföG berücksichtigt lediglich die zeitliche Mehrbelastung, die mit der Kinderbetreuung und Erziehung und damit der Vereinbarkeit von Studium und Elternschaft einhergeht. Außerdem wurde mit dem 22. BAföG-Änderungsgesetz seit Januar 2008 ein Kinderbetreuungszuschlag für Kinder bis zu 10 Jahren eingeführt. Dieser beträgt für das erste Kind monatlich 113 Euro, für weitere Kinder monatlich 85 Euro. Insgesamt erhält derzeit rund ein Viertel der Studierenden BAföG, unabhängig davon, ob sie Kinder haben oder nicht. Aufgrund von Unterhaltsleistungen des (Ehe-)Partners beziehen jedoch verheiratete Studierende mit Kind lediglich zu 18 Prozent BAföG, während es bei den unverheirateten 32 Prozent sind. Ein weiterer Unterschied ergibt sich hinsichtlich des Merkmals „Geschlecht". So werden Studentinnen unabhängig von einem Kind im Schnitt häufiger gefördert als ihre männlichen Kommilitonen. In der Kombination der Merkmale Familienstand und Geschlecht findet man bei ledigen studierenden Müttern mit Kind die höchste BAföG-Quote mit 37 Prozent. Im Gegensatz dazu werden verheiratete studierende Väter mit 16 Prozent am seltensten gefördert. Sechs bis sechzehn Prozent des Gesamtbudgets der studierenden Eltern werden im Mittel über die Förderung durch BAföG abgedeckt, wobei nach eigener Aussage diese Förderung überdurchschnittlich häufig Voraussetzung für diese Eltern ist, überhaupt studieren zu können. Jedoch bemängeln viele Eltern die nicht ausreichende Höhe der BAföG Leistungen (Middendorff 2008).

Im Unterschied zu der eben genannten Sozialerhebung des DSW, die das Pro-Kopf-Einkommen der Studierenden durch Selbsteinschätzung erfasst hatte, wurde in einer Befragung der Studierenden der Sozialwissenschaftlichen Fakul-

Die Lage der Studierenden mit Kindern

tät an der Ruhr-Universität Bochum im Jahr 2002[18] das gesamte Haushaltseinkommen ermittelt, das anhand der neuen OECD-Skala in Äquivalenzeinkommen umgerechnet wurde[19]. An dieser Befragung nahmen 702 Studierende teil, hiervon waren 9,7 Prozent Studierende mit Kindern.

Die Bochumer Studierendenbefragung weist eine mit der Sozialerhebung des DSW vergleichbare Struktur der Einkommen Studierender auf. Das äquivalenzgewichtete monatliche Haushaltseinkommen studierender Eltern liegt bei 1.050 Euro monatlich. Interessanterweise haben erwerbstätige studierende Eltern mit 990 Euro ein deutlich niedrigeres Haushaltseinkommen als nicht erwerbstätige Studierende mit Kindern, die im Monat äquivalenzgewichtet über 1.240 Euro verfügen. Wer erwerbstätig ist, hat auch (mehrheitlich) keinen (voll)erwerbstätigen Partner. Alleinerziehende verfügen über ein durchschnittliches äquivalenzgewichtetes monatliches Haushaltseinkommen von 930 Euro.

Tabelle 11 beleuchtet die Einkommenssituation studierender Eltern zunächst getrennt nach den einzelnen Einkommensquellen, wobei u. a. deutlich wird, dass nur ein verschwindend kleiner Prozentsatz dieser Studierenden Förderung durch BAföG oder ein Stipendium erhält und auch die Unterstützung seitens der Eltern dieser Studierenden inkl. des für sie ausbezahlten Kindergelds an ihre Eltern eher zu vernachlässigen ist.

Vergleicht man darüber hinaus die Zusammensetzung der monatlichen Haushaltseinkommen in der Gruppe der erwerbstätigen versus der nicht erwerbstätigen Studierenden mit Kind, so zeigt sich, dass bei den letztgenannten 75 Prozent vom Einkommen des Partners leben können, während dies in der Gruppe der erwerbstätigen Studierenden mit Kind nur für 44 Prozent gilt. Leben die Eltern in einer Partnerschaft, so sind es vor allem die studierenden Väter, die die materielle Versorgung der Familie durch Erwerbstätigkeit sichern. Dies gilt für 87 Prozent der Väter, aber nur für 40 Prozent der studierenden Väter, die nicht oder nicht mehr mit der Mutter des Kindes zusammenleben.

---

[18] Die Befragung – im Folgenden zitiert als „Bochumer Studierendenbefragung" – wurde im Rahmen des Forschungsprojektes „Rahmenbedingungen für ein Teilzeitstudium an der Fakultät für Sozialwissenschaften der Ruhr-Universität Bochum" durchgeführt, vgl. Wassermann und Mett (2003); Wassermann (2005).

[19] Dabei wird das Haushaltseinkommen durch die gewichtete Anzahl der im Haushalt lebenden Familienmitglieder geteilt. Gemäß der hier verwendeten, neuen OECD-Skala wird dem Haushaltsvorstand ein Gewicht von eins, weiteren im Haushalt lebenden Personen ab dem 15. Lebensjahr ein Gewicht von 0,5 und Haushaltsmitgliedern bis zum 15. Lebensjahr ein Gewicht von 0,3 zugeordnet. Diese Gewichtung soll die altersabhängigen Bedarfslagen sowie die Größenvorteile bei gemeinsamer Haushaltsführung berücksichtigen.

Tabelle 11: Studierende Eltern, Einkommensquellen[a] (prozentuale Verteilung)

Persönliche Einkommen	
Eigene Erwerbstätigkeit	72,7
Erwerbstätigkeit des Partners	51,5
Unterstützung durch die eigenen Eltern	9,1
Unterstützung durch die Eltern des Partners	1,5
Stipendium	3,0
Staatliche Förderung	
BAföG	3,0
Kindergeld für eigene Kinder	80,3
Kindergeld der Eltern	7,6
Wohngeld	15,2
Sozialhilfe	0,0

[a] Mehrfachnennungen waren möglich.
Quelle: Bochumer Studierendenbefragung (Wassermann 2005: Tab. 6).

Die Vermutung, dass Studierende mit Kindern vornehmlich erwerbstätig sind, um den Lebensunterhalt der Familie zu sichern, stützen Ergebnisse der 19. Sozialerhebung des DSW (Isserstedt 2010), in der u. a. die Motive für studentische Erwerbsarbeit ermittelt wurden. Hier zeigen sich bedeutsame Unterschiede zwischen den befragten Studierenden mit und ohne Kinder: Von den Studierenden mit Kindern gaben 77 Prozent an, erwerbstätig zu sein, weil es zur Sicherung des Lebensunterhalts unbedingt nötig sei, und 52 Prozent dieser Studierenden nannten als Grund, sich mehr (z. B. Urlaubsreisen) leisten zu wollen. Innerhalb der Gruppe der Studierenden ohne Kind waren es 60 Prozent, die angaben, erwerbstätig sein zu müssen, um ihren Lebensunterhalt zu sichern, während immerhin 74 Prozent dieser Gruppe angab, erwerbstätig zu sein, um ein besseres Leben führen zu können (Mehrfachnennungen waren möglich) (Isserstedt et al 2010).

Aufschlussreich ist auch ein Blick auf die Höhe der einzelnen Ausgaben studierender Eltern im Vergleich zu Studierenden ohne Kind (Abb. 3), wie sie in der 16. Sozialerhebung ermittelt wurden. Wie bei den Einnahmen sollten die Studierenden mit Kind die Ausgaben nur für den Eigenbedarf angeben. Während sich Studierende mit und ohne Kind in der Relation der Ausgaben für einzelne

Bereiche kaum unterscheiden, ist das Niveau der Ausgaben bei Studierenden mit Kindern in einigen Bereichen deutlich höher als bei Studierenden ohne Kinder.

Abbildung 3: Monatliche Ausgaben von Studierenden mit und ohne Kind (arithm. Mittel in Euro neben der Säule)

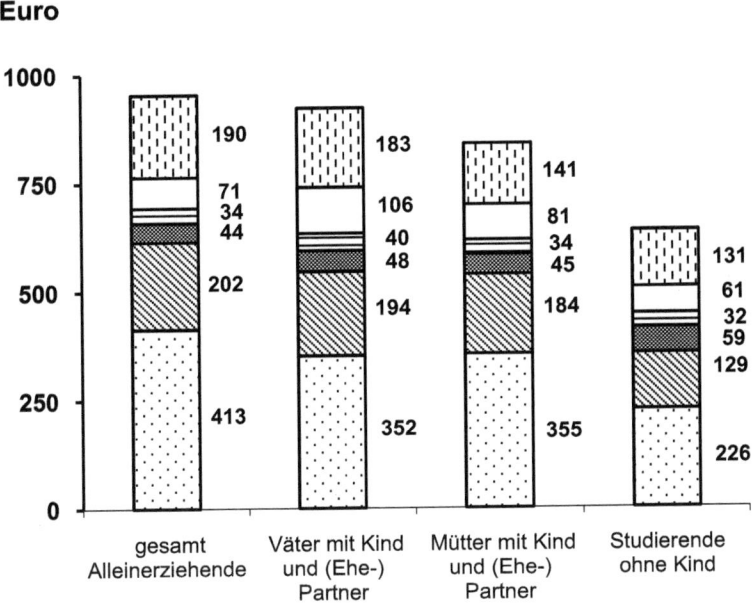

Quelle: Schnitzer et al. (2001); eigene Darstellung.

Auffallend sind die höheren Kosten, die studierende Eltern für die Wohnung aufwenden müssen. Hiervon sind Alleinerziehende wiederum besonders betroffen, da sie 43 Prozent ihrer Ausgaben allein für die Wohnung tätigen müssen (bei den Studierenden ohne Kind sind dies 35 Prozent). Dies ist u. a. darauf zurückzuführen, dass Studierende mit Kind in der Regel auf die Angebote des freien Wohnungsmarktes zugreifen müssen, da in Studentenwohnheimen kaum familiengerechte Wohnungen oder Appartements angeboten werden.

Hinsichtlich der Ausgaben, die Studierenden im Rahmen der Kinderbetreuung entstehen, wird auf die Sondererhebung aus dem Jahr 2008 zurückgegriffen.

Im Durchschnitt werden hier monatliche Kosten in Höhe von 144 Euro fällig, wobei sich im Vergleich zwischen alten und neuen Ländern eine Differenz von ca. 40 Euro ergibt (157 Euro vs. 118 Euro). Ein deutlicher Kostenunterschied zeigt sich insbesondere im Zusammenhang mit dem Familienstand der studierenden Eltern. So haben verheiratete Studierende mit 160 Euro die höchsten Ausgaben für die Kinderbetreuung. Dass die Betreuungskosten stark mit der wirtschaftlichen Lage der Studierenden zusammenhängen, zeigt sich bei den Ausgaben, die Alleinerziehende oder Studierende ohne festen Partner haben. Hier liegen die durchschnittlichen Aufwendungen bei 108 Euro bzw. 105 Euro.

Die nicht an eine spezielle Institution gebundene Kinderbetreuung ist mit durchschnittlich 93 Euro die kostengünstigste. Ein weiterer wichtiger Aspekt hinsichtlich der Betreuungskosten liegt bei der institutionellen Kinderbetreuung am Träger der Einrichtung. An dieser Stelle sind die Elterninitiativen finanziell im Mittel mit 172 Euro am aufwendigsten. Einrichtungen des Studentenwerks, der Hochschule, von Kommune und anderen Trägern bewegen sich mit den monatlichen Kosten zwischen 120 Euro und 137 Euro. In der Sonderauswertung „Studieren mit Kind" werden keine gesonderten Angaben zur nicht institutionellen Betreuung gemacht, ebenso wenig wird die Zusammensetzung der Kosten z. B. hinsichtlich Wegekosten oder Zuschüssen für die Verpflegung des Kindes analysiert.

4.3.1.3 Umfang der Erwerbstätigkeit studierender Eltern

Es wurde bereits deutlich, dass die Mehrzahl studierender Eltern erwerbstätig ist, um die Familie materiell abzusichern. Dies ist jedoch – jenseits des Studiums mit oder ohne Kind(ern) – ein allgemeiner Trend, der seit den 80er-Jahren relativ konstant geblieben ist (Multrus, Bargel, Ramm 2008). Im Jahr 2009 waren 67 Prozent aller Studierenden erwerbstätig. Dies hat zwangsläufig Auswirkungen auf die Verwendung des Zeitbudgets und betrifft vor allem Studierende mit Kindern. Nach der Sozialerhebung des Jahres 2009 sind studierende Eltern im Erststudium zu 62 Prozent erwerbstätig. 42 Prozent gehen auch während des Semesters einer Erwerbstätigkeit nach (Isserstedt 2010). Vergleicht man die Höhe der Erwerbstätigkeit von studierenden Eltern mit der ihrer Kommilitonen so zeigt sich, dass bei Studierenden ohne Kindern die Erwerbstätigkeit sogar noch ein wenig höher liegt (Erststudium 66 Prozent), die durchgängige Erwerbstätigkeit jedoch mit 38 Prozent etwas niedriger ausfällt (Isserstedt 2010).

Kinderlose Studierende wenden ca. 8 Wochenstunden für Erwerbsarbeit und 37 Wochenstunden für ihr Studium auf. Studierende mit Kind(ern) arbeiten im Durchschnitt insgesamt 10 Wochenstunden und studieren 31 Stunden (siehe Abb. 4). Auch hier zeigen sich innerhalb der Gruppe der studierenden Eltern

Unterschiede: Väter sind – wie oben bereits ausgeführt – mehr als Mütter durch zusätzlichen Zeitaufwand für Erwerbstätigkeit belastet (Isserstedt 2010).

Abbildung 4: Zeitaufwand von Studierenden für Erwerbstätigkeit und Studium (m = männlich, w = weiblich)

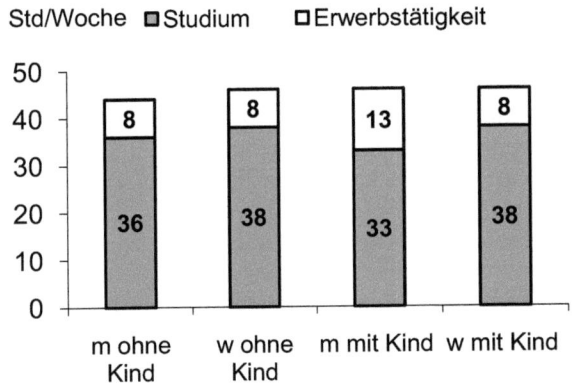

Quelle: Isserstedt et al. (2010); eigene Darstellung.

Das zentrale Motiv für die Erwerbstätigkeit studierender Eltern ist die Finanzierung des Lebensunterhalts. 24 Prozent der Befragten geben jedoch an zu arbeiten, um sich unabhängig vom Studienabschluss eine Beschäftigungsmöglichkeit zu sichern. Dies könnte darauf hindeuten, dass das Risiko des Studienabbruchs bei studierenden Eltern deutlich höher ist als bei ihren Kommilitonen.

Auf einen wichtigen Aspekt sei hier noch hingewiesen: Studierende Eltern sind (wie Studierende ohne Kinder gleichermaßen) häufig in Sektoren des Arbeitsmarktes erwerbstätig, die keinen unmittelbaren Bezug zu ihrer Ausbildung und ihrer späteren Berufstätigkeit haben. Man kann deshalb unterstellen, das mit der Erwerbstätigkeit keine positiven *spillover*-Effekte verbunden sind, d. h. die erwerbstätigen Studierenden können hieraus keinen dem Studium unmittelbar dienlichen Nutzen ziehen. Allerdings wird inzwischen in den Reflexionen über die „Zukunft des Arbeitslebens" berechtigterweise davon ausgegangen, dass angesichts der Erosion der „Normalarbeitsverhältnisse" wegen der Veränderungen auf den Arbeitsmärkten ein neuer Arbeitstyp entsteht. Die „Entgrenzung" zwischen Erwerbsarbeit und Alltagsleben, die zunehmende Diskontinuität von Beschäftigungsverhältnissen und -orten, die „Normalität" von Unterbrechungen durch Phasen der Weiterbildung, der Familienarbeit, der Erholung, aber auch der Arbeitslosigkeit haben die Frage aufkommen lassen, inwieweit es Einzelnen oder

Gruppen gelingt, über ein Potenzial an Beweglichkeit und Wahlbereitschaft zu Lebenslagen-Lösungen zu gelangen, das die wachsenden Unsicherheiten und Risiken in den Beschäftigungssystemen mindern und aufzufangen in der Lage ist. Dass sich solche Unsicherheiten und Risiken auch für Akademiker und Akademikerinnen mehren, wird kaum mehr bestritten. Der Arbeitsmarkt der Zukunft ist daher charakterisiert durch Beschäftigungsverhältnisse mit selbstbestimmten, kompetitiven, zeitvariablen und vielfältigen Aufgaben- und Anforderungsstrukturen, die lebenslanges Lernen verlangen, nicht zuletzt hinsichtlich des Erwerbs von „Übergangskompetenzen" der oben beschriebenen Art. Wenn also Studierende die Fähigkeit, in unterschiedlichsten Feldern des Erwerbslebens während ihres Studiums zu bestehen, frühzeitig erwerben und ausbauen können, dann sind durchaus nennenswerte positive *spillover*-Efekte studentischer Erwerbstätigkeit zu erwarten (siehe hierzu Krüsselberg 2002; Schmid 2002).

Aus den Motiven und dem Zeitaufwand für das Studium bzw. die Erwerbstätigkeit lässt sich jedoch nur bedingt auf die Bedeutung des Studiums in der Wahrnehmung der studierenden Eltern schließen (vgl. ausführlicher 4.3.5).

4.3.2 Möglichkeiten und Formen der Kinderbetreuung

Maßgeblich für die Vereinbarkeit von Studium und Elternschaft ist eine angemessene Form der Kinderbetreuung, die den studierenden Eltern die notwendigen Freiräume sichert, in den (Tages-)Zeiten ihrem Studium nachgehen zu können, zu denen Studienangebote gemacht werden. In der 18. Sozialerhebung stand die Betreuung des (jüngsten) Kindes im Mittelpunkt der zusätzlichen Befragung. Erhoben wurden Betreuungsformen, zeitlicher Umfang sowie Betreuungsort, Betreuungskosten und die Erfahrungen bei der Suche nach einer Fremdbetreuung.

Allerdings unterscheidet diese Erhebung lediglich zwischen der institutionellen und der „außerinstitutionellen" Kinderbetreuung. Unter außerinstitutionelle Betreuungsarrangements wurde sowohl die Betreuung durch die Eltern, die Großeltern, andere Verwandte und Bekannte, durch professionelle Betreuung in Privathaushalten (Tagespflegeperson, Kinderbetreuer) als auch die „Nichtbetreuung" des Kindes gefasst.

Wie Abbildung 5 zeigt, unterscheiden sich die Betreuungsformen zwischen Vormittags- und Nachmittagsbetreuung erheblich. Dies gilt sowohl für Ost- wie für Westdeutschland. So lässt der Großteil der studierenden Eltern die Kinder am Vormittag institutionell betreuen, während am Nachmittag die außerinstitutionelle Kinderbetreuung bevorzugt wird. Zudem findet man auch eindeutige Unterschiede in der Betreuung abhängig vom Alter des Kindes. Aufschlussreich ist

Die Lage der Studierenden mit Kindern

auch die Gegenüberstellung der Daten von Kahle (1993), sowie der Sondererhebung „Studierende mit Kind" der 18. Sozialerhebung (vgl. Abbildung 6). So wurde zum Erhebungszeitpunkt vor 1993 die Betreuung der Kinder zu einem überwiegenden Anteil innerhalb der Familien geleistet, vor allem dann, wenn die Kinder jünger als drei Jahre waren. Über drei Viertel der Kinder unter drei Jahren wurden durch die Studierenden selbst, den Partner bzw. die Partnerin oder die Eltern der Studierenden versorgt. Demgegenüber zeigt die 18. Sozialerhebung, dass die institutionelle Betreuung erkennbar an Bedeutung gewonnen hat. So lassen ca. 70 Prozent der studierenden Eltern vormittags ihre bis 3jährigen Kinder institutionell betreuen, nachmittags sind es noch 36 Prozent.

Abbildung 5: Organisationsformen der Kinderbetreuung, (Studierende mit Kind in Prozent)

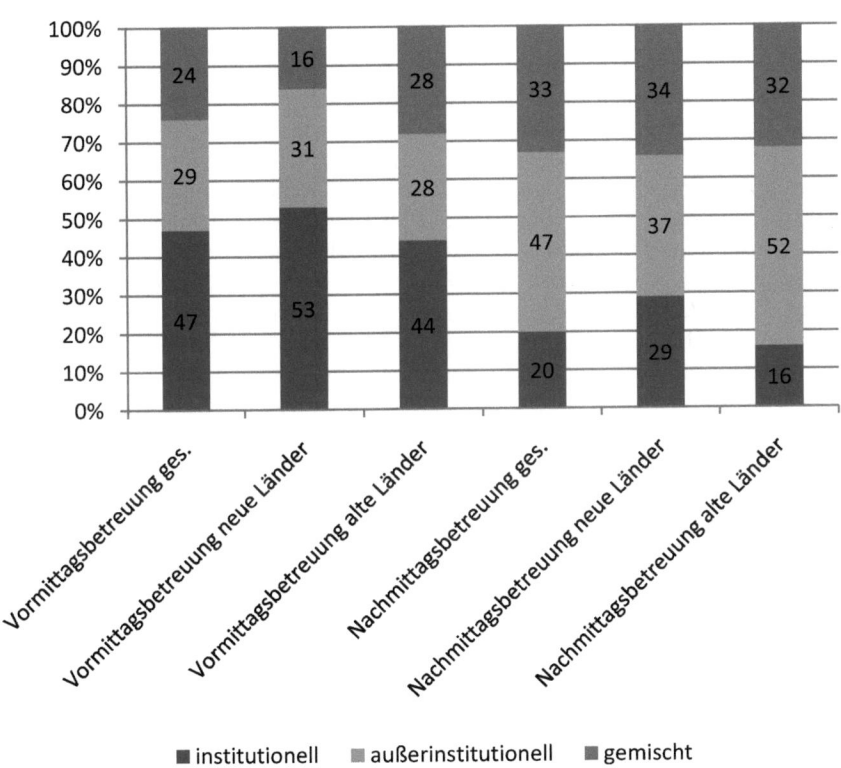

Quelle: Middendorff (2008); eigene Darstellung.

Bemerkenswert ist die Ungleichverteilung zwischen Vätern und Müttern in der Übernahme der Betreuungspflichten für die unter dreijährigen Kinder. So betreuten 1993 24 Prozent der studierenden Mütter ihr Kleinkind selbst – im Vergleich zu nur 3 Prozent der studierenden Väter. Umgekehrt wurden 79 Prozent der Väter in der Betreuung ihres Kindes durch ihre (Ehe-)Partnerin entlastet. Dass studierenden Vätern wesentlich häufiger eine Partnerin zur Verfügung steht, die die Kinder betreut, ist auch bei den neueren Daten nachzuweisen. Die stärkere Einbindung der Studentinnen in die Betreuung der Kinder erschwert ihnen – so ist zu vermuten – die Organisation des Studiums und dürfte ein Grund für die größere Verzögerung im Studienverlauf bei Müttern im Vergleich zu Vätern sein (vgl. Birkelbach 1998). In den neueren Erhebungen des DSW werden Daten in dieser Form nicht erhoben. Unterschieden wird lediglich, inwiefern sich die Kinderbetreuung nach Organisationsform und Tagesabschnitt bei männlichen, weiblichen und alleinerziehenden Studierenden unterscheidet (vgl. Abb. 5 und 6).

In der 18. Sozialerhebung wurde erfasst, inwiefern das Alter des Kindes die Wahl der Organisationsform beeinflusst. Für Kinder bis zu einem Jahr wählen 59 Prozent der studierenden Eltern eine außerinstitutionelle Betreuung. Bereits ab dem zweiten Lebensjahr des Kindes ist diese Form der Kinderbetreuung stark rückläufig (24 Prozent). Demgegenüber erhöht sich die institutionelle Betreuung von 17 Prozent im ersten Lebensjahr auf 53 Prozent und mehr in den kommenden Lebensjahren. Ein knappes Viertel der studierenden Mütter und Väter hat über die gesamte Altersspanne ihrer Kinder hinweg eine Kombination der Betreuung durch Personen und Institutionen gewählt. Nachmittags ändert sich dieses Bild. Die außerinstitutionelle Betreuung gewinnt ab dem Alter von zwei Jahren wieder an Bedeutung. Mit zunehmendem Alter des Kindes wählen 33 Prozent bis hin zu 46 Prozent der studierenden Eltern diese Form des Betreuungsangebots. Ein gravierender Unterschied hinsichtlich der institutionellen Betreuung zeigt sich im Vergleich der zeitlichen Lage der Betreuung. Während 70 Prozent der Studierenden mit Kind von sieben bis fünfzehn Jahren vormittags über eine institutionelle Betreuungsform (Schule) verfügen, sind es am Nachmittag lediglich 15 Prozent der Eltern, die ihre Kinder in einer Einrichtung versorgt wissen. Hier zeigt sich, dass außerinstitutionelle (46 Prozent) und gemischte (39 Prozent) Betreuungsangebote an Bedeutung gewinnen (Middendorff 2008).

Abbildung 6: Organisationsform der Kinderbetreuung nach Tagesabschnitt
(Studierende mit Kind in Prozent)

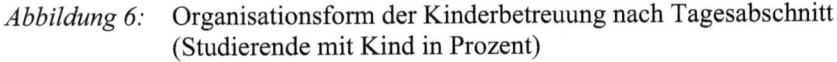

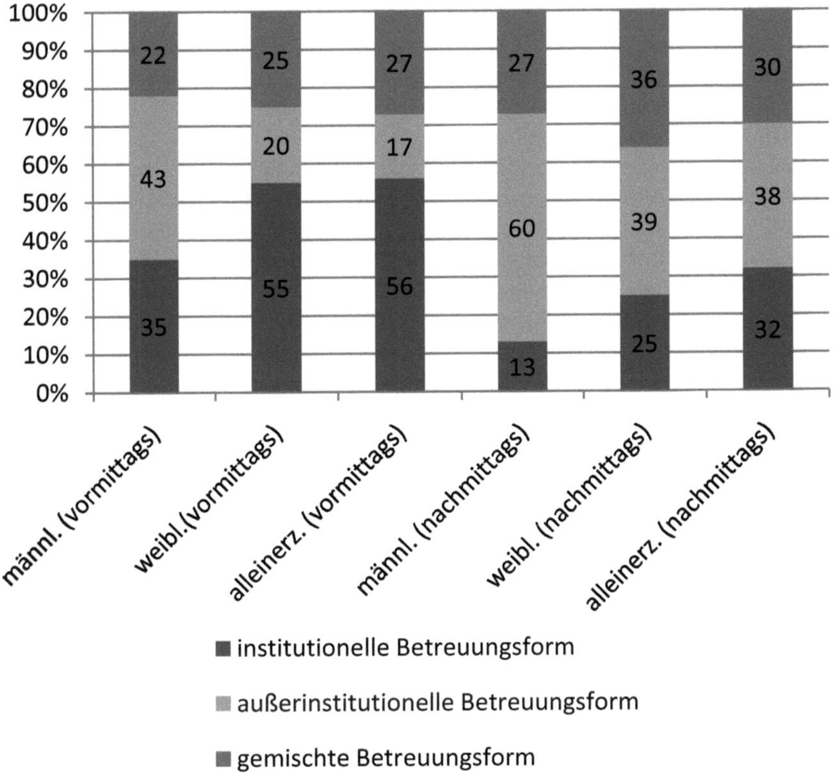

Quelle: Middendorff (2008); bearbeitet.

Die 18. Sozialerhebung befragte studierende Eltern aber nicht nur nach der tatsächlichen Betreuungsform, sondern auch danach, inwieweit diese der gewünschten Betreuungsform entspricht. Die höchste Übereinstimmung gibt es bei den Studierenden, die ihr Kind in einer Einrichtung betreuen lassen. So ist für 91 Prozent dieser studierenden Eltern diese Art der Vormittagsbetreuung wunschgemäß. Weitaus weniger zufrieden sind Studierende mit Kind, wenn dieses etwa vom Partner bzw. der Partnerin oder anderen Personen betreut wird. Lediglich jeder zweite bevorzugt diese Betreuungsform. 62 Prozent der Eltern, die eine Kombination unterschiedlicher Betreuungsformen nutzen, sind zufriedener als diejenigen, die keine Betreuungseinrichtung nutzen. Die größte Übereinstimmung zwischen gewünschter und realisierter Kinderbetreuungsform zeigt sich bei der Gruppe derer, deren Kinder institutionell betreut werden (73 Prozent). Die größte Diskrepanz zeigt sich nachmittags am Wunsch nach einer institutionellen Betreuungsform. Diese möchten 34 Prozent der studierenden Eltern nutzen, aber nur jedem Fünften ist dies möglich. Die Ergebnisse weisen insgesamt auf ein Ungleichgewicht von Angebot und Nachfrage gerade in Bezug auf die institutionalisierten Betreuungsformen hin (Middendorff 2008).

Für die Vereinbarkeit von Studium und Familientätigkeit ist aber nicht nur maßgeblich, ob Betreuungseinrichtungen vorhanden sind oder nicht, sondern auch, ob diese wohnort- resp. universitätsnah gelegen sind und ob sich deren Öffnungszeiten mit den Zeiten decken, zu denen die Lehrveranstaltungen stattfinden. Ein großer Teil der studierenden Eltern nutzt v. a. aus praktischen Gründen eine Betreuungsform, die im eigenen Wohnviertel liegt (68 Prozent). Im besten Falle liegt die Betreuungseinrichtung im näheren Umfeld der eigenen Wohnung oder der besuchten Hochschule. Lediglich 6 Prozent der Kinderbetreuungseinrichtungen liegen in der Nähe der Hochschule. Zeitlich erschwerend und aufwendig ist die Kinderbetreuung für 14 Prozent der studierenden Eltern mit einer Betreuung außerhalb von Wohnviertel und Universität. Weitere 13 Prozent der Studierenden mit Kind müssen durch die ständig wechselnde Form ihrer Kinderbetreuung viel Zeit für die Wege von und zur Einrichtung oder Betreuungsperson auf sich nehmen (Middendorff 2008).

Die Bochumer Studierendenbefragung aus dem Jahr 2002 zeichnet folgendes Bild der Betreuungssituation: Von den befragten studierenden Eltern brachten drei Viertel ihre Kinder in einer öffentlichen Betreuungseinrichtung unter; etwa ein Viertel hatte keine Möglichkeit, die Kinder in einer Institution regelmäßig betreuen zu lassen, bzw. gab an, darauf nicht angewiesen zu sein. Allerdings beschränkte sich die Hauptbetreuungszeit auf den Vormittag; in diesem Zeitfenster wurden 72 Prozent der Kinder betreut. Eine Betreuung während der Mittagszeit war nur in 48 Prozent der Fälle möglich, über einen Ganztagsplatz verfügten nur 36 Prozent der Eltern. Die Betreuung von Kindern studierender Eltern lässt sich daher nur durch Mitwirkung aus dem persönlichen sozialen Umfeld bewerkstelligen: 93 Prozent der befragten Studierenden mit Kindern gaben an, von dort verlässliche Hilfe bei der Kinderbetreuung zu erhalten (vgl. Tabelle 12): Im Zentrum stand dabei jeweils die andere Elternperson, wobei 64 Prozent der studierenden Väter, aber nur 53 Prozent der studierenden Mütter angaben, verlässliche Hilfe bei der Kinderbetreuung von dem Partner bzw. der Partnerin zu erhalten. Von den Eltern der Studierenden mit Kind wurden 69 Prozent der studierenden Mütter und 50 Prozent der studierenden Väter unterstützt. Weitere Unterstützungsleistungen bei der Kinderbetreuung erhielten sie durch Verwandte,

Freunde, Nachbarn und/oder Bekannte. Die Zahl der Eltern, die bei der Kinderbetreuung auf diesen Personenkreis zurückgreifen konnte, ist jedoch vergleichsweise gering. Man kann also davon ausgehen, dass eine verlässliche Kinderbetreuung außerhalb institutioneller Einrichtungen im Wesentlichen durch die erweiterte Kernfamilie sichergestellt wird, was auch den Ergebnissen der 13. Sozialerhebung entspricht.

Tabelle 12: Studierende Väter und Mütter, Betreuungspersonen[a] (Prozent)

Betreuungsperson	Väter	Mütter
(Ehe-)Partner/-in	63,6	53,3
Großeltern des Kindes	50,0	68,7
Sonstige Verwandte	4,5	6,7
Freunde	4,5	6,7
Nachbarn	9,1	4,4
Bekannte	13,6	11,1
Keine Hilfe	9,1	6,7

[a] Mehrfachnennungen möglich.
Quelle: Bochumer Studierendenbefragung (Wassermann 2005: Tab. 13).

Im oben genannten Abschnitt zur Zufriedenheit mit der Betreuungsform wird deutlich, dass die gewünschte und die realisierte Form in einigen Bereichen doch weit auseinander liegt. Dies wurde überwiegend im Kontext der institutionellen Kinderbetreuung sichtbar. In der Sondererhebung „Studieren mit Kind" wurde explizit nach den Schwierigkeiten bei der Suche nach einer Betreuungseinrichtung gefragt, so gaben 19 Prozent der befragten studierenden Eltern an, große Probleme bei der Suche nach einem Betreuungsplatz gehabt zu haben. Bei weiteren 9 Prozent war diese Suche ebenfalls erschwert. Im Vergleich zwischen den neuen und alten Bundesländern zeigt sich diesbezüglich ein Unterschied von 9 Prozentpunkten. War es für 22 Prozent der Studierenden mit Kind in den neuen Ländern mehr oder weniger schwierig einen Betreuungsplatz zu finden, so waren es immerhin 31 Prozent in den alten Ländern.

So müssen Studierende mit Kindern – vor allem die jungen Mütter – einen erheblichen Teil ihres Zeitbudgets in die Kinderbetreuung investieren, weil innerhalb der Hochschulen kein hinreichendes oder den Bedürfnissen angepasstes Angebot an Einrichtungen der Kinderbetreuung bereitgestellt wird. Der Wunsch nach einem Ausbau der Betreuungseinrichtungen wird nicht nur von studierenden Eltern, sondern auch von (noch) kinderlosen Studierenden mit Nachdruck formuliert. Im 10. Studierenden-Survey (Multrus, Bargel, Ramm 2008) gaben immerhin 20 Prozent der Studierenden an Universitäten und 21 Prozent jener an Fachhochschulen an, es sei zur Verbesserung der eigenen Studiensituation vordringlich, dass das Betreuungsangebot für Kinder ausgebaut werde.

Zusammenfassend kann festgehalten werden, dass studierende Mütter, die Kinder unter drei Jahren zu versorgen haben – nicht anders als Erwerbstätige – von dem Mangel an institutionellen Betreuungseinrichtungen in hohem Maße betroffen sind mit der Folge, die Kinderbetreuung selbst übernehmen oder mit Hilfe privater Netzwerke sicherstellen zu müssen. Für Studierende mit älteren Kindern dürfte sich – auch aufgrund des gesetzlichen Anspruchs auf einen Kindergartenplatz – die Lage im Vergleich zu den frühen 1990er-Jahren verbessert haben. Andererseits hat sich die Lage für studierende Eltern seit Einführung der Bachelor- und Masterstudiengänge wieder erheblich verschärft. Die steigende Verschulung des Studiums mit Präsenzpflichten gepaart mit unflexiblen oder kurzen Öffnungszeiten sowie großen Entfernungen zwischen Betreuungseinrichtung, Hochschule und Wohnung, lässt die Betreuungsproblematik für studierende Eltern an Brisanz gewinnen.

4.3.3 Zeitverwendung im Spannungsfeld von Studium und Familie

Es liegt auf der Hand, dass sich die Belastungen studierender Eltern durch (z. T. umfangreiche) Erwerbstätigkeit sowie Kinderbetreuung auch in ihrem wöchentlichen Zeitbudget und in ihren Möglichkeiten, das eigentlich gewünschte Studienpensum einhalten zu können, widerspiegeln. Wie das individuelle Zeitbudget aufgeteilt und wie viel Zeit in das Studium investiert wird, hängt von einer Vielzahl von Faktoren ab. Zu berücksichtigen ist dabei, in welchem Alter das zu betreuende Kind ist, welche Betreuungsmöglichkeiten gegeben sind, ob man bei den studierenden Eltern jeweils die Mütter oder Väter betrachtet und in welchem Umfang Erwerbsarbeit zur Sicherung der Lebenshaltungskosten geleistet werden muss. Einige dieser Aspekte wurden in den vorangehenden Ausführungen bereits genannt; sie sollen hier noch einmal zusammengeführt und durch ausgesuchte Ergebnisse aus der 16., 18. und 19. Sozialerhebung untermauert werden.

Basierend auf den Ergebnissen der Sozialerhebung aus dem Jahr 2001 wird bei den bis zu dreijährigen Kindern im Mittel ein wöchentlicher Betreuungsaufwand von 37 Stunden veranschlagt. Hierbei entfällt auf die studierenden Mütter mit 48 Stunden eine deutlich höhere zeitliche Belastung als auf die Väter mit 29 Stunden (vgl. Abb. 7). Die vergleichsweise geringe zeitliche Belastung der studierenden Väter rührt u. a. daher, dass der Anteil der Väter, die ohne ihr Kind am

Hochschulort lebt, dreimal so hoch ist wie jener unter den studierenden Müttern (23 Prozent gegenüber 7 Prozent). Zudem werden – wie bereits erwähnt – studierende Väter in der Betreuung der Kinder sehr häufig durch ihre Partnerin entlastet. Mit zunehmendem Alter des Kindes reduziert sich zwar der Betreuungsaufwand, aber er liegt bei den Kindern im Kindergartenalter immer noch bei durchschnittlich 36 Stunden in der Woche, und erst mit dem Schuleintritt der Kinder kommt es zu einer spürbaren zeitlichen Entlastung (Schnitzer 2001).[20]

Abbildung 7: Mittlerer Zeitaufwand für Kinderbetreuung, Alter des Kindes

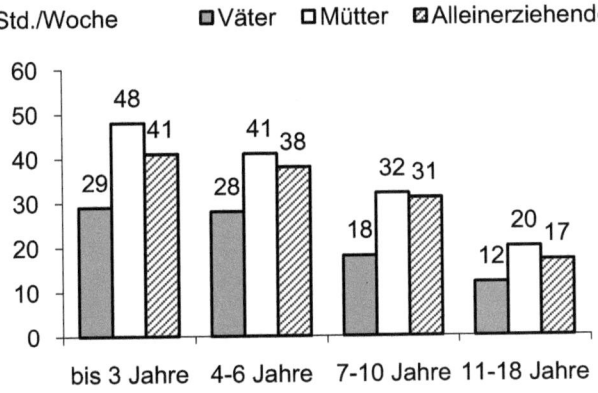

Quelle: Schnitzer (2001); bearbeitet.

Auch die von Helffrich (2007) durchgeführte Studie „fast – Familiengründung im Studium" zur Situation studierender Eltern und der Vereinbarkeit von Elternschaft und Studium verweist auf die unterschiedliche zeitliche Belastung der studierender Eltern durch Familientätigkeiten im Geschlechtervergleich. Die Zeiten, die studierende Väter für Studium und Erwerbstätigkeit (im Durchschnitt zusammen bei 45,6 Std./Woche) aufwenden, sind verglichen zu den Müttern (33,3 Std./Woche) deutlich höher. Mit Blick auf die Zeiten der Kinderbetreuung zeigt sich ein sehr deutliches Ungleichgewicht: studierende Mütter haben hier ein Wochenpensum von durchschnittlich 48,5 Stunden, bei den Vätern sind es im Vergleich nur 27,6 Std./Woche. In beiden Studien wird deutlich, dass das enge Zeitbudget insbesondere der Mütter kaum die notwendigen Erholungsphasen erlaubt. Die Versorgung und Betreuung der Kinder von den Müttern wird als

---

[20] Ähnliche Befunde berichtet Nienhüser (2001) aus einer Befragung von Studierenden der Wirtschaftswissenschaftlichen Fakultät an der Universität Essen.

Hauptproblem bei der Planung und Organisation des Studiums erlebt, und es verdeutlicht den Rollenkonflikt von Frauen, die den nicht vereinbaren Anforderungen aus unterschiedlichen Pflichtbereichen ausgesetzt sind und die Familie nicht ohne ein Studium, ein Studium aber auch nicht ohne Familie haben wollen. Als besonders erschwert erwies sich in dieser Studie der Besuch von ganztägigen Blockveranstaltungen oder mehrwöchigen Praktika: Nahezu die Hälfte der studierenden Mütter hatte dieser Studie zufolge auf solche Veranstaltungen verzichten müssen, weil sie für ihre Kinder keine Betreuung hatten finden können.

Was die Zeitverwendung für das Studium anbelangt, so sind – obschon die Zeitangaben in einzelnen Zeitbudgetanalysen leicht divergieren – die Befunde eindeutig: Studierende Eltern wenden weniger Zeit (bis zu 6 Stunden pro Woche) für Selbststudium und Lehrveranstaltungen auf als ihre kinderlosen Kommilitonen. Augenfällig ist, dass gerade die studierenden Mütter angeben, sowohl Lehrveranstaltungen nicht angemessen besuchen als auch dem Selbststudium nicht in dem gewünschten Umfang nachgehen zu können und dass die Einschränkung ihres Studierverhaltens höher ausfällt als die der studierenden Väter (siehe auch unten). Entscheidend ist zudem, ob studierende Eltern zusätzlich erwerbstätig sind oder nicht (Middendorff 2008).

Tabelle 13: Studienbezogenes Zeitbudget (Std./Woche)*

Tätigkeit	Studierende mit Kindern			Studierende ohne Kinder		
	männlich	weiblich	insg.	männlich	weiblich	insg.
Selbststudium	16	15	15	17	18	18
Lehrveranstaltungen	12	13	13	16	17	17
insgesamt	14	14	14	16.5	17.5	17.5

* Die Daten können sich geringfügig von den Originalangaben unterscheiden, da mit bereits gerundeten Zahlen gerechnet wurde.
Quelle: Middendorff (2008); eigene Berechnungen.

Studierende Mütter können deutlich weniger Zeit für ihr Studium aufwenden als Studentinnen ohne Kind. Rund ein Viertel der studierenden Eltern gibt an, dass sie gerade auch am Wochenende oder abends aufgrund besonderer Studiumsanforderungen (Praktika, etc.) eine Kinderbetreuung benötigen. Insbesondere Lehrveranstaltungen abends oder an den Wochenenden erschweren studierenden Müttern (65 Prozent) verglichen mit den Vätern (39 Prozent) sehr häufig die Teilnahme an Veranstaltungen.

Studierende Eltern wenden im wöchentlichen Durchschnitt etwa drei Stunden mehr als kinderlose Studierende für Erwerbsarbeit auf (vgl. Abb. 4). Diese Differenz lässt sich auf das Arbeitsverhalten der Väter zurückführen, die mit 13 Wochenstunden deutlich mehr arbeiten als die Studenten ohne Kind. Im Geschlechtervergleich unterscheiden sich die Studenten und Studentinnen ohne Kind kaum in ihrem wöchentlichen Zeitaufwand für Studium und Erwerbstätigkeit. Ein deutlich anderes Bild zeigt sich bei den studierenden Eltern mit Kind. Hier arbeiten die Mütter deutlich weniger als die Väter, aber immer noch genaus so viel wie Studierende ohne Kind. Die Bochumer Studierendenbefragung belegt wie auch Nienhüser (2001), dass das Zeitbudget studierender Eltern extrem angespannt ist. Die zeitliche Gesamtbelastung für Studium, Erwerbstätigkeit und Familientätigkeit ist für studierende Eltern mit rund 55 Stunden pro Woche deutlich höher als für Studierende ohne Kinder (ca. 41 Stunden/Woche). Dabei ist auffallend, dass studierende Eltern sowohl mehr Zeit in Haushaltstätigkeit als auch in Erwerbstätigkeit investieren als der Durchschnitt aller Studierenden. Weiterhin ist erkennbar, dass studierende Mütter mit durchschnittlich rund 22 Stunden pro Woche deutlich mehr Hausarbeit leisten als die Väter (rund 10 Stunden/Woche). Umgekehrt verhält es sich bei der Erwerbsarbeit: Hier tragen die Väter mit ca. 30 Stunden eine erkennbar höhere Belastung als die Mütter mit 10 Stunden. Dies lässt darauf schließen, dass auch studierende Eltern eine traditionelle Arbeitsteilung praktizieren (siehe unten).

Tabelle 14: Mittlere Zeitverwendung von Studierenden für einzelne Tätigkeiten (Std./Woche)

Tätigkeit	Studierende insgesamt	Studierende ohne Erwerbstätigkeit	Studierende Mütter	Studierende Väter
Lehrveranstaltungen	11.5	16.3	5.5	6.0
Arbeitsgruppen	1.1	2.4	0.5	0.5
Selbststudium	11.1	12.8	8.8	12.3
Gesamtzeit für Studium	23.7	31.5	14.8	18.8
Erwerbstätigkeit	16.2	0.0	17.0	33.4
Wegezeiten	4.5	4.5	3.7	3.9
Haushaltstätigkeit	6.2	4.8	22.1	10.1

Quelle: Bochumer Studierendenbefragung (Sonderauswertung; vgl. Wassermann 2005: Tab. 16).

Obschon gerade das geringe Zeitbudget das Hauptproblem darstellt, das den studentischen Bedürfnissen nach Flexibilität, sozialer Teilhabe und Spontaneität zuwiderläuft, ist nicht zu verkennen, dass ein Studium im Gegensatz zu einer Berufstätigkeit ein hohes Maß an zeitlicher Flexibilität aufweist. Fast 40 Prozent der von Middendorff (2003) befragten Studierenden (mehrheitlich ohne Kinder) stimmte denn auch der Aussage zu „Im Studium ein Kind zu haben ist günstig, weil flexible Zeiteinteilung möglich ist." Insofern kann ein Studium prinzipiell eine vergleichsweise hohe Vereinbarkeit mit Elternschaft besitzen. So mag es denn auch nicht überraschen, dass durchaus auch Vorteile eines Studiums mit Kind berichtet werden. Der Studie von Schön, Frankenberger und Tewes-Karimi (1990) zufolge werden diese im Gewinn einer anderen Lebenseinstellung, in besseren Chancen auf dem Arbeitsmarkt, einer besseren Strukturierung des Alltags sowie einer Erweiterung des eigenen Horizonts und einer Steigerung des Selbstwertes gesehen. Die hier befragten studierenden Mütter erwarten also für sich durchaus manche der positiven *Spillover*-Effekte, wie sie bereits mehrfach angesprochen wurden, nämlich dass die durch Familientätigkeit erworbenen Kompetenzen auch bei der Auseinandersetzung mit anderen Aufgabenbereichen oder bei der (späteren) Erwerbstätigkeit dienlich sein können. Falls junge Frauen noch während ihres Studiums Mütter würden, könnten sie sich in vergleichsweise jungen Jahren besser auf den Übergang in die Erwerbstätigkeit konzentrieren, sodass die Beteiligung von Müttern auf dem Arbeitsmarkt im Prinzip gesichert werden könnte. Insofern wird diesen Befunden zufolge das Studieren mit Kind in der Gesamtschau zwar als arbeitsintensiv, zeit-, organisationsaufwendig und belastend erlebt, aber auch als sinnvolle Möglichkeit angesehen, den Wunsch nach Kindern, guter Ausbildung und späterer anspruchsvoller Erwerbstätigkeit in Kombination zu verwirklichen.

Zusammengefasst zeigen alle diese Erhebungen, dass Studierende mit Kindern eine vollkommen andere Gewichtung in der Zeitverwendung aufweisen als der/die „Normalstudierende" ohne Kinder: Sie investieren mehr Zeit in Hausarbeit, Kinderbetreuung (hier v. a. die Mütter) und Erwerbsarbeit (hier v. a. die Väter) als Studierende ohne Kinder. Es bleibt ihnen nachweislich weniger Zeit für das Studium, und sie sind in ihrem Studierverhalten deutlich mehr eingeschränkt als ihre kinderlosen Kommilitonen und Kommilitoninnen.

4.3.4 Formen der familialen Arbeitsteilung

Da – wie schon dargelegt – zwischen studierenden Müttern und Vätern in der relativen Zeitverwendung für Studium, Familien- und Erwerbstätigkeit deutliche Unterschiede bestehen, wirft dies unmittelbar die Frage nach der Arbeitsteilung innerhalb dieser jungen Familien auf. In der „Würzburger Zeitbudget-Studie" (Künzler 1994) stand diese Frage der Arbeitsteilung in studentischen Familien (definiert dadurch, dass mindestens einer der Partner Student resp. Studentin ist) im Zentrum, wobei studentische Familien mit vs. ohne Kleinkinder vergleichend untersucht wurden. Es handelte sich um eine postalische Erhebung des Tagesablaufs mit Blick auf vier Gruppen von Tätigkeiten: Haushaltstätigkeiten, Freizeitaktivitäten, Erwerbstätigkeit sowie Aktivitäten im persönlichen Bereich. Ein Vergleich der Zeitbudgets von Studierenden mit und ohne Kinder bestätigte die Ergebnisse der bereits zitierten Studien: Studentinnen mit Kindern bringen für Haushaltstätigkeiten das Vierfache an Zeit auf wie Studentinnen ohne Kinder; bei den Studenten mit Kindern war dieser Zeitaufwand um das Dreifache erhöht. Der wöchentliche Zeitaufwand für das Studium beträgt bei den studierenden Müttern nur die Hälfte im Vergleich zu den kinderlosen Studentinnen, bei den studierenden Vätern unterscheidet sich der Zeitaufwand für das Studium von dem der kinderlosen Studenten kaum.[21]

Insgesamt deuten diese Befunde wie die vieler anderer Studien darauf hin, dass es nach der Geburt des ersten Kindes zu einer partiellen Traditionalisierung der Geschlechterrollen kommt (Reichle 2002), und offensichtlich sind Studierende hiervon keineswegs ausgenommen. Denn während innerhalb der Gruppe der Studierenden ohne Kinder für keinen Tätigkeitsbereich signifikante Geschlechterunterschiede in der Zeitverwendung hatten gefunden werden können und „vollständige Egalität" zu konstatieren war (Künzler 1994), war es bei den Studierenden mit Kindern zu Verschiebungen in dieser „Egalität" gekommen: Für Hausarbeit und Betreuung der Kinder waren auch in dieser studentischen Population die Mütter in stärkerem Maße „zuständig" als die Väter, die ihrerseits mehr als Mütter und mehr als Studenten ohne Kinder erwerbstätig waren. Insgesamt sind es somit die Studentinnen, deren Zeitverwendung durch Elternschaft besonders stark tangiert und zu Ungunsten der zeitlichen Investition in ihr Studium verändert wird. Ähnliches zeigte sich auch in der Befragung des HISBUS-Online Panels aus dem Jahre 2002, in der Studierende – neben anderen Themen – darüber Auskunft gaben, wie sie sich im Falle einer Elternschaft die Aufteilung der Kinderbetreuung und die jeweilige Einbindung in eine Erwerbstätigkeit vorstellen würden (Middendorff 2003). Die Studierenden folgten auch hier mehrheitlich einem traditionellen Rollenbild, indem die Studentinnen angaben, nach der Geburt des ersten Kindes die eigene Erwerbstätigkeit für drei Jahre zu unterbrechen, um dann bis zum Grundschulalter des Kindes teilzeitbeschäftigt sein zu wollen. Sie bevorzugten somit offensichtlich ein „Phasen"-Modell von Familien- und Erwerbstätigkeit gegenüber einem „Vereinbarkeits"-Modell. Die

---

[21] Vgl. auch Helfferich, Hendel-Kramer, Wehner (2007) fast – Familiengründung im Studium.

Studenten bevorzugten ihrerseits für sich eine ununterbrochene Vollzeitbeschäftigung, obschon sich fast 40 Prozent von ihnen auch vorstellen konnten, die eigene Erwerbstätigkeit zu Gunsten der ihrer Partnerin zu reduzieren. Bemerkenswert – und mit der tatsächlichen intrafamilialen Arbeitsteilung durchaus in Einklang stehend – ist zudem der Befund, dass im Falle der Geburt eines Kindes nur 5 Prozent der männlichen, aber 39 Prozent der weiblichen Studierenden bereit wären, vorübergehend das Studium zu unterbrechen.

Zweifelsohne kommen hier auch intrafamiliale Aushandlungsprozesse zum Tragen, sodass bei der Frage der Vereinbarkeit von Familientätigkeit, Studium und Erwerbstätigkeit nicht nur strukturelle Rahmenbedingungen eine Rolle spielen, sondern auch diese Aushandlungsprozesse zwischen den Partnern. Denn hier entscheidet sich letztlich, wie die Vereinbarkeitsproblematik im konkreten Einzelfall gelöst werden kann und soll. Bedeutsam sind dabei individuelle Konzepte von Gerechtigkeit, soziale Kompetenzen im Zuge des Aushandelns, „Überredens" oder „Überzeugens" sowie Modelle dessen, wie ein gerechter Ausgleich zwischen den Partnern – gegebenenfalls zeitlich über den Lebensverlauf verschoben – realisiert werden kann (siehe Montada 1998; Reichle 2000).

In der Zusammenschau finden sich viele Belege für die folgende Aussage: „Von allen Lebensbereichen scheint die Familie und vor allem die hier praktizierte Arbeitsteilung die größte Resistenz gegenüber Modernisierungsprozessen zu besitzen" (Geissler, Oechsle 2000: 7). Jedenfalls scheint es bislang wenig empirische Anhaltspunkte für einen Wandel in der Arbeitsteilung zwischen Männern und Frauen – und insbesondere zwischen Vätern und Müttern – zu geben. Neben allen strukturellen und institutionellen Rahmenbedingungen führt womöglich auch die stärkere „Kindorientierung" von Frauen und eine entsprechende Lebensplanung, in der von vielen Paaren eine Unterbrechung der Erwerbstätigkeit seitens der jungen Mütter eingeplant und gewünscht wird, dazu, dass die Elternzeit bislang ein „weibliches Phänomen" geblieben ist - auch wenn die Vätermonate des Elterngeldes dazu geführt haben, dass sich junge Männer stärker um ihre kleinen Kinder kümmern als zuvor. Indem offensichtlich auch studierende Eltern das traditionelle Muster der internen Arbeitsteilung replizieren, wie es aus anderen Zusammenhängen hinlänglich bekannt ist, mag hier ein lebenslanger Zyklus der relativen Benachteiligung von Frauen seinen Anfang nehmen, wenn junge studierende Mütter ihre Teilhabe am Bildungssystem und damit die gleichen Startchancen auf dem Arbeitsmarkt nicht nachhaltig so sichern können, wie es junge studierende Väter tun. Vor diesem Hintergrund erhält die Tatsache, dass – wie in den Eingangskapiteln bereits erwähnt – überproportional viele Frauen, die einen Hochschulabschluss erworben haben, kinderlos bleiben, während sich entsprechende Unterschiede innerhalb der Teilpopulation der Männer nicht nachweisen lassen, ein umso größeres Gewicht.

4.3.5 Studierverhalten von Studierenden mit Kindern vs. ohne Kinder

Es sind nicht nur die eben skizzierten Unterschiede in der Zeitverwendung, die das Leben von Studierenden mit Kindern gegenüber dem von Studierenden ohne Kinder charakterisieren. Es wurde auch deutlich, dass erstere in hohem Maße belastet sind und offensichtlich unterschiedliche Möglichkeiten genutzt werden, die Belastungen zu mindern, nämlich das Studium zu unterbrechen, das Studium zu verlängern oder gegebenenfalls in ein Studienfach zu wechseln, das eine bessere Vereinbarkeit mit der Familientätigkeit verspricht, oder von vorneherein ein solches zu wählen. Den Befunden von Isserstedt (2010) zufolge hatten Studierende der Fächergruppe Sozialwissenschaften/Sozialwesen/Psychologie/Pädagogik häufiger Kinder (7 Prozent) als Studierende mathematisch-naturwissenschaftlicher Fachrichtungen (4 Prozent). Ebenfalls einen Anteil von 7 Prozent der Studierenden mit Kind hatte die Fächergruppe Medizin/Gesundheitswesen, in der die Bedingungen für Vereinbarkeit bisher eher schwierig sein dürften. Teilweise reflektieren die unterschiedlichen Anteile studierender Eltern daher zunächst v. a. die verschieden hohen Frauenanteile unter den Studierenden dieser Fächer.

Insgesamt lässt sich feststellen, dass der Studienverlauf studierender Eltern verglichen mit dem Studierender ohne Kind sehr viel unbeständiger ist. Studierende Eltern unterbrechen mit 40 Prozent vs. 9 Prozent der kinderlosen Studierenden viel häufiger ihr Studium. Unter den weiblichen Studierenden setzen Studentinnen mit 48 Prozent merklich öfter ihr Studium aus als ihre Kommilitoninnen ohne Kind (9 Prozent). Studierende mit Kind unterbrechen ihr Studium im Durchschnitt um vier Semester und somit ein Semester länger als kinderlose Studierende.

Abbildung 8: Studienunterbrechung ohne vs. mit Kind (prozentuale Anteile) (Studierende im Erststudium)

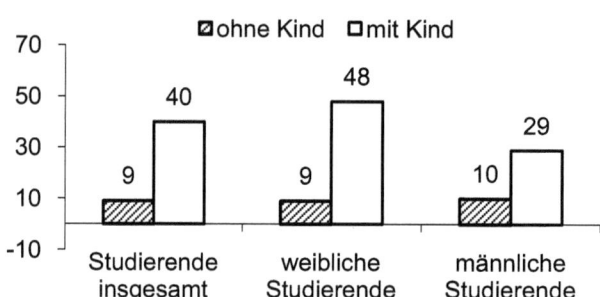

Quelle: Isserstedt (2010); eigene Darstellung.

Ausschlaggebend für die Studienunterbrechung ist zu 94 Prozent bei den Studentinnen die Schwangerschaft selbst, sowie die zeitliche Mehrbelastung durch Kinderbetreuung und -erziehung. Bei den Studenten mit Kind führen dies 33 Prozent als Grund an. Weiterhin nennen sie mit jeweils 32 Prozent Erwerbstätigkeit und „andere familiäre Gründe" als Anlass für ihre Unterbrechung (Mehrfachnennungen waren möglich).

Das Studierverhalten hängt schließlich auch davon ab, welche Bedeutung dem Studium im Lebensvollzug insgesamt beigemessen wird. Wenn das Studium mit Familientätigkeit (und gegebenenfalls auch Erwerbstätigkeit) vereinbart werden muss, ist zu erwarten, dass sich der subjektive Stellenwert, den das Studium einnimmt, relativiert.

Tabelle 15: Stellenwert des Studiums (Angaben in Prozent)

Studium…	ohne Kind	mit Kind
… bildet Mittelpunkt	50	26
… ist gleich wichtig wie Anderes	45	55
… steht eher im Hintergrund	5	19

Quelle: Isserstedt (2001); bearbeitet.

Zwar betrachtet mehr als die Hälfte der studierenden Eltern ihr Studium als ebenso wichtig wie Anderes in ihrem Leben, ohne dass sie sich darin von der Gruppe der kinderlosen Studierenden unterscheiden würden. Jedoch ist der Anteil jener, für die das Studium den „Mittelpunkt" ihres Lebens bildet, in der Gruppe der Studierenden ohne Kind mit 50 Prozent deutlich höher als in der von Studierenden mit Kind. Immerhin 19 Prozent der Studierenden mit Kind, aber nur 5 Prozent jener ohne Kind, weisen ihrem Studium den Status einer „Nebensache" zu. Vermutlich kommt in diesen Zahlen weniger ein Motivationsverlust der Studierenden mit Kind zum Ausdruck als vielmehr die bereits mehrfach erwähnte Tatsache, dass das Zeitbudget, das für das Studium zur Verfügung steht, bei ihnen wesentlich knapper bemessen ist als bei Studierenden ohne Kind. Dennoch bleibt die vielfältige Belastung nicht ohne Auswirkungen auf die subjektive Leistungsfähigkeit studierender Eltern: Etwa ein Drittel gab in der Bochumer Studierendenbefragung an, dass die familiären Verpflichtungen für sie eine hohe Belastung darstellten, fast 56 Prozent bezeichneten die Belastung sogar als „extrem", lediglich 12 Prozent stufen die Belastung als „gering" ein. Dabei ist auffallend, dass sich studierende Mütter in stärkerem Maße von den Erziehungsverpflichtungen belastet fühlen als studierende Väter (vgl. Tabellen 16 und 17). So gaben drei Viertel der befragten Mütter, aber nur rund 16 Prozent der befragten Väter an, durch Kindererziehung „extrem" belastet zu sein. Dies korrespondiert mit den bereits erwähnten Befunden der einzelnen (Zeitbudget-) Studien, wonach Verpflichtungen im Rahmen der Familientätigkeit insbesondere von den studierenden Müttern wahrgenommen werden.

Tabelle 16: Subjektives Belastungsniveau studierender Väter und Mütter (Anteil der Studierenden pro Kategorie; 100 Prozent = Zeilensumme jeweils für Väter resp. Mütter)

Quelle der Belastung	Grad der Belastung							
	keine		gering		hoch		extrem	
	Mütter	Väter	Mütter	Väter	Mütter	Väter	Mütter	Väter
Studium	5.1	5.3	20.5	15.8	51.3	63.2	23.1	15.8
Kinderbetreuung	0.0	0.0	2.5	31.6	22.5	52.6	75.0	15.8
Erwerbstätigkeit	34.1	10.5	17.1	10.5	34.1	31.6	14.6	47.4

Quelle: Bochumer Studierendenbefragung (Wassermann 2005: Tab. 18 bis 21).

Die Belastung von studierenden Eltern durch Studium, Kindererziehung und Erwerbstätigkeit wird als so hoch erlebt, dass 83 Prozent der Befragten befürchteten, ihre Abschlussprüfungen nicht in der vorgeschriebenen Regelstudienzeit ablegen zu können. Zweifel daran, ob sie das Studium überhaupt würden abschließen können, hatten immerhin 40 Prozent der studierenden Mütter und nahezu 35 Prozent der studierenden Väter (siehe Tab. 17).

Tabelle 17: Belastungen im Studium
(relativer Anteil der Studierenden pro Kategorie)

Aussage[a]	Studierende insgesamt	Studierende ohne Belastung[b]	Studierende Mütter	Studierende Väter
Ich weiß gar nicht, ob ich das Studium schaffe.	12.0	7.5	40.0	34.8
Ich kann meinen Studienstoff nicht gut einteilen und lernen.	18.7	11.3	46.7	17.4
Mir ist es wichtig, mein Studium zu beenden.	81.7	79.2	71.1	65.2
Ich arbeite viel und zielstrebig, um mein Studium möglichst rasch zu beenden.	38.8	57.5	11.1	26.1
Meine studienfremden Belastungen sind so groß, dass ich nicht konzentriert lernen kann.	23.3	6.6	68.9	17.4

[a] Angegeben ist der prozentuale Anteil der Zustimmung zu der jeweiligen Aussage; Mehrfachnennungen möglich.
[b] Studierende ohne Belastung durch Pflege kranker oder behinderter Angehöriger oder eigene Elternschaft.

Quelle: Bochumer Studierendenbefragung (Wassermann 2005: Abb. 23 und 24).

Die Kumulation von Belastungen außerhalb des Studiums kann prekäre Studienverläufe zur Folge haben. So gaben zwar 69 Prozent der studierenden Eltern an, dass es ihnen wichtig sei, das Studium erfolgreich zu beenden, doch hielten 38 Prozent der Eltern einen erfolgreichen Studienabschluss eher für fraglich. Über die Hälfte von ihnen gab an, dass die studienfremden Belastungen ein konzentriertes Studieren unmöglich machten. Wiederum sind hier studierende Mütter sehr viel häufiger vertreten als studierende Väter.

Vergegenwärtigt man sich die Erschwernisse, vor denen studierende Eltern stehen, so überrascht es nicht, dass sich deren Studienzeiten entsprechend verlängern und sie in der Gruppe der „Langzeitstudierenden" überrepräsentiert sind. Nach der Sozialerhebung aus dem Jahr 2000 sind an den Universitäten 68 Prozent der studierenden Väter in einem höheren als dem zehnten Fachsemester (vs.

24 Prozent der kinderlosen Studenten), bei den Müttern haben 59 Prozent die Regelstudienzeit überschritten (vs. 18 Prozent der kinderlosen Studentinnen). Für studierende Eltern dürfte es somit noch schwieriger als für Studierende ohne Kinder sein, ihr Studium innerhalb der Regelstudienzeit abzuschließen. Daher erweisen sich Befürchtungen studierender Eltern, das Studium womöglich nicht erfolgreich abschließen zu können, oftmals als durchaus berechtigt.

Eine Entlastung könnte hier die verbreitete Einführung von Teilzeitstudiengängen erbringen. Wie erste Ergebnisse eines Modellprojektes zum Teilzeitstudiengang Pädagogik in Baden-Württemberg[22] zeigen, sind es insbesondere weibliche Studierende, die durch das Teilzeitstudium in die Lage versetzt werden, Mutterschaft und Studium miteinander zu verbinden und den gewünschten Hochschulabschluss zu erreichen. Die Tendenz der Studierenden, an solchen Teilzeitstudiengängen teilzunehmen, ist steigend; in manchen Fällen ist es das Angebot von Teilzeitstudiengängen, das sie dazu ermutigt, überhaupt erst ein Studium aufzunehmen. Nach bisherigen eher unsystematischen Beobachtungen gehören die Teilzeitstudierenden jener Gruppe an, die mit überdurchschnittlich großem Engagement studieren, gleiche oder sogar bessere Leistungen erzielen als Studierende in den entsprechenden Vollzeitstudiengängen, und die offenbar auch bereit und fähig sind, besondere organisatorische, zeitliche und finanzielle Belastungen in Kauf zu nehmen, um das Studium erfolgreich abzuschließen.

Schließlich ist aber auch zu konstatieren, dass studierende Eltern selbst oft nur unzureichende Kenntnisse über bestehende Beratungsangebote für Studierende mit Kindern haben und darüber, welche Rechte aus Schwangerschaft und Elternschaft in Bezug auf die Gestaltung des Studiums erwachsen. Auf die Frage, ob es an der örtlichen Hochschule Unterstützungsangebote für studierende Eltern gäbe, wussten 44 Prozent der Studierenden um die Existenz eines Beratungsangebots für Studierende mit Kindern, 34 Prozent konnten keine Auskunft darüber geben ob es derartige Angebote gebe (Middendorff 2008). Ebenso scheinen kinderlose Studierende den Belangen studierender Eltern wenig Aufmerksamkeit zu schenken. In der bereits erwähnten Befragung von Middendorff (2003) sah sich weit über ein Drittel der Studierenden ohne Kinder nicht in der Lage, Fragen zur Situation ihrer Kommilitonen und Kommilitoninnen mit Kind hinsichtlich der Kinderbetreuung oder Terminplanung von Lehrveranstaltungen zu beantworten. Dies macht auch deutlich, dass Studierende mit Kind innerhalb der Universitäten kaum als Gruppe mit einer für sie charakteristischen Problemlage wahrgenommen werden. Inwieweit hier die Auditierung von Universitäten

---

[22] Siehe auch: Erster Zwischenbericht der wissenschaftlichen Begleitung des Modellprojektes „Teilzeitstudium" zum WS 2001/02 und SS 2002 am Institut für Erziehungswissenschaften der Fakultät für Sozial- und Verhaltenswissenschaften an der Eberhard-Karls-Universität Tübingen.

zu „Familiengerechten Hochschulen" einen Wandel bringen kann, bleibt abzuwarten.

4.3.6 Studienabbruch und Elternschaft

Die Belastungen, die aus Erwerbsarbeit, Studium, Haushaltstätigkeit und Kinderbetreuung resultieren, führen in aller Regel zu einer Verschlechterung der Studienleistungen, mindestens aber – wie dargelegt – zu Verlängerungen der Studienzeiten. Kann die Kinderbetreuung nicht ausgelagert werden, so müssen aufgrund der vielfältigen Belastungen zwangsläufig die Ausbildungszeiten steigen – ein Effekt, der sich allerdings auch bei externer Kinderbetreuung nicht gänzlich vermeiden lassen dürfte. Viele Studierende mit Kindern erleben sich als unter ständigem Zeitdruck stehend, der ihnen ein hohes Organisationsvermögen und einen hohen Planungs- und Organisationsaufwand abverlangt. Die Probleme, die aus der mangelnden Vereinbarkeit von Studium und Familientätigkeit resp. Kinderbetreuung resultieren, können so kumulieren, dass ein Studienabbruch in Erwägung gezogen wird.

Nach der Studie zu den Ursachen des Studienabbruchs, die das HIS im Jahr 2002 durchgeführt hat, ist davon auszugehen, dass in Deutschland etwa 27 Prozent aller Studienanfänger und Studienanfängerinnen[23] ihr Studium vorzeitig aufgeben werden (Heublein, Spangenberg, Sommer 2003). An der Befragung nahmen 3.000 Studienabbrecher und Studienabbrecherinnen aus 63 Universitäten und Fachhochschulen teil, denen eine annähernd gleich große Kontrollstichprobe erfolgreicher Absolventen und Absolventinnen vergleichbarer Fächer und Hochschulen gegenüber gestellt wurde. Da bei der Entscheidung, das Studium abzubrechen, eine Reihe weiterer Bedingungsfaktoren eine Rolle spielen kann (u. a. Änderungen in der Motivlage der Studierenden, fehlende Studienvoraussetzungen, ungünstige Studienbedingungen vor Ort, aber auch neuere Entwicklungen am Arbeitsmarkt), waren einige dieser Faktoren mit untersucht worden.

Studierende mit Kindern erwiesen sich als Gruppe mit einem erhöhten Risiko für einen Studienabbruch: Zehn Prozent der Studienabbrecher und Studienabbrecherinnen hatten ihren eigenen Angaben zufolge das Studium aufgegeben, weil Elternschaft und Studium nicht zu vereinbaren gewesen seien. Vergleicht man diese Gruppe mit der erwähnten Kontrollgruppe erfolgreicher Hochschulabsolventen und Hochschulabsolventinnen, so zeigt sich durchgängig über die

---

[23] Diese Quote ist 2002 auf 21 Prozent gesunken (Heublein, Schmelzer, Sommer, Wank 2008). Da die aktuelle Studie jedoch weder familiäre Gründe berücksichtigt noch ausweist, wie viele der Abbrecher Kinder haben, werden hier die älteren Zahlen herangezogen.

einzelnen Altersgruppen hinweg, dass Studierende mit Kindern unter den Studienabbrechern und Studienabbrecherinnen überrepräsentiert sind: Unter den Studienabbrechern und Studienabbrecherinnen, die älter als 30 Jahre waren, hatten 38 Prozent Kinder, während nur 28 Prozent der erfolgreichen Absolventen und Absolventinnen dieser Altersgruppe Kinder hatten; in der Gruppe der 27- bis 30-Jährigen hatten 15 Prozent der Studienabbrecher und Studienabbrecherinnen und 12 Prozent der Absolventen und Absolventinnen Kinder; in der Gruppe der 23- bis 26-Jährigen hatten 8 Prozent der Studienabbrecher und Studienabbrecherinnen Kinder, unter den erfolgreichen Absolventen und Absolventinnen 4 Prozent. Unter den Studienabbrechern und Studienabbrecherinnen finden sich wiederum häufiger Alleinerziehende: von ihnen waren 17 Prozent alleinerziehend, während unter jenen, die einen Hochschulabschluss erworben hatten, nur 7 Prozent alleinerziehend waren.

Betrachtet man die Faktoren, die aus Sicht der Befragten zum Studienabbruch geführt hatten, so gaben deutlich mehr Frauen als Männer die mangelnde Vereinbarkeit von Studium und Kinderbetreuung als die „entscheidende" Ursache an. Tabelle 18 gibt zudem Aufschluss darüber, wie sich die familiale Situation als Ursache für den Studienabbruch im Kontext anderer Ursachen darstellt. Folgt man den Autoren und Autorinnen dieser Studie, so scheitern Studierende mit Kindern weniger an Leistungsproblemen oder mangelnder Motivation resp. daran, dass sie eine berufliche Neuorientierung vornehmen wollen, sondern vor allem an der mangelnden Vereinbarkeit von Elternschaft und Studium unter den gegebenen Studienbedingungen. Die Autoren und Autorinnen resümieren: „Männer und Frauen mit Kindern, die das Studium wegen familiärer Probleme abbrechen, tun dies in erster Linie wegen fehlender Betreuungsmöglichkeiten für ihr Kind oder aber um sich zukünftig ganz der Familie zu widmen [...] Jeder zweite Studienabbrecher mit Kind führt die Unvereinbarkeit von Studium und Kinderbetreuung als Hauptursache für seinen Studienabbruch an" (Heublein et al. 2003: 89).

Die Wahrscheinlichkeit, dass das Studium abgebrochen wird, erhöht sich, wenn zu der Betreuungsproblematik finanzielle Probleme hinzukommen. Insofern kann hier eine „Abwärtsspirale" in Richtung Studienabbruch in Gang kommen, sofern Studierende mit Kind – wie bereits ausgeführt – auf Erwerbstätigkeit angewiesen sind. So hatten 15 Prozent der Studienabbrecher und Studienabbrecherinnen, die als entscheidenden Abbruchsgrund „finanzielle Probleme" – und nicht die Betreuungssituation per se – angaben Kinder. Andererseits kann es sein, dass finanzielle Engpässe erst durch das Vorhandensein von Kindern entstehen, sodass tatsächlich auch die familiäre Situation ausschlaggebend für den Abbruch ist. Nach der Exmatrikulation nahmen 38 Prozent derjenigen, die das Studium wegen Elternschaft abgebrochen hatten, eine Berufstätigkeit auf, 17

Prozent begannen eine Berufsausbildung oder nutzten Weiterbildungsangebote, und immerhin 36 Prozent widmeten sich ausschließlich der Familientätigkeit. Fast die Hälfte der zuletzt Genannten bewertete ihre aktuelle Lebenssituation als weniger zufriedenstellend als die anderen Gruppen von Studienabbrechern und Studienabbrecherinnen. Daher ist zu vermuten, dass der Studienabbruch unfreiwillig war und als eine Einengung der weiteren Lebensoptionen erlebt wird.

Tabelle 18: Studienabbruch, Familienstand (horizontal prozentuiert) und Elternschaft

Ursache für Studienabbruch	Familienstand aller Studierenden				davon Studierende mit Kindern[a]
	verheiratet	ledig mit Partner	ledig ohne Partner	geschieden	
Studienbedingungen	10	45	45	-	6
Leistungsprobleme	5	45	50	0	4
Berufliche Neuorientierung	8	55	36	1	5
Motivationsmangel	6	51	43	1	3
Familiäre Gründe	55	28	14	4	69
Finanzielle Probleme	17	46	34	3	15
Prüfung nicht bestanden	10	42	47	1	7
Krankheit	14	34	49	3	8

[a] Angegeben ist, wie viel Prozent der Studierenden pro Ursachenkategorie Kinder haben.
Quelle: Heublein et al. (2003: 100); bearbeitet.

Zusammenfassend kann konstatiert werden, dass unter den gegenwärtigen Möglichkeiten der Kinderbetreuung die Wahrscheinlichkeit eines erfolgreichen Studienabschlusses deutlich sinkt, wenn Studierende zugleich Eltern sind. Dabei handelt es sich in der Regel um Studierende, denen es ihrer eigenen Einschätzung zufolge weder an der Befähigung noch der Motivation für ein Studium zu mangeln scheint. Vielmehr sehen sich die meisten durch ungünstige Rahmenbedingungen daran gehindert, die Erziehung ihres Kindes und ihr Studium zeitgleich zu realisieren. Aus der Befragung von Schön et al. (1990) ist als Tendenz erkennbar, dass Frauen, die ihr Kind vor dem Studium bekommen hatten, ihr Studium eher in der Regelstudienzeit abschließen konnten als jene, bei denen die Geburt eines Kindes während ihrer Studienzeit lag. Die allseitige Verschlechterung der Studienbedingungen an den Universitäten aufgrund reduzierter Finanzmittel bei steigender Studierendenzahl trifft studierende Eltern in besonderer Weise, weil gerade sie angesichts der zunehmend ungünstigeren Studienbedingungen mit weniger (zeitlichen) Ressourcen ausgestattet sind. Gelingt es ihnen nicht, in den von Familienpflichten freien Zeiten die für sie relevanten Studienangebote wahrzunehmen (z. B. weil Seminarplätze überbucht sind), so haben sie weniger Möglichkeiten, auf andere Veranstaltungszeiten auszuweichen, als Studierende ohne Kinder. Statt des Wechsels in eine andere Lehrveranstaltung bleibt ihnen dann oft nur der Verzicht auf den gewünschten und/oder geforderten Besuch der Veranstaltung mit all seinen oft nachhaltigen negativen Folgen.

Exkurs: Elternschaft und Hochschulmedizin – eine besondere Herausforderung für die Vereinbarkeit

Die Vereinbarkeit von Familie und Beruf gilt in Gesundheitsberufen als ein ganz entscheidender Faktor für die Berufswahl. Gleichzeitig werden die Bedingungen dafür in diesen Berufen als besonders schwierig angesehen – worin mittlerweile sogar politischer Handlungsbedarf erkannt wird (vgl. Koalitionsvertrag vom 26.10.2009, Ziffer 3835ff: 77). Bereits die Probleme einer Vereinbarung von Elternschaft und Hochschulstudium werden in diesem Bereich besonders deutlich sichtbar. Sie sollen hier daher, auch im Übergang zur Diskussion der Auswirkungen einer Elternschaft im Studium auf die weitere berufliche Entwicklung, beispielhaft beleuchtet werden. Der Medizinische Fakultätentag hat am 4.6.2010 zur Familienfreundlichkeit in der Aus- und Weiterbildung von Medizinerinnen und Medizinern eine Resolution verabschiedet.

Die medizinische Ausbildung von Ärztinnen und Ärzten muss in einem engen Zusammenhang mit der späteren Berufstätigkeit betrachtet werden, weil schon das Studium durch einen hohen Praxisanteil und eine enge Verzahnung mit den ärztlichen Tätigkeiten geprägt ist. Der Ausbildungsort ist gleichzeitig auch der spätere Arbeitsplatz: das Krankenhaus. Die Medizin lebt von einem sich schnell aktualisierenden Wissenszuwachs, sodass die Qualifizierung von Nachwuchskräften in der Medizin als eine wissenschaftlich fundierte und auf das lebenslange Lernen fokussierte Strategie angelegt sein muss. Eine enge Verzahnung von medizinischer Ausbildung, Forschung und Krankenversorgung ergibt sich als eine notwendige Forderung.

Der Anteil der Medizinstudentinnen stieg in den letzten zwanzig Jahren von 46 Prozent (1993) auf 71 Prozent (BMBF 2007). Hierfür gibt es verschiedene Erklärungsmodelle. Zunächst ist festzustellen, dass der Frauenanteil mit höheren Bildungsabschlüssen signifikant von 6 Prozent in der Generation der 70 bis unter 80-Jährigen auf 41 Prozent bei den 20- bis unter 30-Jährigen gestiegen ist (Mikrozensus 2005, Sonderauswertung im Statistischen Landesamt Baden-Württemberg; zitiert nach Stutzer 2009). Schülerinnen können zudem bessere Abiturnoten vorweisen, womit sie bessere Aussichten auf ein Medizinstudium haben, weil als Zugangsvoraussetzung für das Medizinstudium bisher überwiegend die Note der Hochschulzugangsberechtigung ausschlaggebend ist (Numerus Clausus). Zu beachten sind daneben aber möglicherweise auch andere Aspekte, etwa eine generell höhere Affinität von Frauen zu sozialen Berufen sowie ein Wandel der gesellschaftlichen Wahrnehmung des Arzt-Bildes und ein damit einhergehendes verändertes Interesse von Frauen und Männern an diesem Beruf.

Auffällig für medizinstudierende Eltern ist, dass 67 Prozent bereits eine Ausbildung in Gesundheits- bzw. Pflegeberufen absolviert haben und zu 31 Prozent bis zu drei Jahre im Beruf tätig waren (Liebhardt, Fegert 2010). Vergleicht man die Altersdifferenz zwischen studierenden Eltern allgemein und in der Medizin so liegt der Altersunterschied in der Medizin mit sieben Jahren deutlich über der Differenz zwischen allen studierenden Eltern und ihren Kommilitonen und Kommilitoninnen (zwei Jahre in Westdeutschland, weniger als zwei Jahre in Ostdeutschland). Der Tatsache, dass studierende Eltern in der Medizin überwiegend das Medizinstudium als Zweitausbildung aufnehmen, könnte und sollte daher begegnet werden, indem spezielle Maßnahmen für Studierende mit medizinischer Vorausbildung angeboten werden, z. B. Wiedereinstiegsprogramme, Lernstrategieseminare, Kontaktbörsen, Anrechnung von Vorleistungen.

Das Studium der Humanmedizin dauert in der Regelstudienzeit sechs Jahre und ist geprägt durch einen hohen anwesenheitspflichtigen Praxisanteil in Versuchspraktika (Grundstudium: vorklinische Ausbildung) bzw. in mehrwöchigen Blockpraktika integriert in den Klinikalltag (Hauptstudium: klinische Ausbildung). Die Organisation eines Studiums mit Kind gestaltet sich entsprechend den komplexen Rahmenbedingungen sehr schwierig. Nur eine familienfreundliche Flexibilisierung der Ausbildungsstrukturen während des Studiums und der Facharztausbildung wird die Attraktivität für den Arztberuf langfristig erhalten können. Lösungen sind Teilzeitmodelle ohne Studienzeitverzögerung, die beispielsweise einen konzentrierten Unterricht am Vormittag oder als Tagesblocks ermöglichen. Die eher theorieorientierten Ausbildungsinhalte können in alternativen Formen von der Anwesenheitspflicht entbinden, z. B. durch E-Learning Angebote (Liebhardt, Fegert 2010).

Die Facharztausbildung dauert abhängig von der Fachdisziplin weitere vier bis sechs Jahre. Die Tätigkeitsfelder umfassen mit wenigen Ausnahmen eine Vollzeitbeschäftigung. Teilzeitarbeitsmodelle im ärztlichen Dienst haben keine Tradition und sind im klinischen Alltag der Patientenversorgung bisher nicht oder nur wenig realisierbar. So beginnen die Schwierigkeiten der Vereinbarkeit von Familie und Beruf gerade bei jungen Nachwuchswissenschaftlern und -

wissenschaftlerinnen bereits im Studium. Die Familienfreundlichkeit und die Vereinbarkeit von Familie und Medizinstudium bzw. Arztberuf werden aber maßgebend sein für die Zukunft des Gesundheitswesens in Deutschland. So erachten junge Assistenzärztinnen und -ärzte einen familienfreundlichen Arbeitsplatz als äußerst wichtig (Buxel 2009).

Es wird also darauf ankommen, den richtigen Zeitpunkt für eine Familiengründung zu finden. Vieles in der ärztlichen Praxis deutet darauf hin, dass ein Einstieg in die ärztliche Tätigkeit mit größeren Kindern oft leichter gelingt; daher wird die Vereinbarkeit des Medizinstudiums mit einer Familiengründung auch für die Klinika von zunehmender Bedeutung sein. Studierende Eltern allerdings geben als idealen Zeitpunkt eher höhere Semester in der klinischen Ausbildung an (44 Prozent), wohingegen Ärztinnen und Ärzte den Zeitpunkt eher während der Facharztausbildung oder danach sehen (37 Prozent) (Liebhardt, Fegert 2010). Einig sind sich 30 Prozent der Studierenden und Ärztinnen und Ärzte, dass es eigentlich keinen idealen Zeitpunkt auf dem Weg zur Berufsausübung als Arzt oder im Arztberuf gibt. Für den Arztberuf der Zukunft wird sich also beweisen müssen, ob die Universitäten und Kliniken in der Lage sein werden, strukturelle Maßnahmen einzuleiten, die eine Parallelisierung von Studium bzw. Beruf und Familie ermöglichen (Helfferich, Hendel-Kramer, Wehner 2007).

4.4 Auswirkungen einer Elternschaft im Studium und in der Berufseingangsphase auf den weiteren Lebensverlauf

In der Zusatzerhebung „Studieren mit Kind" der 18. Sozialerhebung wurden die studierenden Eltern auch danach befragt, ob sie nochmals mit Kind studieren würden. Mehr als die Hälfte der Eltern im Erststudium würde, nochmals vor die Wahl gestellt, wieder mit Kind studieren (54 Prozent), oder wieder mit Kind studieren, wenn dieses schon etwas selbständiger wäre (6 Prozent). Dabei zeigen sich wiederum Unterschiede zwischen den alten und neuen Bundesländern. So bejahen insgesamt 60 Prozent der Studierenden, in den alten Ländern 57 Prozent, in den neuen Ländern aber 68 Prozent, ein Studium mit Kind (Middendorf 2008: 59)[24]. In den alten wie in den neuen Bundesländern sind es im Übrigen nicht die Frauen, die die Vereinbarkeit von Studium und Kind kritisch sehen, obwohl diese, wie bereits dargelegt, mehrheitlich die Betreuungslast tragen. Vielmehr zeigt sich, dass neben regionalen Unterschieden und damit einhergehenden Einstellungen auch persönliche Merkmale und damit verbundene konkrete Erfah-

---

[24] Ähnliche Befunde brachte die Studie „fast – Familiengründung und Studium" (Helfferich, Hendel-Kramer, Wehner 2007).

rungen im sozialen Umfeld (z. B. in der Partnerschaft) entscheidend für die Beurteilung sind.

Im Vergleich zu persönlichen Einschätzungen studierender Eltern erfasst Birkelbach (1998) in einer Studie zum Zusammenhang von Berufserfolg und Elternschaft bei (ehemaligen) Kölner Gymnasiasten und Gymnasiastinnen, deren Lebenslauf zwischen ihrem 15. und 30. Lebensjahr empirisch verfolgt worden war, wie sich eine Elternschaft während des Studiums auf den weiteren Studien- und Erwerbsverlauf auswirkt. Bei den jungen Frauen aus dieser Stichprobe, die den direkten Weg von der Schule ins Studium gewählt hatten, war die Tatsache, dass sie während des Studiums ein Kind bekommen haben, nachteilig für ihren Studienverlauf und für ihre anschließende Erwerbsarbeit. Denn überdurchschnittlich viele dieser jungen Mütter gehörten zu den Langzeitstudierenden, schlossen das Studium ab oder brachen ab, ohne anschließend – zumindest innerhalb des Untersuchungszeitraums – eine Erwerbstätigkeit aufzunehmen. Während mehr als 80 Prozent der weiblichen Studierenden, die während des Studiums unverheiratet und kinderlos geblieben waren, den Weg von einem erfolgreichen Studienabschluss in den Beruf gefunden hatten, war es bei den studierenden Müttern gerade einmal die Hälfte. Auch bei den studierenden Vätern deutete sich eine Beeinträchtigung des normalen Studienverlaufs an; diese war aber nicht so gravierend wie bei den studierenden Müttern und äußerte sich in erster Linie in einer Verlängerung der Studienzeiten.

Wer trotz der Belastungen durch eine eigene Familie das Studium erfolgreich abgeschlossen *und* den Einstieg in die Erwerbstätigkeit geschafft hat, hat nach Birkelbachs Analysen keine gravierenden Nachteile mehr im Hinblick auf den ausgeübten Beruf in Kauf zu nehmen. Dies gilt aber nur für die männliche Teilstichprobe. Männer, die während ihres Studiums Väter geworden waren, unterschieden sich in Bezug auf berufliches Prestige und Einkommenshöhe nicht von den Kinderlosen. Auf Frauen traf das Gegenteil zu: Sie hatten ein deutlich geringeres Einkommen, wenn sie schon während des Studiums Mutter geworden waren, als Frauen ohne Kinder. Eine Elternschaft während des Studiums zeitigt also für Frauen (in den alten Bundesländern) nachhaltige negative Folgen.

Minks und Schaeper (2002) bestätigten diese Befunde eindrucksvoll in der Hochschulabsolventen-Befragung des HIS, in der 6.800 Absolventen und Absolventinnen aller Fachrichtungen des Jahrgangs 1993 erstmals kurz nach dem Studienabschluss und dann erneut fünf Jahre nach ihrem Abschluss (1997) befragt wurden. Auch hier wird in Abhängigkeit davon, ob sie Kinder haben oder nicht, der Nachweis einer für Frauen und Männer unterschiedlichen beruflichen Entwicklung geführt; als Vergleichsmaßstab dient dabei, ob die Befragten in unbefristeten Arbeitsverhältnissen mit Vollzeitbeschäftigung tätig sind oder nicht. In der zweiten Befragung 1997 hatten mehr Männer als Frauen eine unbefristete

Vollzeitbeschäftigung in der Privatwirtschaft, und innerhalb der Gruppe der männlichen Hochschulabsolventen war die Tatsache, Kinder zu haben oder nicht zu haben, ohne Bedeutung: 52 Prozent der Männer mit Kindern und 55 Prozent der Männer ohne Kind waren in einem unbefristeten Beschäftigungsverhältnis voll erwerbstätig. Innerhalb der Gruppe der weiblichen Hochschulabsolventinnen mit Kindern waren nur neun Prozent vollzeitbeschäftigt, von jenen ohne Kinder hatten hingegen 37 Prozent eine unbefristete Vollzeitbeschäftigung. Bekanntlich sind in den zurückliegenden Jahren an die Stelle unbefristeter Vollzeitstellen vielfach zeitlich befristete Beschäftigungsverhältnisse – mit zum Teil erheblich reduziertem Umfang – getreten. Doch selbst von dieser Entwicklung scheinen Mütter abgekoppelt zu sein, denn ihnen werden häufiger Werk- oder Honorartätigkeiten oder eine unterqualifizierte Beschäftigung angeboten. Mütter mit Hochschulabschluss „sind insofern die Verlierer der verschiedenen Krisen in einzelnen Branchen der privaten Wirtschaft" (Minks, Schaeper 2002: 26). Elternschaft im Studium wirkt also ganz offensichtlich auch diesen Befunden zufolge geschlechtsspezifisch auf die weitere berufliche Entwicklung: Sie gerät für Mütter deutlich zum Nachteil, während sie für Väter tendenziell von Vorteil ist (oder diese zumindest gegen allgemeine negative Trends immunisiert).

Um diese geschlechtsspezifisch unterschiedliche Wirkung der Elternschaft auf die (weitere) berufliche Entwicklung nachzuzeichnen, wurden in dieser Absolventenbefragung zudem drei Gruppen miteinander verglichen: Absolventen und Absolventinnen, (1) die erwerbstätig und ohne Kind waren, (2) die bereits bei Aufnahme ihrer ersten Erwerbstätigkeit ein Kind hatten (das Alter des Kindes wurde hier nicht berücksichtigt) und (3) die ein bis fünf Jahre nach dem Abschluss ihres Studiums ein Kind bekommen hatten. Wie Abbildung 9 zeigt, ist innerhalb der Stichprobe der männlichen Absolventen der Zeitpunkt der Geburt ihres ersten Kindes mit Blick auf ihr Beschäftigungsverhältnis in der privaten Wirtschaft ohne Bedeutung – die drei Gruppen unterscheiden sich nicht im Hinblick auf ihre Beschäftigungssituation. Anders stellt sich dies für die weibliche Teilstichprobe von Hochschulabsolventinnen dar: Innerhalb der Gruppe, die kinderlos geblieben war, gingen fünf Jahre nach dem Examen etwa zwei Drittel einer unbefristeten Vollzeitbeschäftigung nach; innerhalb der Gruppe jener Frauen, die während ihrer Erwerbstätigkeit Mutter geworden waren, ging etwa ein Drittel einer Vollzeitbeschäftigung nach, und in der Gruppe der Frauen, die bereits bei Aufnahme der Erwerbstätigkeit ein Kind hatten, waren fünf Jahre nach dem Examen lediglich 15 Prozent in einer unbefristeten Vollzeitbeschäftigung tätig.

Abbildung 9: Hochschulabsolventen und -absolventinnen in unbefristeter Vollzeitbeschäftigung in der privaten Wirtschaft im Jahr des Studienabschnitts (erste Befragung) und fünf Jahre danach (zweite Befragung)

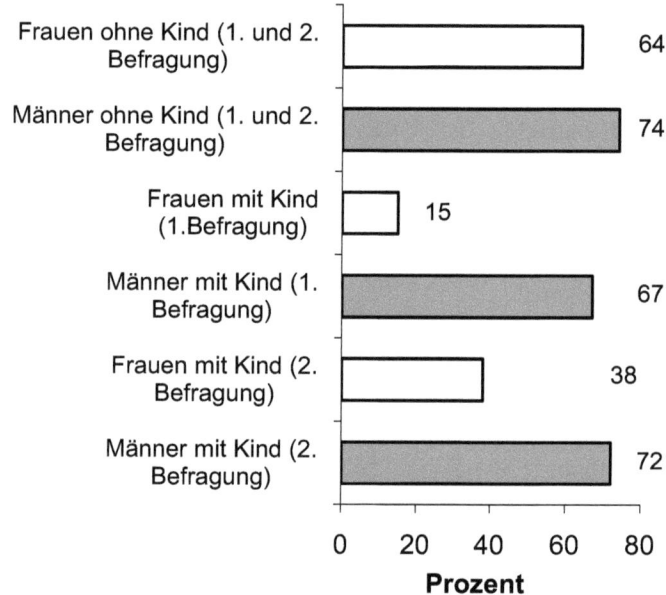

Quelle: Minks, Schaeper (2002); bearbeitet.

Zwar lassen es die Befunde der hier referierten Studie offen, inwieweit die Beschäftigungssituation der Mütter jeweils ihren Vorstellungen von der Vereinbarkeit von Familien- und Erwerbstätigkeit entsprach, d. h. wie viele von ihnen überhaupt eine Vollzeitbeschäftigung anstrebten. Dennoch bleibt festzuhalten, dass jene Absolventinnen, die bereits als Mütter ihre berufliche Laufbahn begonnen hatten, gegenüber jenen, die erst im Verlauf der Erwerbstätigkeit Mutter geworden waren, eindeutige Nachteile in ihrer Beschäftigungssituation hatten hinnehmen und auf berufliche Tätigkeiten ausweichen müssen, die ihren Qualifikationen nicht entsprachen oder geringere Perspektiven auf eine spätere qualifikationsangemessene Vollerwerbstätigkeit eröffneten (Minks, Schaeper 2002).

Allerdings müssen auch jene Frauen, die im Rahmen eines bestehenden Beschäftigungsverhältnisses Mutter werden, mit Einschränkungen ihrer beruflichen Entwicklungsmöglichkeiten rechnen. Dies belegt die Studie an 1.250 Ingenieurinnen und Naturwissenschaftlerinnen des Abschlussjahrgangs 1993, die fünf

Jahre nach Berufseintritt befragt worden waren (Minks 2001). Zu Beginn ihrer Erwerbstätigkeit hatten 14 Prozent der Befragten mindestens ein Kind, fünf Jahre nach Abschluss des Examens war ihr Anteil auf 33 Prozent gestiegen, d. h. 19 Prozent der befragten Frauen hatten während dieser Zeit der Erwerbstätigkeit ein Kind bekommen. Zugleich gaben 76 Prozent aller befragten Frauen an, eine ihrer Qualifikation entsprechende Erwerbstätigkeit fortführen zu wollen, und 50 Prozent von ihnen (ungeachtet dessen, ob sie bereits ein Kind hatten oder nicht) äußerten den Wunsch, (weitere) Kinder haben zu wollen.

Zugleich ist aufschlussreich, welche Schwierigkeiten die kinderlosen Frauen dieser Stichprobe erwarten, wenn sie sich den Kinderwunsch erfüllen würden. 52 Prozent von ihnen sahen in der eigenen beruflichen Beanspruchung ein Hemmnis, Familien- und Erwerbstätigkeit vereinbaren zu können; 37 Prozent äußerten die Befürchtung, dass bei einer Erfüllung ihres Kinderwunsches eine berufliche (Re)Integration nicht gesichert sei, und 19 Prozent sahen das Problem in der fehlenden Betreuung des Kindes (Mehrfachnennungen waren möglich). Auch aus Sicht kinderloser Frauen gibt es demnach viele Hindernisse, die sie überwinden müssten, wollten sie Elternschaft und Erwerbstätigkeit miteinander vereinbaren.

Der Autor dieser Studie kommt dementsprechend zu der Schlussfolgerung, dass die Benachteiligungen, die Frauen in den hier betrachteten Berufsfeldern generell zu tragen hätten, sich eher milde ausnähmen im Vergleich zu den Benachteiligungen, wie sie sich für viele Frauen mit Kindern zeigten: „Wesentliche Faktoren der beruflichen Nachteile von Müttern liegen in der mit dem Erziehungsurlaub einhergehenden zeitweiligen Abkoppelung von den betrieblichen Prozessen und von beruflichen Fort- und Weiterbildungsmöglichkeiten mit dem Risiko einer stagnierenden bzw. degressiven beruflichen Entwicklung" (Minks 2001: 71). Eine Rolle dürften in diesem Zusammenhang zudem mobilitätsbedingte Veränderungen in den familialen Netzwerken spielen. Denn von vielen Hochschulabsolventen und -absolventinnen wird ein hohes Maß an regionaler Mobilität erwartet mit der Folge, dass die eigenen Eltern oder andere Nahestehende oft nicht mehr als Betreuungspersonen für die Kinder in Betracht kommen (Schneider, Limmer und Ruckdeschel 2002).

Inwieweit sich in diesen und anderen Daten widersprüchliche Leitbilder in den Orientierungen junger Frauen manifestieren, in denen die Orientierung am Leitbild „einer guten Mutter" und an dem Leitbild einer selbstständigen und erwerbstätigen Frau in einem spannungsreichen, zuweilen inkompatiblen Nebeneinander stehen, bleibt indes abzuwarten. Dass beide Partner die Möglichkeit haben sollen, einer ihrer Hochschulausbildung angemessenen Erwerbstätigkeit nachgehen zu können, scheint unstrittig. Umso brisanter wird die Frage nach dem „richtigen" Zeitpunkt für die Realisierung des Kinderwunsches im Ablauf von Studium, beruflicher Eingangsphase und Erwerbstätigkeit. Sollten sich die oben erwähnten Befunde (Minks, Schaeper 2002) in weiteren Erhebungen bestätigen lassen, so erscheint es unter den gegenwärtigen Bedingungen durchaus zweckrational, wenn Hochschulabsolventinnen, die Familien- und Erwerbstätigkeit verbinden wollen, den Kinderwunsch zunächst aufschieben und diesen erst nach einer beruflichen Einstiegsphase realisieren. Erschwerend kommt hinzu, dass in vielen akademischen Berufen die Ausbildungsphase nicht mit dem Abschluss des Hochschulstudiums endet. In Heilberufen, in Ausbildungsgängen mit einer Referendariatszeit oder in wissenschaftlichen Karrieren schließt sich an den ersten berufsqualifizierenden Abschluss eine mehrjährige postgraduale Phase an, die in der Regel innerhalb eines festgelegten zeitlichen Rahmens zu absolvieren ist.

Deutlich wird jedenfalls aus den (wenigen) vorliegenden Untersuchungen, dass Studierende in dieser Hinsicht keine besonders belastete oder benachteiligte Teilpopulation darstellen, denn allgemeine gesellschaftliche Sachverhalte werden hier gleichermaßen sichtbar – so unter anderem die Tatsache, dass das „Erwerbsrisiko Elternschaft" nahezu ausschließlich von den Frauen getragen wird, und auch die Tatsache, dass es vis-à-vis den seitens der Hochschulabsolventinnen für die Zukunft befürchteten Probleme offenkundig kaum ein Zeitfenster gibt, das sich für die Realisierung ihres Kindeswunsches empfehlen würde, wenn sie Elternschaft und ein ihrer Ausbildung angemessenes berufliches Fortkommen verbinden wollen.

4.5 Resümee zur Lebenslage studierender Eltern

Angesichts der Vielzahl von Einzelbefunden zu den unterschiedlichen Facetten der Lebenslagen von studierenden Eltern seien hier die wesentlichen Ergebnisse stichwortartig zusammengefasst:

- An den Universitäten und Fachhochschulen in Deutschland sind weit über 100.000 Studierende mit Kindern immatrikuliert.
- Studierende Eltern sind im Mittel deutlich älter als ihre kinderlosen Kommilitonen und Kommilitoninnen. Allerdings weist der Altersbereich studierender Eltern eine große Spannweite auf; etwa die Hälfte der studierenden Eltern ist 30 Jahre und älter.
- Studierende Eltern sind in der Regel verheiratet oder leben in einer festen Partnerschaft.
- Ein beachtlicher Teil der studierenden Mütter lebt allerdings mit dem Kind allein am Hochschulort – unabhängig von ihrem Partnerschaftsstatus – und ist in diesem Sinne alleinerziehend.

Resümee zur Lebenslage studierender Eltern

- Zwei Drittel der studierenden Eltern haben ihr (jüngstes) Kind während des Studiums bekommen, d. h. sie müssen die Kleinkindphase mit ihrem Studium vereinbaren.
- Studierende Väter und Mütter sehen sich vor unterschiedliche Herausforderungen und Belastungen gestellt. Studierende Väter tragen in einem sehr hohen Umfang durch regelmäßige Erwerbsarbeit zur materiellen Sicherung der Familie bei; studierende Mütter sind weniger durch die Erwerbsarbeit als durch die Betreuung des Kindes in ihren Studienmöglichkeiten eingeschränkt.
- Das Zeitbudget studierender Eltern ist im Vergleich zu kinderlosen Studierenden weniger flexibel und neben dem Studium in hohem Maße durch Kinderbetreuung (insbesondere seitens der Mütter) und Erwerbsarbeit (insbesondere seitens der Väter) ausgefüllt.
- Studierende Eltern haben deutlich höhere Kosten der Lebensführung als kinderlose Studierende. Ihr Einkommen entstammt in einem großen Umfang eigener Erwerbsarbeit und/oder der des Partners.
- Studien- und Prüfungsordnungen nehmen auf die besonderen Belange studierender Eltern kaum Rücksicht.
- Studierenden Eltern bleibt deutlich weniger Zeit für ihr Studium als kinderlosen Studierenden. Hiervon sind Mütter deutlich stärker betroffen als Väter. Studierende Mütter mit Kindern unter drei Jahren sind aufgrund des hohen Betreuungsaufwandes, fehlender oder inadäquat organisierter Betreuungseinrichtungen in der Durchführung ihres Studiums behindert.
- Elternschaft während des Studiums führt in der Regel zu einer Verlängerung der Studienzeiten, nicht selten zu einer Unterbrechung des Studiums. Studierende Mütter sind in ihrem Studierverhalten stärker beeinträchtigt als studierende Väter.
- Studierende Eltern brechen das Studium häufiger ab als kinderlose Studierende. Als entscheidend hierfür werden weniger Leistungsversagen oder mangelnde Studienmotivation sondern eher die mangelnde Vereinbarkeit von Studium und Familientätigkeit – u. a. wegen der defizitären Betreuungssituation für (Klein-)Kinder – seitens der Betroffenen genannt.
- Für Hochschulabsolventinnen, die während des Studiums ein Kind bekommen haben, gestaltet sich die Berufseingangsphase wesentlich schwieriger als für kinderlose. Im Gegensatz dazu haben männliche Absolventen, die bereits während des Studiums eine Familie gegründet haben, in der beruflichen Eingangsphase im Vergleich zu ihren kinderlosen Kollegen keine Nachteile in Kauf zu nehmen.

5 Leistungen für junge Eltern in Ausbildung und Studium

Dieses Kapitel fasst die wichtigsten Leistungen für junge Eltern in Ausbildung und Studium zusammen. Das Kapitel gliedert sich in Angaben zu allgemeinen Leistungen für junge Eltern in Ausbildung oder Studium[25], spezifischen Leistungen für Alleinerziehende, spezifischen Leistungen für Studierende sowie spezifischen Leistungen für Auszubildende. Wegen der besonderen Bedeutung dieses Aspektes schließt das Kapitel mit Hinweisen zu Betreuungsmöglichkeiten für Kinder verschiedenen Alters.[26]

Ein Zweck dieses Überblicks ist es, die wichtigsten staatlichen Maßnahmen hervorzuheben, die von Auszubildenden sowohl im dualen System als auch an berufsbildenden Schulen und Studierenden mit Kindern in Anspruch genommen werden können. Dies gilt namentlich für das Kindergeld und – unmittelbar im Anschluss an die Geburt eines Kindes – das Elterngeld, die im Prinzip allen Eltern, unabhängig von ihrem Ausbildungs- oder Erwerbsstatus gewährt werden, sowie für Leistungen nach dem Bundesausbildungsförderungsgesetz (BAföG), auf die nicht nur Studierende – Auszubildende des dualen Systems im Regelfall allerdings nicht – Anspruch haben. Eine ganze Reihe der sonstigen Maßnahmen, die hier aufgeführt werden, können von Auszubildenden und Studierenden hingegen nur in Ausnahmefällen beansprucht werden. Sie werden hier u. a. deshalb aufgenommen, weil auf diese Weise zugleich gewisse Lücken und Abstimmungsprobleme im Sicherungssystem für die hier betrachtete Zielgruppe junger Eltern in Ausbildung oder Studium sichtbar gemacht werden können.

Schließlich soll mit dieser Übersicht keinesfalls der Eindruck erweckt werden, dass Auszubildende und Studierende – solche ohne Kinder, aber auch solche mit Kindern – ihren Lebensunterhalt überwiegend aus staatlichen Transfers aller Art bestreiten. Der Besuch öffentlicher Bildungseinrichtungen, für den in Deutschland – abgesehen von bestimmten Weiterbildungsangeboten – nirgends auch nur annähernd kostendeckende Gebühren erhoben werden, weist sicherlich

---

[25] Für einen Überblick über Leistungen für Studierende vgl. auch Flügge 2007.
[26] Der Begriff des Auszubildenden wird dabei der in Deutschland allgemein üblichen Sprachpraxis nach für Auszubildende im dualen System verwendet. Im BAföG-Gesetz wird der Begriff der Auszubildenden allerdings auch für Studierende und Schüler benutzt.

auf ein nennenswertes Engagement des Staates im Bereich der Bildung auch jenseits der Phase des allgemeinbildenden Pflichtschulbesuchs hin. Die Kosten des Verzichts auf ein (volles) Erwerbseinkommen und die Deckung der Lebenshaltungskosten während des Erwerbs höherer beruflicher Qualifikationen sind dagegen überwiegend Privatsache. Sie werden von den Auszubildenden und den Studierenden selbst bzw. oft auch von ihren Eltern getragen. So bezogen nach dem 18. BAföG-Bericht im Jahre 2008 17,4 Prozent aller Studierenden[27] BAföG-Leistungen, mit durchschnittlichen Monatsbeträgen der Förderung von knapp unter 400 Euro (BMBF 2010: 9-11). Darüber hinaus erhalten Auszubildende und Studierende mit Kindern zwar regelmäßig Kindergeld sowie, während der ersten Lebensmonate des Kindes, Elterngeld. Diese Leistungen werden in Deutschland jedoch im Prinzip universell gewährt, und die daraus (bzw. aus einkommensteuerlichen Freibeträgen für Kinder) resultierenden Erhöhungen des verfügbaren Einkommens fallen bei ihnen sogar tendenziell geringer aus als bei anderen Eltern, die bereits voll ins Erwerbsleben eingetreten sind.

5.1 Allgemeine Leistungen für junge Eltern in Ausbildung und Studium

5.1.1 Kindergeld und Kinderfreibeträge[28]

Alle Eltern haben Anspruch auf die steuerliche Freistellung des Existenzminimums ihrer Kinder. Im Jahr 2010 beträgt dieses 7.008 Euro, darin enthalten sind ein „sächliches Existenzminimum" in Höhe von 4.368 Euro sowie ein Anteil für Betreuungs- und Erziehungs- oder Ausbildungsbedarf in Höhe von 2.640 Euro. Der Kinderfreibetrag für das sächliche Existenzminimum und der Freibetrag für den Betreuungs-, Erziehungs- oder Ausbildungsbedarf werden bei den leiblichen Eltern hälftig angerechnet. Die steuerlichen Entlastungswirkungen können auch über das Kindergeld – seit Januar 2010: monatlich 184 Euro fürs erste und zweite, 190 Euro fürs dritte und 215 Euro für jedes weitere Kind – abgegolten werden, soweit dies für die Eltern finanziell vorteilhaft ist.

Dass die Wirkungen der einkommensteuerlichen Kinderfreibeträge höher ausfallen können als das Kindergeld, spielt für Studierende und Auszubildende i. d. R. keine Rolle. Sie beziehen weit überwiegend Einkommen, die entweder steuerfrei sind (z. B. BAföG, Stipendien) oder so niedrig ausfallen, dass sie unterhalb der Besteuerungsgrenze liegen. Sie erhalten somit – mindestens bis ihre Kinder das 18. Lebensjahr vollenden – Kindergeld. Zugleich können von ihnen auch zusätzliche „erwerbsbedingte Kosten für Kinderbetreuung" normalerweise

---

[27] Von den dem Grunde nach förderberechtigten Studierenden waren dies 24,4 Prozent.
[28] Vgl. Böhmer, Matuschke, Zweers 2008.

nicht abgesetzt werden. Vielmehr müssen solche Kosten von den Eltern gegebenenfalls voll getragen werden.

Ferner gilt für studierende Eltern und Eltern in Ausbildung, sofern sie das 25. Lebensjahr noch nicht vollendet haben und ein Einkommen unterhalb der Obergrenze von 8.004 Euro haben, dass ihre Eltern für sie selbst ebenfalls Kindergeld beziehen können. Dies gilt auch während des Mutterschutzes (s. u.).

5.1.2 Elterngeld

Seit dem 1. Januar 2007 erhalten Eltern für ihre neugeborenen Kinder Elterngeld.[29] Dieses soll insbesondere Lohneinbußen durch die Betreuung eines Kindes in dessen ersten Lebensmonaten verringern. Es wird daher für bis zu 14 Monate (wenn beide Elternteile mindestens je zwei Monate Elternzeit nehmen oder bei Alleinerziehenden) in Höhe von 67 Prozent des vorherigen Nettoerwerbseinkommens bis zu einer Obergrenze von 1.800 Euro pro Monat gewährt.[30] Wer Elterngeld bezieht, kann bis zu 30 Stunden wöchentlich erwerbstätig sein. Verringert sich das Einkommen im Vergleich zum Einkommen vor der Geburt des Kindes nicht, wird ein Mindestelterngeld in Höhe von 300 Euro pro Monat gezahlt. Auch nicht-erwerbstätige, studierende Eltern erhalten diesen Mindestsatz.

Sind Studierende erwerbstätig und verdienen sie monatlich weniger als 1.000 Euro netto, fallen sie unter die Geringverdiener-Regelung, die erwerbstätige Eltern besser stellt als nicht-erwerbstätige Eltern und nach der – bei einem Einkommen von bis zu 340 Euro pro Monat – bis zu 100 Prozent des Nettoentgelts gezahlt werden können und die Ersatzrate anschließend sukzessive auf 67 Prozent reduziert wird. Sind beide Elternteile nicht erwerbstätig, kann das Elterngeld nur 12 Monate in Anspruch genommen werden, was für einen Teil der studierenden Eltern der Fall sein wird. Das Elterngeld wird zudem um einen Geschwisterbonus erhöht, der das Mindestelterngeld bis zum 3. Lebensjahr eines älteren Kindes um mindestens 75 Euro pro Monat erhöht. Das Elterngeld kann auch gestreckt werden, sodass 24 Monate lang der halbe Satz ausgezahlt wird. Elterngeld ist wie die weit überwiegende Zahl der in Deutschland gewährten Sozialleistungen steuerfrei. Es unterliegt jedoch dem Progressionsvorbehalt.

Für Auszubildende im dualen System gilt, dass sie nur dann Elterngeld erhalten, wenn sie nicht mehr als 30 Stunden wöchentlich einer bezahlten Arbeit nachgehen. Sie müssen also entweder die Ausbildung aussetzen (und das Eltern-

---

[29] Vgl. Ehlert 2008.
[30] Im Rahmen der aktuellen Spardiskussion (Stand: Juni 2010) erwägt die Bundesregierung, diesen Satz für höhere Einkommen auf 65 Prozent zu reduzieren.

geld ggf. mit Arbeitslosengeld II aufstocken, vgl. Abschnitt 5.1.5) oder eine Teilzeitausbildung absolvieren.

Der Mindest-Elterngeldbetrag (300 Euro) wird zusätzlich zu einkommensabhängigen Transfereinkommen (insbesondere BAföG sowie ALG II) ausgezahlt.[31] Elterngeldberechtigte mit Anspruch auf Arbeitslosengeld I (vgl. Abschnitt 5.1.4) können wählen, ob Sie zunächst Elterngeld und anschließend ALG I beziehen wollen, oder ob sie ALG I plus den Mindestelterngeldsatz von 300 Euro beziehen möchten; für Auszubildende oder Studierende ist diese Regelung jedoch normalerweise nicht relevant. Der Mindestelterngeldbetrag wird auch im Unterhaltsrecht nicht angerechnet. Liegt das Elterngeld höher, wird es allerdings sowohl beim unterhaltspflichtigen als auch beim unterhaltsberechtigten Partner berücksichtigt.

Alleinerziehende, die 14 Monate Elterngeld beziehen wollen, müssen das alleinige Sorgerecht haben und dürfen nach der Geburt eines Kindes mindestens zwei Monate kein Erwerbseinkommen erzielen. Außerdem darf der andere Elternteil nicht mit ihnen oder dem Kind in einer Wohnung wohnen.

5.1.3 *Bundesausbildungsförderung (BAföG)*

Im Bundesausbildungsförderungsgesetz (BAföG) ist geregelt, dass nicht nur Studierende, sondern auch Schüler und Schülerinnen an beruflichen Schulen unter bestimmten Bedingungen Leistungen nach diesem Gesetz beziehen können:

> „§ 1 Auf individuelle Ausbildungsförderung besteht für eine der Neigung, Eignung und Leistung entsprechende Ausbildung ein Rechtsanspruch nach Maßgabe dieses Gesetzes, wenn dem Auszubildenden die für seinen Lebensunterhalt und seine Ausbildung erforderlichen Mittel anderweitig nicht zur Verfügung stehen."

Im Folgenden werden zunächst allgemeine Leistungen und Bedingungen des BAföG dargestellt, anschließend wird die Berücksichtigung eigener Kinder im BAföG erläutert.

Bedingungen und Leistungen des BAföG
BAföG beantragen können Schüler und Schülerinnen aller allgemein- und berufsbildenden Schulen ab Klasse 10, sowie von Fach- und Fachoberschulklassen, Berufsfachschulklassen und Fachschulklassen, Abendhauptschulen, Berufsauf-

---

[31] Nach aktuellen Plänen der Bundesregierung (Stand: Juni 2010) soll das Elterngeld in Zukunft nur noch zusätzlich zum BAföG, nicht länger jedoch zusätzlich zum ALG II, ausgezahlt werden.

bauschulen, Abendrealschulen, Abendgymnasien und Kollegs, Höheren Fachschulen und Akademien sowie Hochschulen[32]. BAföG für allgemeinbildende Schulen sowie von Fach- und Berufsfachschulklassen, die nicht in einem zumindest zweijährigen Bildungsgang einen beruflichen Abschluss vermitteln, kann nur bezogen werden, wenn die Schüler rsp. Schülerinnen nicht mehr zuhause wohnen, weil die Ausbildungsstätte von den Eltern aus nicht zu erreichen wäre, wenn sie verheiratet sind oder Kinder haben. Nicht gefördert werden nichtschulische berufliche Ausbildungen. BAföG wird auch dann weitergezahlt, wenn im Rahmen der Ausbildung oder des Studiums ein Praktikum zu leisten ist.

Leistungen nach dem BAföG werden gewöhnlich nur gewährt, wenn die Ausbildung bzw. das Studium vor Erreichen des 30. Lebensjahres begonnen wurde. Wer jedoch wegen der Erziehung von Kindern oder auf dem 2. Bildungsweg ein Studium später beginnt, kann ausnahmsweise auch danach noch gefördert werden.

BAföG kann nicht bezogen werden, wenn die Antragsteller Arbeitslosengeld oder ALG II, Unterhalt in ausreichender Höhe oder ein Stipendium beziehen.

Dabei wird BAföG bis zum Erreichen des ersten, berufsqualifizierenden Abschlusses gezahlt und nur unter besonderen Voraussetzungen für einen weiteren Abschluss. Zwar gilt der Bachelor bereits als berufsqualifizierender Abschluss; BAföG wird jedoch auch für den Master ausgezahlt, wenn dieser auf einen Bachelor aufbaut oder im Rahmen einer Auslandsausbildung erfolgt (§7 Abs. 1a BAföG). BAföG kann regulär nur bis zur Förderungshöchstdauer – die der Regelstudienzeit des jeweiligen Faches entspricht – gezahlt werden und ist für Auszubildende höherer Schulen und Akademien sowie Studierende zur Hälfte ein Darlehen, zur Hälfte ein Zuschuss. Schüler und Schülerinnen beziehen BAföG als Vollzuschuss.

Wer wegen Behinderung, Gremienarbeit, Schwangerschaft oder Kindererziehungszeiten mehr Zeit für das Studium benötigt, kann länger gefördert werden. In den zusätzlichen Fördersemestern wird BAföG dann als Vollzuschuss gewährt. Wer seine Ausbildung abbricht oder die Fachrichtung wechselt, erhält Förderung für eine andere Ausbildung, wenn der Abbruch oder der Fachrichtungswechsel aus wichtigem oder unabweisbarem Grund erfolgt ist. Bei Auszubildenden an Höheren Fachschulen, Akademien und Hochschulen kann ein Fachrichtungswechsel oder ein unschädlicher Ausbildungsabbruch nach dem 3. Semester nur noch aus einem unabweisbaren Grund erfolgen.

Die Rückzahlungspflicht für das BAföG beginnt fünf Jahre nach dem Ende der Förderhöchstdauer, sofern die ehemaligen Leistungsbezieher dazu wirtschaft-

---

[32] Vgl. den Gesetzestext unter http://www.das-neue-bafoeg.de/de/204.php [28.06.2010] sowie die Verwaltungsvorschriften unter http://www.das-neue-bafoeg.de/de/205.php [28.06.2010].

lich in der Lage sind. Teilerlasse aufgrund eines guten Abschlusses oder eines besonders schnellen Studiums sind auf Antrag möglich. Insgesamt ist die Rückzahlungssumme für alle, die nach dem Sommersemester 2001 ihr Studium aufgenommen haben, auf maximal 10.000 Euro begrenzt. In Bundesländern, in denen Studiengebühren erhoben werden und die KfW-Bank Studienbeitragsdarlehen vergibt, werden BAföG-Schulden und Schulden aus diesen Studienbeitragsdarlehen addiert und zusammen gedeckelt, wobei diese Obergrenze je nach Bundesland unterschiedlich hoch ausfällt (von 10.000 Euro in NRW bis 17.000 Euro in Hamburg).

Leistungen
Für BAföG-Berechtigte gelten je nach Bedarf pauschale Bedarfssätze, die sich nach Art der Ausbildung, Wohnsituation (bei den Eltern bzw. ausgezogen), Höhe der Miete und dem Vorhandensein eigener Kinder unterscheiden. Für alleinstehende Studierende kann ein BAföG-Satz von maximal 670 Euro ausgezahlt werden (Lebensunterhalt, Mietkomponente, Anteil zur Kranken- und Pflegeversicherung). Die Förderung erfolgt dabei familienabhängig, d. h. Einkommen und Vermögen des Auszubildenden sowie Einkommen der Ehegatten und Eltern müssen angegeben werden und verringern den Förderbedarf gegebenenfalls entsprechend. Zum eigenen Einkommen zählen auch Mutterschaftsgeld und Elterngeld oberhalb des Mindestelterngeldes sowie Unterhalt von Ex-Partnern und -Partnerinnen. Während eigenes Einkommen in jedem Fall auf das BAföG angerechnet wird, sobald es eine Höchstgrenze (von z. Zt. 225 Euro netto für Alleinstehende) überschreitet, werden die Eltern nicht mehr zum Unterhalt ihrer studierenden Kinder herangezogen, wenn Studierende bei Beginn des Studiums bereits das 30. Lebensjahr vollendet haben, fünf Jahre existenzsichernd erwerbstätig oder nach einer zumindest dreijährigen berufsqualifizierenden Ausbildung drei Jahre erwerbstätig waren, oder wenn sie ein Abendgymnasium oder Kolleg besuchen. Eine Besonderheit gilt für studierende Eltern, die bereits *vor* dem Beginn ihres Studiums Kinder bekommen haben: dann nämlich werden Zeiten des Mutterschutzes und der Erziehung von Kindern unter 10 Jahren als „Zeit der den Lebensunterhalt sichernden Erwerbstätigkeit" gewertet (§ 11 Abs. 3 BAföG). Ist das Kind also bereits fünf Jahre alt oder addieren sich Zeiten der Erwerbstätigkeit mit Kindererziehungszeiten auf fünf Jahre, so können Studierende elternunabhängig gefördert werden. Bis zum Ende des vierten Fachsemesters müssen Leistungsnachweise erbracht werden, um weiter BAföG beziehen zu können. Diese Fristen können sich verlängern, wenn es wegen der Betreuung von Kindern nicht möglich war, diese Leistungsnachweise fristgerecht vorzulegen.

Berücksichtigung von Kindern im BAföG
Seit dem 22. BAföG-Änderungsgesetz von 2007 kann von BAföG-berechtigten Schülern und Schülerinnen sowie Studierenden ein Kinderbetreuungszuschlag beantragt werden. Dieser beträgt 113 Euro monatlich für das erste, 85 Euro monatlich für alle weiteren Kinder. Er wird für Kinder bis zum vollendeten 10. Lebensjahr gezahlt, wenn diese mit dem BAföG-Bezieher oder der BaföG-Bezieherin in einem Haushalt leben. Wenn beide Eltern BAföG-Leistungen beziehen wird der Zuschlag nur einmal je Kind gezahlt. Die tatsächlichen Betreuungskosten spielen für die Auszahlung des Zuschlags keine Rolle. Der Zuschlag wird als Zuschuss gezahlt und muss nicht zurückgezahlt werden. Er wird auch nicht als Einkommen auf andere Sozialleistungen angerechnet (die Ausnahme ist das Wohngeld, für das alle Zuschussanteile des BAföG hälftig angerechnet werden).

Zusätzlich verlängert sich die Förderhöchstdauer für die Schwangerschaft, Pflege und Erziehung eines Kindes bis zu zehn Jahren um eine angemessene Zeit. So verlängert sich die Förderung infolge Schwangerschaft um ein Semester, für Kinder bis zur Vollendung des 5. Lebensjahres des Kindes um ein Semester pro Lebensjahr, für das 6. und 7. Lebensjahr insgesamt um ein Semester, und für das 8. bis 10. Lebensjahr ebenfalls um insgesamt ein Semester. Befinden sich beide Eltern in Studium oder Ausbildung, können sie die Semester unter sich aufteilen. BAföG, das in diesen zusätzlichen Semestern ausgezahlt wird, wird als Zuschuss gewährt.

Rückzahlung
Mit der Rückzahlung der BAföG-Leistungen muss fünf Jahre nach Ende der Förderhöchstdauer begonnen werden. Sie erfolgt in monatlichen Raten von derzeit 105 Euro. Liegt das Einkommen unterhalb der familienabhängigen Freistellungsgrenze, kann die Ratenhöhe auf Antrag der wirtschaftlichen Leistungsfähigkeit angepasst oder gegebenenfalls zurückgestellt werden. Wer schnell studiert oder einen guten Abschluss erreicht hat oder wer vorzeitig zurückzahlen kann, erhält einen Teilerlass der BAföG-Schuld.

Bis 2008 wurde die Rückzahlungsrate für ehemalige BAföG-Empfänger für diejenigen Monate, in denen wegen Kindererziehung kein nennenswertes Erwerbseinkommen generiert werden konnte, erlassen. Seit 2009 ist dieser Teilerlass zur Gegenfinanzierung des Kinderbetreuungszuschlags gestrichen.

Beurlaubung aufgrund von Schwangerschaft, Geburt oder Kinderziehung
Wer sich vom Studium beurlauben lässt, kann kein BAföG beziehen, jedoch ALG II beantragen (s. u.). BAföG wird bei Krankheit oder Schwangerschaft bis zu drei Monaten weitergezahlt, danach haben Studierende auch ohne Beurlau-

bung Anspruch auf ALG II als Sozialleistung. Wenn Sie ALG II beziehen, müssen sie sich auch nicht mehr selbst krankenversichern.

Teilzeitstudium
Einige Universitäten bieten inzwischen Teilzeitstudiengänge an, für die z. B. an der Universität Oldenburg auch nur die Hälfte der Studiengebühren zu entrichten sind. BAföG wird jedoch nur dann gezahlt, wenn das Studium im Mittelpunkt der Aktivitäten der Studierenden steht, d. h. wenn die Ausbildung die Arbeitskraft des Auszubildenden im Allgemeinen voll in Anspruch nimmt (vgl. § 2 Abs. 5 BAföG). Teilzeitstudiengänge werden daher nicht mit BAföG gefördert.

Gleichzeitiger Bezug von anderen einkommensabhängigen Leistungen
BAföG-Bezieher und -Bezieherinnen mit Kindern können, sofern sie bedürftig sind, die Mehrbedarfszuschläge des ALG II für Schwangere und Alleinerziehende sowie die Einmalleistungen bei Schwangerschaft und Geburt in Anspruch nehmen (s. u.). Sie können auch zusätzlich einen Anspruch auf Wohngeld und den Kinderzuschlag haben.

Eigene Verdienste
Studierende dürfen anrechnungsfrei bis zu 255 Euro netto (ca. 400 Euro brutto) pro Monat zu den BAföG-Leistungen hinzuverdienen. Wichtig ist, dass die Gesamtsumme für den Förderzeitraum nicht überschritten wird. Es kann also in den Semesterferien mehr, im Semester weniger verdient werden.

Arbeiten BAföG-beziehende Eltern, können sie zudem einen Freibetrag von 470 Euro pro Kind vom Einkommen abziehen. Diese Summe mindert sich allerdings um das eigene Einkommen des Kindes (z. B. Unterhalt und Unterhaltsvorschuss). Das Kindergeld wird hier – anders als beim Arbeitslosengeld II (s. u.) – nicht als Einkommen des Kindes behandelt und daher auch nicht angerechnet.

BAföG als Bankdarlehen
Wer sich in der Abschlussphase befindet, sein Studium in 12 Monaten beenden kann und die Förderhöchstdauer um nicht mehr als vier Semester überschritten hat, der kann über die BAföG-Stellen ein Bankdarlehen als Hilfe zum Studienabschluss vermittelt bekommen. Die Rückzahlung erfolgt bereits 6 Monate nach der letzten Förderung, also vorrangig vor der BAföG-Rückzahlung, und die Darlehenssumme ist – anders als das öffentliche BAföG-Darlehen selbst – zu verzinsen.

5.1.4 Arbeitslosengeld (ALG I)

Das Arbeitslosengeld (ALG I) spielt zur Finanzierung junger Eltern in Studium und Ausbildung nur eine untergeordnete Rolle. Das ALG I ist eine Lohnersatzleistung, die nur gewährt wird, wenn entsprechende Anwartschaften aus früherer Erwerbstätigkeit erworben wurden. Hierzu zählen neben einer sozialversicherungspflichtigen Tätigkeit auch Zeiten des Bezugs von Mutterschaftsgeld oder Erziehungszeiten bis zum dritten Geburtstag des Kindes, wenn die bzw. der Arbeitslose unmittelbar vorher beschäftigt war oder Entgeltersatzleistungen bezogen hat. Dabei werden Zeiten, in denen Elterngeld bezogen oder wegen der Betreuung eines unter dreijährigen Kindes ein geringeres Einkommen erzielt wurde, bei der Berechnung des Arbeitslosengeldes nicht berücksichtigt. Besteht gleichzeitig ein Anspruch auf Arbeitslosengeld und Elterngeld, so wird nur das Mindestelterngeld (300 Euro) gezahlt. Es ist aber möglich, zunächst Elterngeld und im Anschluss daran Arbeitslosengeld zu beziehen.

Per definitionem sind Auszubildende nicht arbeitslos, sie können also neben ihrer Ausbildung kein ALG I beziehen. Bei Studierenden haben die Vermittler hingegen einen Ermessensspielraum, da ein Studium als eine die Arbeitssuche nicht beeinträchtigende Tätigkeit gewertet werden kann, wenn Bewerbungsbemühungen nachgewiesen werden und die Studierenden darlegen können, dass sie trotz Studium dem Arbeitsmarkt zur Verfügung stehen.

Bei der Bemessung des ALG I werden die Bedarfe Alleinerziehender nicht gesondert berücksichtigt. Reicht das ALG I nicht zur Deckung des Lebensunterhalts von Alleinerziehenden und ihren Kindern, so kann – wie bei allen Arbeitslosen – aufstockend ALG II (s. u.), inkl. des Sozialgelds für die Kinder, beantragt werden.

5.1.5 Arbeitslosengeld II, Sozialgeld und Sozialhilfe

Arbeitslosengeld II[33] (ALG II) ist eine Grundsicherung, die erwerbsfähigen, hilfebedürftigen Personen zur Aufstockung eigenen Erwerbseinkommens, zur Aufstockung von ALG I, zur Aufstockung von Unterhalt oder bei Arbeitslosigkeit gewährt wird.

Allerdings sind Auszubildende, einschließlich Studierender, von Leistungen nach dem SGB II (ALG II, Sozialgeld) und dem SGB XII (Sozialhilfe[34]) i. d. R. ausgeschlossen, weil sie dem Grunde nach einen Anspruch auf BAföG haben (unabhängig davon, ob sie auch tatsächlich BAföG beziehen):

---

[33] Vgl. BMAS 2008b.
[34] Vgl. BMAS 2008c.

Allgemeine Leistungen für junge Eltern in Ausbildung und Studium

§ 7 Abs. 5 SGB II
(5) Auszubildende, deren Ausbildung im Rahmen des Bundesausbildungsförderungsgesetzes oder der §§ 60 bis 62 des Dritten Buches dem Grunde nach förderungsfähig ist, haben keinen Anspruch auf Leistungen zur Sicherung des Lebensunterhalts. In besonderen Härtefällen können Leistungen zur Sicherung des Lebensunterhalts als Darlehen geleistet werden.

§ 22 SGB XII
(1) Auszubildende, deren Ausbildung im Rahmen des Bundesausbildungsförderungsgesetzes oder der §§ 60 bis 62 des Dritten Buches dem Grunde nach förderungsfähig ist, haben keinen Anspruch auf Leistungen nach dem Dritten und Vierten Kapitel. In besonderen Härtefällen können Leistungen nach dem Dritten oder Vierten Kapitel als Beihilfe oder Darlehen gewährt werden.

(2) Absatz 1 findet keine Anwendung auf Auszubildende,
1. die auf Grund von § 2 Abs. 1a des Bundesausbildungsförderungsgesetzes keinen Anspruch auf Ausbildungsförderung oder auf Grund von § 64 Abs. 1 des Dritten Buches keinen Anspruch auf Berufsausbildungsbeihilfe haben,
2. deren Bedarf sich nach § 12 Abs. 1 Nr. 1 des Bundesausbildungsförderungsgesetzes oder nach § 66 Abs. 1 Satz 1 des Dritten Buches bemisst oder
3. die eine Abendhauptschule, eine Abendrealschule oder ein Abendgymnasium besuchen, sofern sie aufgrund von § 10 Abs. 3 des Bundesausbildungsförderungsgesetzes keinen Anspruch auf Ausbildungsförderung haben.

Mit einer Ausnahme: Auszubildende (egal ob mit Lohn, BAB oder BAföG) und Studierende können nach § 22 Abs 7 einen Mietzuschuss bekommen:

(7) Abweichend von § 7 Abs. 5 erhalten Auszubildende, die Berufsausbildungsbeihilfe oder Ausbildungsgeld nach dem Dritten Buch oder Leistungen nach dem Bundesausbildungsförderungsgesetz erhalten und deren Bedarf sich nach § 65 Abs. 1, § 66 Abs. 3, § 101 Abs. 3, § 105 Abs. 1 Nr. 1, 4, § 106 Abs. 1 Nr. 2 des Dritten Buches oder nach § 12 Abs. 1 Nr. 2, Abs. 2 und 3, § 13 Abs. 1 in Verbindung mit Abs. 2 Nr. 1 des Bundesausbildungsförderungsgesetzes bemisst, einen Zuschuss zu ihren ungedeckten angemessenen Kosten für Unterkunft und Heizung (§ 22 Abs. 1 Satz 1). Satz 1 gilt nicht, wenn die Übernahme der Leistungen für Unterkunft und Heizung nach Absatz 2a ausgeschlossen ist.

Sozialgeld erhalten diejenigen Haushaltsmitglieder, die selbst nicht erwerbsfähig sind, aber mit einer erwerbsfähigen Person in einer Bedarfsgemeinschaft leben, z. B. deren Kinder. So können Studierende, die vom ALG II-Bezug aufgrund der generellen Förderungswürdigkeit nach dem BAföG ausgeschlossen sind, Sozialgeld für ihre Kinder beziehen. Ansonsten können bedürftige Personen, die keinen Anspruch auf ALG II haben und nicht zur Bedarfsgemeinschaft eines ALG II-Beziehers gehören, Anspruch auf Leistungen der Sozialhilfe haben.

Studierende können in Ausnahmefällen ALG II oder Sozialhilfe beziehen, z. B.:

- bei Beurlaubungen (Urlaubssemester),
- bei dauerhafter Erwerbsminderung, Behinderung, schwerer Krankheit, Pflegebedürftigkeit (SGB XII);
- wenn sie bei den Eltern wohnen und diese ALG II beziehen; in diesem Fall kann ein Zuschuss zur Miete gewährt werden.

Aber auch hier gilt, dass ALG II nur gezahlt wird, wenn Bedürftigkeit vorliegt. Allerdings sieht das SGB II im Gegensatz zum BAföG bei jungen Menschen ab 25 Jahren oder bei unter 25-Jährigen mit eigenen Kindern die Eltern der Auszubildenden nicht mehr in der Pflicht, für den Lebensunterhalt ihrer Kinder aufzukommen. Daher können Ansprüche auf ALG II in den genannten Ausnahmefällen auch dann erwachsen, wenn nach den BAföG-Richtlinien aufgrund der Höhe des Einkommens der Eltern keine Förderung gewährt wird.

Leistungen
Die finanziellen Leistungen von ALG II, Sozialgeld und Sozialhilfe unterscheiden sich in ihrer Höhe nicht. Sie werden hier zunächst allgemein zusammenfassend dargestellt. Anschließend wird erläutert, welche Leistungen auch Studierende und Auszubildende erhalten können.

Die Leistungen umfassen Aufwendungen für den laufenden Unterhalt (Essen, Kleidung, Telefon, Strom, Auto, Gebrauchsgegenstände etc.). Der Regelsatz für allein lebende Erwachsene beträgt derzeit 359 Euro pro Monat, für Partner je 323 Euro (90 Prozent der Regelleistung). Kinder bis zum 6. Geburtstag erhalten 211 Euro pro Monat (60 Prozent), 6- bis 13-jährige Kinder erhalten 251 Euro (70 Prozent), Jugendliche von 14 bis 25, die unverheiratet sind und bei ihren Eltern oder einem Elternteil leben, 287 Euro (80 Prozent des Regelsatzes)[35]. Zusätzlich gibt es Leistungen für Mehrbedarfe für Schwangere und Alleinerziehende mit minderjährigen Kindern. Schwangere ab der 13. Schwangerschaftswoche bis zur Entbindung erhalten zusätzlich 17 Prozent zur maßgeblichen Regelleistung. Der Mehrbedarf für Alleinerziehende ist abhängig vom Alter und von der Anzahl der Kinder. Alleinerziehenden mit einem Kind unter 7 Jahren oder mit zwei oder drei Kindern unter 16 Jahren steht ein Zuschlag von 36 Prozent oder in Höhe von 12 Prozent

---

[35] Es steht zu erwarten, dass die Sätze für Kinder noch im laufenden Jahr erhöht werden; denn nach dem Urteil des Bundesverfassungsgerichts vom 09. 02. 2010 muss der Gesetzgeber bis zum 31. 12. 2010 überprüfen, ob diese pauschal bemessenen Sätze für Kinder in ihrer Höhe und Struktur wirklich dem konkreten Mindestbedarf von Kindern verschiedener Altersstufen entsprechen und angemessen angepasst werden. Zu überprüfen ist außerdem die Bemessung des Regelsatzes für Alleinstehende.

der maßgeblichen Regelleistung für jedes Kind (bis maximal 60 Prozent der Regelleistung) zu. Der zweite Fall tritt ein, wenn die Bedingungen für den ersten Fall nicht erfüllt sind oder wenn sich die Alleinerziehenden dadurch besser stellen. Zusätzlich übernehmen die Grundsicherungsträger neben den direkten finanziellen Transfers auch Pflichtbeiträge zur Renten-, Kranken-, und Pflegeversicherung. Der Rentenbeitrag ist mit einer Höhe von 40 Euro monatlich jedoch minimal; der Rentenanspruch steigt damit um 2,16 Euro jährlich.

Beim Übergang von ALG zu ALG II kann Arbeitslosen bis zu zwei Jahren ein befristeter Zuschlag im Anschluss an den Bezug von Arbeitslosengeld I gewährt werden, der sich nach der Differenz des individuellen ALG (ggf. zuzüglich Wohngeld) zum ALG II (inkl. Sozialgeld) richtet und im ersten Jahr 2/3 der Differenz (max. 160 Euro für Alleinstehende, 320 Euro für Partner, für jedes Kind 60 Euro), im zweiten Jahr nur noch die Hälfte (max. 80, 160 bzw. 30 Euro) beträgt. Für Schüler und Schülerinnen, die selbst oder deren Eltern Leistungen beziehen, werden jährlich zum Schulanfang Schulbedarfspakete in Höhe von 100 Euro mit den Regelleistungen ausgezahlt. Einmalige Leistungen werden auf Antrag für die Erstausstattung einer Wohnung (einschließlich der Haushaltsgeräte), die Schwangerschafts- und Baby-Erstausstattung (Kleidung sowie Gebrauchsgegenstände) sowie für mehrtägige Klassenfahrten gewährt. Einmalleistungen können auch Bedarfsgemeinschaften gewährt werden, die ansonsten kein ALG II beziehen, also auch BAföG-Empfänger. Übernommen werden bei ALG II-Empfängern außerdem angemessene Wohn- und Heizungskosten. Was dabei als angemessener Wohnraum gilt, variiert nach Region und Zahl der Haushaltsmitglieder.

Eigenes Einkommen (abzüglich bestimmter Freibeträge für Erwerbseinkommen), Unterhalt, Unterhaltsvorschuss sowie das Kindergeld und Elterngeld, das den Mindestelterngeldsatz übersteigt, wird auf die Leistungen angerechnet.

Leistungen des SGB II für Studierende und Auszubildende mit Kindern
Wie schon erwähnt können Studierende und Auszubildende reguläre Leistungen nach SGB II oder SGB XII nur in Ausnahmefällen beziehen. Jedoch können sie für ihre Kinder Sozialgeld sowie Mehrbedarfszuschläge als Schwangere und Alleinerziehende beziehen, da diese nicht der Deckung der regulären Kosten des Studiums bzw. der Ausbildung dienen.

Reguläre Leistungen während Beurlaubung oder aufgrund von Teilzeitstudium
Lassen sich Studierende beurlauben, so sind sie dem Grunde nach nicht mehr BAföG-berechtigt und können daher ALG II beziehen. Wer sich jedoch z. B. aufgrund von Schwangerschaft oder Krankheit rückwirkend beurlauben lässt und gegebenenfalls BAföG zurückzahlen muss, sollte beachten, dass ALG II Leistungen erst ab Antragsstellung, nicht jedoch rückwirkend geleistet werden.

Wer sich aufgrund der Erziehung kleiner Kinder beurlauben lässt, dem ist keine Arbeit zumutbar, solange die Kinder unter drei Jahre alt sind, es sei denn, die Kinder sind betreut. Dann sind die ALG II-Empfänger verpflichtet, eine Erwerbsarbeit aufzunehmen. Für Studierende wird es jedoch eher sinnvoll sein, ihr Studium wieder aufzunehmen – auch wenn damit der ALG II-Anspruch erlischt.

Sozialgeld für Kinder
Kinder unter 15 Jahren können – Bedürftigkeit immer vorausgesetzt – Sozialgeld nach SGB II beziehen, auch wenn ihren Eltern Leistungen nach dem BAföG gewährt werden. Das Sozialgeld bemisst sich dann am Regelsatz gemäß dem Alter des Kindes, abzüglich Kindergeld sowie gegebenenfalls Unterhalt bzw. Unterhaltsvorschuss. Hinzu kommen die anteiligen Kosten der Unterkunft. Ab 15 Jahren gelten Kinder als erwerbsfähig und können ALG II beziehen, bleiben aber in der Bedarfsgemeinschaft der Eltern. Haben die Eltern eigenes Einkommen oder beziehen sie BAföG, so werden der BAföG-Höchstsatz plus etwaige Mehrbedarfe als studentischer Bedarf gewertet, der nicht auf das Sozialgeld angerechnet wird.

Im alten Bundessozialhilfegesetz wurde das Kindergeld als Einkommen der Eltern gewertet. Bezogen also Kinder studierender Eltern Sozialhilfe, so bekamen sie den vollen Regelsatz, und das Kindergeld konnte zur Deckung des gesamten Bedarfs der Familie verwendet werden. Begründet wurde dies damit, dass das Kindergeld keine Leistung für das Kind ist, sondern eine Ausgleichszahlung zur steuerlichen Freistellung des physischen Existenzminimums des Kindes. Es soll also finanzielle Nachteile vermindern, die den Eltern erwachsen, weil sie Kinder haben – unabhängig davon, ob Studierende nun Steuern zahlen oder nicht.

Bei ALG II-Bezug wird das Kindergeld als Einkommen des Kindes gewertet, was zur Folge hat, dass nur wenige Kinder studierender Eltern Sozialgeld beziehen und gegebenenfalls nur Leistungen in geringer Höhe erhalten, da ihr Bedarf häufig durch Kindergeld sowie – bei Kindern Alleinerziehender – Unterhalt oder Unterhaltsvorschuss gedeckt ist (Thomé 2004).

Mehrbedarfe
Studierenden stehen die Mehrbedarfe bei Schwangerschaft und für Alleinerziehende bei Bedürftigkeit grundsätzlich zu, weil diese Bedarfe sich ja nicht auf das Studium beziehen. Ausgeschlossen sind hingegen die Regelleistungen zum Lebensunterhalt, Unterkunftskosten sowie Kosten der Krankenversicherung, weil diese durch das BAföG gedeckt werden. Letzteres scheint jedoch nicht klar geregelt zu sein, weil der Bezug dieser Mehrbedarfe auch einen eigenständigen Anspruch auf Krankenversicherung durch ALG II begründen kann. Die Praxis

scheint hier uneinheitlich zu sein. Bedürftigkeit und damit ein Anspruch auf Mehrbedarf wird dann angenommen, wenn das Einkommen nicht oder nur geringfügig über dem BAföG-Höchstsatz liegt.

Auch einmalige Beihilfen, z. B. zur Erstausstattung bei Schwangerschaft oder zur Geburt, können Studierende beziehen, da sie ebenfalls nicht der Deckung des laufenden Bedarfs durch das Studium dienen.

Härtefallregelung: ALG II als zinsloses Darlehen
Im Härtefall können Studierende ALG II als zinsloses Darlehen (für Studierende mit Leistungen nach dem SGB XII auch als Beihilfe) beziehen. Dies gilt z. B. in der Abschlussphase des Studiums. Studierende können sich gegebenenfalls damit besser stellen, als wenn sie nach Ablauf der BAföG-Höchstdauer ein – verzinstes – Bankdarlehen in Anspruch nehmen, das über das BAföG-Amt vermittelt wird.

ALG II wird jedoch nicht gewährt, wenn Studierende spät und „unbegründet" ihr Fach wechseln und damit keinen Anspruch auf BAföG mehr haben.

Problemstellungen beim Bezug von Arbeitslosengeld II durch Studierende
Auf die individuellen Regelsätze voll angerechnet werden bei Kindern das Kindergeld, bei Kindern Alleinerziehender Unterhaltszahlungen des barunterhaltspflichtigen Elternteils sowie gegebenenfalls der Unterhaltsvorschuss. Kindesunterhalt darf dabei nicht mit dem Bedarf anderer Familienmitglieder verrechnet werden; die Kinder fallen allerdings aus dem Bezug heraus, wenn ihnen Unterhalt, Kindergeld und Wohngeld zur Deckung ihres Lebensunterhalts ausreichen. Falls Unterhaltsansprüche bestehen, die nicht erfüllt werden, geht der Anspruch auf Unterhalt bis zur Höhe der gezahlten Leistung auf den Grundsicherungsträger über.

Außerdem ist zu beachten, dass Personen im regulären ALG II-Bezug nicht nur Leistungen beziehen, sondern auch allen Pflichten zur Erwerbssuche, Teilnahme an Maßnahmen etc. unterliegen. Zudem ist die Antragstellung – auch für einen nur vorübergehenden Bezug wegen einer erziehungsbedingten Beurlaubung vom Studium, während derer andere Förderzwecke des SGB II kaum sinnvoll zu verfolgen sind – sehr aufwändig und dabei stets begleitet von großer Unsicherheit, ob tatsächlich Leistungen gewährt werden. Im Zweifel ist es für studierende Eltern in entsprechender Lage daher immer sinnvoll, zuerst die einschlägigen Sozialberatungsstellen aufzusuchen.

Pflichten von ALG II- Beziehern
ALG II-Bezieher müssen sich erkennbar um Arbeit bemühen und angebotene Arbeit annehmen. Grundsätzlich ist dabei jede Arbeit zumutbar. Wird ein Arbeitsangebot oder eine andere Maßnahme wie ein „Ein-Euro-Job" abgelehnt,

muss der Leistungsempfänger mit Kürzungen rechnen. Insbesondere für Alleinerziehende gilt aber, dass die angebotene Arbeit oder Maßnahme die Erziehung von Kindern nicht gefährden darf. Es wird davon ausgegangen, dass die Erziehung von betreuten Kindern ab drei Jahren nicht gefährdet ist. Während der Dauer des ALG II-Bezugs besteht kein Anspruch auf Betreuung eines minderjährigen Kindes. Allerdings gilt für die Zumutbarkeit von Arbeit § 10 Abs. 1 Nr. 3 SGB II:

> (1) Dem erwerbsfähigen Hilfebedürftigen ist jede Arbeit zumutbar, es sei denn, dass [...] 3. die Ausübung der Arbeit die Erziehung seines Kindes oder des Kindes seines Partners gefährden würde; die Erziehung eines Kindes, das das dritte Lebensjahr vollendet hat, ist in der Regel nicht gefährdet, soweit seine Betreuung in einer Tageseinrichtung oder in Tagespflege im Sinne der Vorschriften des Achten Buches oder auf sonstige Weise sichergestellt ist; die zuständigen kommunalen Träger sollen darauf hinwirken, dass erwerbsfähigen Erziehenden vorrangig ein Platz zur Tagesbetreuung des Kindes angeboten wird.

Damit entsteht Alleinerziehenden jedoch kein Rechtsanspruch auf Ganztagsbetreuung, was ihre Möglichkeiten zu studieren oder erwerbstätig zu werden deutlich einschränkt.

5.1.6 Kinderzuschlag

Erwerbstätige Eltern (und auch Eltern in Studium und Ausbildung), die nur deswegen als hilfebedürftig im Sinne des ALG II gelten, weil ihr Einkommen nicht ausreicht, um den Lebensunterhalt ihrer Kinder zu decken, können den Kinderzuschlag in Höhe von max. 140 Euro pro Kind beantragen. Voraussetzung ist, dass das Einkommen der Eltern zur Deckung des eigenen Bedarfs ausreicht und sie allein aufgrund des zusätzlichen Bedarfs ihrer Kinder ALG II-anspruchsberechtig wären. Das Mindesteinkommen Alleinerziehender muss dabei 600 Euro, das von Paaren 900 Euro betragen, das Höchsteinkommen berechnet sich aus dem elterlichen Bedarf (der Regelleistung, die im ALG II beziehbar wäre), anteiligen Wohnkosten (ggf. Wohngeld) sowie dem Gesamtkinderzuschlag. Zum Einkommen zählen auch BAföG und Unterhalt durch die Eltern, nicht jedoch das Kindergeld, das Wohngeld, das Mindestelterngeld und etwaiges Pflegegeld. Alleinerziehende BAföG-Empfänger müssen demzufolge fast den BAföG-Höchstsatz bekommen, um Anspruch auf den Kinderzuschlag zu haben. Generell steht zu erwarten, dass Studierende und Auszubildende den Kinderzuschlag häufig nicht bekommen, weil ihr Einkommen zu gering ist.

Dabei muss Kinderzuschlag plus Wohngeld gegenüber dem ALG II als vorrangige Leistung in Anspruch genommen werden. Er muss alle sechs Monate neu beantragt werden und wird längstens ausgezahlt, bis das Kind das 26. Lebensjahr erreicht hat.

Berechnung
Für die Berechnung des Kinderzuschlags wird zunächst die Bemessungsgrenze ermittelt, die sich aus den Regelleistungen laut ALG II für die Eltern, ggf. zuzüglich des Mehrbedarfs für Alleinerziehende und der anteiligen Miete (Tabelle 19) ergibt. Bei Einkommen (bereinigte Nettoeinkommen, inkl. BAföG und elterlichen Unterhaltszahlungen) bis zu dieser Bemessungsgrenze wird der Kinderzuschlag in voller Höhe gewährt. Die Bemessungsgrenze plus Gesamtkinderzuschlag (bei zwei Kindern: 280 Euro) ergibt die Höchsteinkommensgrenze für den Kinderzuschlag. Für Einkommen oberhalb der Bemessungsgrenze bis zur Höchsteinkommensgrenze wird der Gesamtkinderzuschlag pro volle 10 Euro um 5 Euro reduziert.

Tabelle 19: Anteilige Mieten nach Kinderzuschlag

Zahl der Kinder	Wohnanteil einer Alleinerziehenden (Prozent)	Wohnanteil eines Paares (Prozent)
1	75,90	83,11
2	61,16	71,10
3	51,21	62,12
4	44,05	55,15
5	38,65	49,59

Quelle: Familienkasse, Merkblatt Kinderzuschlag (2009).

Durch die Nichtanrechnung der im SGB II gezahlten Mehrbedarfe an Alleinerziehende bei der Berechnung der Bemessungsgrenze können mehr Alleinerziehende mit einem niedrigen Einkommen den Kinderzuschlag bekommen. Andererseits werden die Mehrbedarfe Alleinerziehender mit eingerechnet, wenn es um die Bestimmung der Höchsteinkommensgrenze geht.

Kinderzuschlag bei Alleinerziehenden
Unterhalt, Unterhaltsvorschuss und (Halb-)Waisenrente werden als eigenes Einkommen der Kinder voll auf den Kinderzuschlag angerechnet, Kinder- und Wohngeld hingegen nicht. Die Regelung führt dazu, dass Alleinerziehende, die Unterhalt oder Unterhaltsvorschuss erhalten, eigentlich nur dann den Kinderzuschuss erhalten, wenn sie Unterhaltsvorschuss für ein unter sechsjähriges Kind oder Unterhalt deutlich unterhalb des Mindestunterhalts bekommen. In allen

anderen Fällen liegen Unterhalt und Unterhaltsvorschuss über dem Kinderzuschlag. Dabei ist die volle Anrechnung des Unterhalts unsystematisch: Schließlich wird das über den Grundbedarf hinausgehende Einkommen des alleinerziehenden Elternteils nur hälftig angerechnet, der Unterhalt hingegen voll, obwohl er faktisch ebenfalls nichts anderes ist als Einkommen des unterhaltspflichtigen Elternteils.

Da der Kinderzuschlag zudem für alle Kinder auf einheitlich 140 Euro bemessen ist, steht zu erwarten, dass insbesondere Bedarfsgemeinschaften mit älteren Kindern sich mit ALG II-Leistungen besser stellen, zumal sich aufgrund des niedrigeren Mehrbedarfs für ältere Kinder niedrigere Höchsteinkommensgrenzen für Alleinerziehende ergeben.

5.1.7 Wohngeld und Wohnberechtigungsschein (WBS)

Wenn das Einkommen zu niedrig ist, um die Bedarfe aller im Haushalt lebenden Personen zu decken und für die Wohnkosten aufzukommen, kann Wohngeld als Zuschuss zur Miete bezogen werden. Das Wohngeld bemisst sich in Abhängigkeit vom Haushaltseinkommen und von der Haushaltsgröße sowie von den Mietkosten, gleichgültig, ob die Wohnung neu oder alt, frei oder öffentlich finanziert ist. Wird der Bedarf der Haushaltsgemeinschaft durch ihr Einkommen zuzüglich des Wohngelds gedeckt, gilt das Wohngeld als vorrangige Leistung vor ALG II, Sozialgeld und Sozialhilfe. Wohngeld kann nur beziehen, wer über ein Mindesteinkommen ungefähr in Höhe des ALG II-Regelsatzes verfügt, weil das Wohngeld als Mietzuschuss zweckgebunden ist und nicht der Deckung der Kosten des Lebensunterhalts dienen darf. Ist das Einkommen des Haushalts zu gering, wird das Wohngeld versagt, die Antragsteller werden dann auf ALG II verwiesen, welches an Studierende nur in Ausnahmefällen gezahlt wird.

Obwohl Studierende nur in Ausnahmefällen wohngeldberechtigt sind (nämlich dann, wenn grundsätzlich kein Anspruch auf BAföG besteht, z. B. bei Überschreiten der Förderhöchstdauer oder nach einem unbegründeten Fachwechsel, oder wenn BAföG als Bankdarlehen bezogen wird), können studierende Eltern, die die anderen Anspruchsvoraussetzungen erfüllen, Wohngeld für sich und ihre Kinder beziehen, sofern diese kein Sozialgeld erhalten. Beziehen Studierende BAföG-Leistungen, dann wird die als Zuschuss gezahlte Hälfte des BAföG (inkl. des Kinderbetreuungszuschlags) zum Einkommen hinzugezählt. Da das BAföG bereits einen Mietzuschuss enthält, wird dieser vom Wohngeld abgezogen und nur der Restbetrag ausgezahlt. Wohngeld kann auch nur für einen Teil einer Haushaltsgemeinschaft bezogen werden. Auszubildende, die eine Ausbildungsvergütung bekommen oder BAB beziehen, können einen sogenannten Wohngeldzuschuss beantragen, und zwar unabhängig davon, ob sie mit einem Kind im Haushalt leben.

Bei den Wohngeldstellen können auch Wohnberechtigungsscheine (WBS) beantragt werden, die für günstige, öffentlich geförderte Wohnungen bei Bedürftigkeit ausgestellt werden. Einen für die Dauer eines Jahres gültigen WBS erhält, wer unter bestimmten Einkommensgrenzen liegt. Dabei werden bestimmte Freibeträge und Abzüge (Steuern, Sozialversicherungsbeiträge, Werbungskosten, Unterhaltsverpflichtungen, etc.) berücksichtigt. Kindergeld zählt nicht als Einkommen im Sinne des WBS, die meisten anderen Sozialleistungen (Krankengeld, ALG II, Elterngeld) hingegen schon. Für einen Zweipersonenhaushalt liegt die Einkommensgrenze bei 18.000 Euro, für einen Dreipersonenhaushalt bei 22.600 Euro, für weitere Personen erhöht sich die Einkommensgrenze entsprechend, für minderjährige Kinder wird ein zusätzlicher Freibetrag eingeräumt. Alleinerziehenden, Schwerbehinderten und jung verheirateten Paare werden zusätzliche Freibeträge gewährt. Je nach Anzahl der antragsstellenden Personen wird ein WBS für „angemessenen Wohnraum" ausgestellt, das sind bspw. für eine Person 45 m^2 (ein Zimmer), für zwei Personen 60m^2 (zwei Zimmer), für drei Personen 75m^2 (drei Zimmer), etc.

Der WBS berechtigt zur Anmietung einer Wohnung, die öffentlich gefördert wurde und für die deshalb eine Preisbindung gilt. Die Vermieter dürfen nur eine „Kostenmiete" verlangen, die die laufenden Aufwendungen abdeckt. Erhalten Mieter aufgrund erhöhten Einkommens keinen WBS mehr, so können sie weiterhin in geförderten Wohnungen bleiben, müssen jedoch in einigen Bundesländern eine Fehlbelegungsabgabe zahlen, die sich nach Einkommen und Quadratmeterzahl bemisst.[36]

Da der WBS seit der Förderalismusreform 2006 in der Zuständigkeit der Länder liegt, unterscheiden sich die Einkommensgrenzen zwischen den Bundesländern. Ein WBS gilt darum auch nur für das jeweilige Bundesland, in dem er ausgestellt wurde. In den Ländern, in denen noch keine eigenen Wohnraumförderungsgesetze ausformuliert wurden, gilt allerdings weiterhin das WoFG des Bundes.

5.1.8 Krankenversicherung

Wer einer sozialversicherungspflichtigen Beschäftigung nachgeht, sich in einer Ausbildung des dualen Systems befindet oder wer Leistungen wie ALG I, ALG II oder Sozialhilfe bezieht, ist automatisch gesetzlich krankenversichert. Wer

---

[36] Vgl. http://www.familienratgeber-nrw.de/index.php?id=605 [28.06.2010].

Mitglied der gesetzlichen Krankversicherung ist, dessen Kinder werden beitragsfrei familienversichert.

Die gesetzlichen Krankenkassen bieten für Studierende einen einheitlichen Satz an, der auch die Beiträge zur Pflegeversicherung umfasst. Dieser Satz liegt bei 63,38 Euro pro Monat für Studierende mit Kindern, für Studierende ohne Kinder ab 23 Jahren beträgt er aufgrund des leicht erhöhten Beitrags zur Pflegeversicherung 64,44 Euro. Für Studierende ab dem 14. Fachsemester, ab der Vollendung des 30. Lebensjahres oder für Promotionsstudierende gilt dieser günstige Satz nicht. Sie müssen sich, sofern sie nicht auf der Basis einer Erwerbstätigkeit krankenversichert sind, freiwillig selbst versichern. Der gesetzliche Mindestsatz für Kranken- und Pflegeversicherung zusammen liegt hier bei 138,40 für Studierende mit Kind, bei 140,53 für Studierende ohne Kind. Kindererziehungszeiten können im Hinblick auf diese Beschränkungen jedoch mit maximal sechs Semestern berücksichtigt werden.

Beziehen Kinder Halbwaisenrente, so gilt diese als Einkommen der Kinder. Sie können daher nicht familienversichert werden, sondern müssen sich freiwillig krankenversichern. Studierende, die während ihres Studiums privat oder über das System der Beihilfe für Beamte (und ihre Kinder) versichert waren, wechseln beim Bezug von ALG II nicht automatisch in eine gesetzliche Krankenversicherung. Sie müssen gegebenenfalls höhere Beiträge zu einer privaten Krankenversicherung aus den Mitteln zum laufenden Lebensunterhalt finanzieren.

5.1.9 Mutterschutz/Mutterschaftsgeld

Sofern Studentinnen erwerbstätig sind, gelten für sie die Regelungen des Mutterschutzgesetzes analog, z. B. der gesetzliche Kündigungsschutz vom Beginn der Schwangerschaft bis zum Ende der Elternzeit. Die eigentliche Mutterschutzfrist, für die auch Mutterschaftsgeld gezahlt wird, beginnt sechs Wochen vor dem Geburtstermin und endet normalerweise acht Wochen nach der Geburt. In der Zeit vor der Geburt dürfen die Schwangeren arbeiten, sofern sie dies wollen, in der Zeit nach der Geburt gilt ein Beschäftigungsverbot. Die Vorgaben des Mutterschutzgesetzes gelten auch für Studentinnen der Biologie, Chemie oder Medizin, die im Rahmen ihres Studiums z. B. im Labor arbeiten müssen. Schwangere müssen ihre Schwangerschaft daher melden.

Mutterschaftsgeld wird gezahlt, wenn die Studentinnen in der Zeit vor der Geburt in einem Arbeitsverhältnis standen oder dieses weiter besteht (unabhängig vom zeitlichen Umfang der Erwerbstätigkeit). Wer eine eigene Krankenversicherung hat, erhält einen Höchstbetrag von 13 Euro pro Tag des Mutterschutzes von der Krankenkasse. Wenn das in dieser Zeit entfallende Nettoeinkommen höher liegt, muss der Arbeitgeber das Mutterschaftsgeld bis zur Höhe des Nettolohns ergänzen. Wer familienversichert oder privat versichert ist, erhält vom Bundesversicherungsamt für die gesamte Mutterschutzfrist höchstens 210 Euro.

5.1.10 Bundesstiftung Mutter und Kind – Schutz des ungeborenen Lebens

Die Stiftung Mutter und Kind – Schutz des ungeborenen Lebens leistet unbürokratische Hilfe für schwangere Frauen in finanziellen Notlagen. Voraussetzungen sind ein ständiger Wohnsitz in Deutschland und der vorausgehende Besuch einer Schwangerenberatungsstelle.

Die Stiftung vergibt individuelle Mittel für die Ausstattung während der Schwangerschaft und die Erstausstattung des Kindes (Wickelkommode, Bett, Kinderwagen, etc.), aber auch für sich ändernden Haushaltsbedarf wie eine Waschmaschine, einen Wäschetrockner, Wohnungsrenovierung, o.ä..

Leistungen der Stiftung dürfen nicht auf andere Sozialleistungen angerechnet werden.

5.2 Spezifische Leistungen für Alleinerziehende[37]

5.2.1 Entlastungsbetrag für Alleinerziehende

Alleinerziehenden, die alleine mit minderjährigen Kindern leben, für die sie Kindergeld erhalten, wird bei der Einkommensbesteuerung – neben den allgemeinen Freibeträgen für Kinder bzw. dem Kindergeld (vgl. Abschnitt 5.1.1) – zusätzlich ein jährlicher Entlastungsbetrag in Höhe von 1.308 Euro gewährt. Dies gilt nicht für Alleinerziehende, die mit einer anderen erwachsenen Person (volljährige Kinder, Großeltern, etc.) im Haushalt leben. Unterhaltsleistungen werden dabei unter Umständen als Einkommen behandelt (sofern der/die Unterhaltspflichtige sie seinerseits steuermindernd geltend macht). Trotzdem zahlen viele, insbesondere studierende Alleinerziehende keine oder nur sehr niedrige Einkommensteuern, weil sie häufig nur über geringe Einkommen verfügen. Sie können daher auch nicht vom Entlastungsbetrag profitieren.

Alleinerziehenden Elternteilen wird das gleichfalls im Einkommensteuerrecht verankerte Kindergeld in der Regel voll ausgezahlt. Dadurch mindert sich jedoch der Unterhalt des unterhaltspflichtigen Elternteils um die Hälfte des Kindergeldes.

---

[37] Für einen Überblick zu den Sozialleistungen für Alleinerziehende und Kindesunterhalt vgl. Scheiwe 2009.

5.2.2 Unterhalt für Alleinerziehende

Alleinerziehende können bei ausreichender wirtschaftlicher Leistungsfähigkeit ihres geschiedenen Ehegatten, ihres Ex-Partners bzw. des anderen Elternteils ihres Kindes zivilrechtlichen Anspruch auf unterschiedliche Arten von Unterhalt haben, auf Trennungsunterhalt im Trennungsjahr vor einer Ehescheidung, auf Scheidungsunterhalt oder auf Betreuungsunterhalt aufgrund der Betreuung gemeinsamer Kinder. Mit dem neuen Unterhaltsrecht sind Geschiedene seit 2008 dabei verstärkt wirtschaftlich selbst für sich verantwortlich. Weiterhin gibt es allerdings Unterhaltstatbestände, gemäß denen geschiedene Partner – nun ohne speziellen Vorrang – und unverheiratete Alleinerziehende unterhaltsberechtigt sein können, z. B. wenn sie Kinder betreuen (mindestens bis zum 3. Geburtstag des Kindes oder wenn dies in besonderem Maße erforderlich ist), erwerbslos sind, wenig verdienen oder eine Ausbildung oder Umschulung machen. Ggf. kann sich der Unterhaltsanspruch der Alleinerziehenden verlängern. Dies ist abhängig vom Einzelfall sowie von Billigkeitserwägungen (Vorhandensein von Ganztagsbetreuung, etc.).

Im neuen Unterhaltsrecht werden Ansprüche minderjähriger Kinder sowie volljähriger Kinder bis 21, die noch zu Hause wohnen und zu Schule gehen (privilegierte Volljährige), vorrangig vor den Ansprüchen Kinder betreuender (Ex-) Ehepartner behandelt (s. u.). Heiratet die unterhaltsberechtigte Person, so erlischt ihr Unterhaltsanspruch.

Elterngeld über dem Mindestbetrag wird sowohl bei Alleinerziehenden als auch bei ihren Ex-Partnern als Einkommen betrachtet und mindert bzw. erhöht gegebenenfalls den Unterhalt. Unterhalt für Alleinerziehende hat gegenüber Leistungen des ALG II bzw. der Sozialhilfe Vorrang. Kommt der Unterhaltspflichtige seinen finanziellen Verpflichtungen nicht nach, gehen Unterhaltsansprüche bis in Höhe der gezahlten Leistungen an den Träger der Hilfe über.

5.2.3 Unterhalt für Kinder

Kinder, die nur bei einem Elternteil aufwachsen, haben generell Anspruch auf Unterhalt durch beide Elternteile[38]. Der Unterhalt des allein erziehenden Elternteils ist gewöhnlich durch die Betreuung und Erziehung abgegolten, während der andere Elternteil barunterhaltspflichtig ist, soweit es seine wirtschaftlichen Verhältnisse zulassen. Wenn die Kinder abwechselnd bei beiden Elternteilen wohnen, kann sich der Unterhalt mindern oder – bei genau gleicher Aufenthaltsdauer

---

[38] Vgl. BMJ 2008.

bei beiden Elternteilen – entfallen. Ist ein Elternteil verstorben, steht den Kindern eine Halbwaisenrente zu. Mit der Volljährigkeit des Kindes werden beide Elternteile barunterhaltspflichtig. Unterhalt muss gezahlt werden, bis das Kind einen ersten angemessenen Berufsabschluss erreicht hat.

Der Unterhalt umfasst den Regelbedarf sowie Sonder- und Mehrbedarfe. Zu den Mehrbedarfen zählen dabei auch Kindergartengebühren und Kosten für andere Formen der Kinderbetreuung. Dies hat der BGH im Jahre 2008 klargestellt, wobei die entsprechenden Kosten anteilig von beiden Elternteilen zu tragen sind. Hingegen sind Ausgaben für das Essensgeld in solchen Einrichtungen durch den Tabellenunterhalt bereits abgegolten.

Gesetzlich festgelegt ist ein Mindestunterhaltssatz, der sich am steuerrechtlichen Existenzminimum orientiert und regelmäßig angepasst wird. Derzeit (2010) sollen Kinder von 0 bis 5 Jahren demnach mindestens 317 Euro, von 6 bis 11 Jahren mindestens 364 Euro und von 12 bis 17 Jahren sowie als privilegierte Volljährige mindestens 426 Euro bekommen – jeweils abzüglich des halben Kindergeldes. Bemessen wird der Unterhalt in der Regel nach der „Düsseldorfer Tabelle", die angemessene Unterhaltszahlungen in Abhängigkeit von der Höhe des Einkommens des Unterhaltspflichtigen und vom Alter des Kindes ausweist. Der Unterhalt volljähriger Kinder hängt neben dem Einkommen der Eltern auch davon ab, ob sie noch zuhause wohnen. Hat das Kind eigene Einnahmen, so mindert sich sein Unterhaltsbedarf. Kindergeld, das i. d. R. dem allein erziehenden Elternteil ausgezahlt wird, wird beim Unterhalt hälftig angerechnet. Solange der Kindesunterhalt aufgrund eines zu geringen Einkommens des Unterhaltspflichtigen jedoch nicht das Existenzminimum des Kindes decken kann, darf das halbe Kindergeld nicht abgezogen werden.

Für die Unterhaltspflichtigen gilt dabei ein Selbstbehalt zur Sicherung ihres eigenen Existenzminimums. Der zu zahlende Unterhalt bemisst sich also auch nach ihrer tatsächlichen wirtschaftlichen Leistungsfähigkeit. Der Selbstbehalt liegt derzeit bei 900 Euro monatlich für Erwerbstätige, bei 770 Euro für Erwerbslose. Wenn das Einkommen der Unterhaltspflichtigen nicht zur Deckung des Mindestunterhalts ausreicht, sind sie gehalten, eine Nebentätigkeit anzunehmen, um den Mindestunterhalt zahlen zu können. Dies wird normalerweise auch von unterhaltspflichtigen Studierenden verlangt.

5.2.4 Unterhaltsvorschuss

Wenn der barunterhaltspflichtige Elternteil aufgrund fehlender Mittel oder mangelnden Willens seiner Unterhaltspflicht nicht, unregelmäßig oder nicht in vollem Umfang nachkommt, kann das Jugendamt dem allein erziehenden Elternteil für maximal 72 Monate einen einkommensunabhängigen, altersgestaffelten Unterhaltsvorschuss[39] gewähren, solange das Kind das 12. Lebensjahr noch nicht vollendet hat (0 bis 6 Jahre: 133 Euro, 7 bis 12 Jahre: 180 Euro). Tatsächlich geleisteter Unterhalt und Waisenbezüge werden dabei auf den Unterhaltsvorschuss angerechnet. Heiratet der allein erziehende Elternteil, so wird kein Unterhaltsvorschuss mehr gezahlt.

Nicht eingelöste Unterhaltsansprüche gegenüber dem säumigen Elternteil gehen bei einer Gewährung des Unterhaltsvorschusses an das jeweilige Land über und werden gegebenenfalls gerichtlich eingefordert. Wenn das gelingt – was jedoch nur in etwa 20 Prozent der Fälle eintritt –, ist es meistens auch für den allein erziehenden Elternteil leichter, anschließend regelmäßige Unterhaltszahlungen zu erhalten. Kommt der Unterhaltspflichtige seinen Pflichten wieder nach, muss das Jugendamt den Vorschuss einstellen. Bevor das Jugendamt den Unterhaltsvorschuss zurückerhält, muss der Unterhaltspflichtige jedoch zuerst den laufenden Unterhalt des Kindes decken.

Wenn der Unterhaltspflichtige nicht zahlen kann oder will und der Unterhaltsvorschuss erschöpft ist, müssen Alleinerziehende alleine für den Unterhalt ihrer Kinder aufkommen. Als Studierende können sie dabei Leistungen nach dem BAföG erhalten, haben jedoch nur in Ausnahmefällen Anspruch auf ALG II (s. o.).

5.3 Spezifische Regelungen und Leistungen für Studierende

5.3.1 Eigene Erwerbstätigkeit

Wer neben seinem Studium erwerbstätig ist, kann bis zu 20 Wochenstunden sozialversicherungsfrei (abgesehen von Rentenbeiträgen) arbeiten, wenn der größte Teil der Zeit weiterhin aufs Studium verwendet wird. Die Höhe des dabei erzielten Einkommens ist hierfür irrelevant. Die 20-Stunden-Grenze kann überschritten werden, wenn die Arbeitszeit überwiegend abends, nachts, am Wochenende oder in den Semesterferien liegt. Insgesamt darf jedoch nur in max. 26 Wochen pro Jahr mehr als 20h gearbeitet werden.

Werkstudenten sind nicht über ihren Arbeitgeber krankenversichert, sondern entweder über ihre Eltern oder Ehepartner familienversichert (dabei sind Zuerwerbsgrenzen zu beachten), oder sie müssen sich selbst versichern. Für erwerbstätige Studierende gilt neben dem Arbeitsrecht auch das Mutterschutzgesetz (s. o.). Die Werkstudentenregeln gelten nicht für Teilzeitstudierende bzw. beurlaubte oder an einer Fernuniversität eingeschriebene Studenten mit einer sozialversicherungsfreien, studienbezogenen Erwerbstätigkeit.

---

[39] Vgl. BMFSFJ 2008c.

5.3.2 Urlaubssemester

Studierende können sich aufgrund einer Schwangerschaft oder der Betreuung und Erziehung eines unter-dreijährigen Kindes vom Studium beurlauben lassen. Die Urlaubssemester zählen dann nicht als Fachsemester, was den Erwerb von Leistungsnachweisen in dieser Phase i. d. R. ausschließt.

Während eines Urlaubssemesters besteht kein Anspruch auf BAföG, dafür kann aber ALG II beantragt werden (s. o.). Wer während eines Urlaubssemester arbeitet, fällt nicht unter die Werkstudentenregelung, ist also nicht von Kranken-, Pflege- und Arbeitslosenversicherung befreit.

5.3.3 Teilzeitstudium

Immer mehr Universitäten bieten ein Teilzeitstudium an, um erwerbstätige Studierende oder studierende Eltern zu entlasten. Wer jedoch sein Studium in Teilzeit oder an einer Fernuniversität absolviert, verliert den Werkstudentenstatus und hat keinen Anspruch mehr auf BAföG-Leistungen. Grundsätzlich entsteht dann zwar ein Anspruch auf ALG II, jedoch mit allen Pflichten, etwa der Pflicht zur Arbeitssuche oder -aufnahme bzw. zur Teilnahme an Eingliederungsmaßnahmen, wenn keine unversorgten Kinder unter drei Jahren im Haushalt leben.

Studierende Eltern sollten sich daher gut überlegen, ob sie ein Studium in Teilzeit absolvieren. Insbesondere wenn sie tatsächlich BAföG erhalten, stellen sie sich mit den Verlängerungsregelungen aufgrund von Schwangerschaft und Kinderbetreuung normalweise besser als mit eigener Erwerbstätigkeit oder mit Leistungen nach dem ALG II.

5.3.4 Stipendien

Stipendiengeber wie die Begabtenförderwerke berücksichtigen die besondere Situation studierender Eltern meist durch einen Familien- und Kinderbetreuungszuschlag. Außerdem kann sich die Förderhöchstdauer verlängern. Die Stiftungen handhaben dies jedoch unterschiedlich. Im Einzelfall lohnt es sich, mit den Betreuern zu reden wenn es Probleme bei der Vereinbarkeit von Kindern und Studium gibt.

5.3.5 Sonstiges

Sonstige Finanzierungsmöglichkeiten für Studierende umfassen u. a. den „KfW-Studienkredit", der an Studierende seit dem Wintersemester 2005/06 über einen Zeitraum von 5 Jahren (Verlängerungsmöglichkeit um weitere 2 Jahre) zu marktüblichen Zinsen gezahlt wird.

Der „Bildungskredit" hingegen ist ein zinsgünstiger Kredit für Schüler und Schülerinnen sowie Studierende in fortgeschrittenen Ausbildungsphasen, der beim Bundesverwaltungsamt beantragt werden kann (www.bildungskredit.de). Bei Vorliegen der Fördervoraussetzungen erhalten die Antragsteller und Antragstellerinnen ein Kreditangebot der KfW. Die Kreditnehmer und -nehmerinnen können bis zu 24 gleich bleibende Monatsraten von 100, 200 oder 300 Euro frei wählen und – unter Beachtung einer maximalen Darlehenssumme von 7.200 Euro je Ausbildungsabschnitt – stattdessen oder daneben eine Einmalzahlung von bis zu 3.600 Euro beantragen, wenn sie glaubhaft machen, dass sie die Einmalzahlung z. B. für besondere Ausbildungszwecke benötigen. Die Kreditgewährung ist einkommensunabhängig. Der Kredit kann auch zusätzlich zu Leistungen nach dem BAföG in Anspruch genommen werden. Die Rückzahlung beginnt vier Jahre nach der ersten Auszahlung und beträgt 120 Euro monatlich. Der Kredit kann aber auch vorab ganz oder teilweise zurückgezahlt oder gestundet werden, wenn die Kreditnehmer und -nehmerinnen nicht in der Lage sind, die Raten zurück zu zahlen.

Studierende mit Kindern können darüber hinaus gegebenenfalls einen Sozialzuschuss der Studentenwerke für Alleinerziehende bekommen, wenn sie die Abschlussphase erreichen, keinen BAföG-Anspruch mehr haben und ihr Studium bislang nicht nur geringfügig über Erwerbsarbeit finanziert haben. Bei Bedürftigkeit kann beim Studentenwerk gegebenenfalls auch ein zinsloses Darlehen beantragt werden.

Auch andere Stiftungen und Vereine leisten im Einzelfall finanzielle Unterstützung. Informationen darüber können ebenfalls die Studentenwerke mitteilen.

5.4 Spezifische Leistungen für Auszubildende

5.4.1 Berufsausbildungsbeihilfe (BAB)

Auszubildende (betrieblich wie außerbetrieblich) sowie Teilnehmer und Teilnehmerinnen berufsvorbereitender Bildungsmaßnahmen (BVB) können unter bestimmten Bedingungen Berufsausbildungsbeihilfe (BAB) beziehen, die im SGB III geregelt ist. Die BAB wird i. d. R. nur für eine Erstausbildung bei Vorlage eines Ausbildungsvertrags und bei finanzieller Bedürftigkeit (d. h. unter

Anrechnung eigenen Einkommens sowie des Einkommens der Eltern – abzüglich Freibeträgen) sowie dann gezahlt, wenn die Auszubildenden nicht mehr in der Wohnung der Eltern wohnen, weil die Ausbildungsstätte zu weit vom Elternhaus entfernt ist, ein zerrüttetes Eltern-Kind-Verhältnis vorliegt oder die Auszubildenden eigene Kinder haben.

Die Höhe der BAB hängt vom Gesamtbedarf der Auszubildenden sowie vom eigenem Einkommen bzw. dem Einkommen der Eltern ab, der Satz orientiert sich am BAföG. Er enthält neben einem Grundbedarf einen Mietanteil (der auf Antrag aufgestockt werden kann) sowie gegebenenfalls einen Zuschuss zu Arbeitskleidung/Lernmittel, Lehrgangskosten und Fahrtkosten (für eine Heimfahrt monatlich) und zu einer Krankenversicherung. Wer im Wohnheim oder Internat lebt, erhält den amtlichen Wohnheim-/Internatssatz sowie 88 Euro zur freien Verfügung. Zusätzlich zur BAB können Auszubildende einen so genannten Wohngeldzuschuss oder einen Mietzuschuss nach dem SGB II beziehen, Anspruch auf Wohngeld besteht hingegen nicht. Auszubildende mit Kind erhalten zusätzlich pauschal 130 Euro monatlich für Kinderbetreuungskosten. Während der Elternzeit besteht kein Anspruch auf BAB.

BAB wird als Vollzuschuss von den Agenturen für Arbeit gewährt. Sie kann auch als Vorausleistung erbracht werden. Die Agentur für Arbeit prüft dann nach der Leistungsgewährung das Einkommen der Eltern und holt sich die Mittel gegebenenfalls zurück.

5.4.2 Teilzeitberufsausbildung

Wenn ein berechtigtes Interesse besteht, können Auszubildende eine Verkürzung der täglichen oder wöchentlichen Arbeitszeit beantragen. Dies gilt insbesondere, wenn Auszubildende ihre Ausbildung aufgrund von Kindererziehung oder der Pflege Angehöriger unterbrochen haben und nun wieder aufnehmen möchten oder wenn junge Erwachsene eine Ausbildung beginnen möchten, die bereits eigene Kinder haben oder Angehörige pflegen, sodass sie eine Ausbildung in Vollzeit nicht absolvieren können (siehe Kap. 3.3).

Für die meisten Teilzeitberufsausbildungen wird die Arbeitszeit auf 20 bis 30 Wochenstunden verkürzt, während der Berufsschulunterricht voll besucht werden muss. Die Dauer der Berufsausbildung verlängert sich dadurch nicht notwendigerweise, dies ist aber im Einzelfall von den Kammern abhängig. Auch für Teilzeitberufsausbildungen kann BAB (s. o.) beantragt werden.

5.5 Kinderbetreuung

Ob und wie gut ein Studium oder eine Ausbildung mit der Erziehung und Betreuung von Kindern, insbesondere kleinen Kindern, vereinbar ist, hängt maßgeblich davon ab, ob und in welchem Umfang Möglichkeiten zur Kinderbetreuung zur Verfügung stehen.

An Universitäten wird diese häufig über das Studentenwerk angeboten. Als Träger öffentlicher Einrichtungen zur Kinderbetreuung haben aber vor allem die Städte und Gemeinden einen Überblick über die angebotenen Plätze.

Für Kinder unter drei Jahren stehen generell relativ wenige Plätze in Einrichtungen zur Verfügung. In diesem Bereich werden allerdings auch oft Tagespflegeeltern eingesetzt Die Zahl der insgesamt verfügbaren Betreuungsangebote für Kinder dieser Altersstufe werden derzeit gezielt ausgebaut und sollen bis 2013 in quantitativer Hinsicht dem Bedarf entsprechen. Ab dann soll auch ein Rechtsanspruch auf Betreuungsplätze für Unter-Dreijährige in Kraft treten. Für Kinder ab drei Jahren besteht schon heute ein Rechtsanspruch auf einen Kindergartenplatz. Allerdings ist nicht geregelt, für wann und in welchem zeitlichen Umfang dieser Anspruch auf Betreuung gilt. Gerade für Studierende gilt zudem, dass die Betreuungszeiten in existierenden Einrichtungen nicht immer auch die tatsächlichen Vorlesungszeiten abdecken, während für Auszubildende in Teilzeit das Problem besteht, dass sich der Betreuungsbedarf während der Arbeitszeit und während Berufsschulzeiten unterscheiden kann. Dies trifft auch auf sogenannte „Ganztagsangebote" zu sowie auf Betreuungseinrichtungen für Kinder aller Altersstufen – von Kinderkrippen über Kindergärten bis hin zu Kinderhorten oder Ganztagsschulen. Vielfach lässt sich die Kinderbetreuung für studierende Eltern daher nur durch Koordination der Studier- oder Arbeitszeiten mit einem Partner oder auf dem Wege informeller Unterstützung durch Freunde und Verwandte lösen.

Für Betreuungsangebote für Kinder verschiedener Altersstufen gilt ansonsten:

5.5.1 Kinderbetreuung für Kinder unter drei Jahren

Das Betreuungsangebot für Kinder unter drei Jahren unterscheidet sich regional sehr deutlich. Während in Ostdeutschland mit einer Betreuungsquote von 46 Prozent ein bedarfsgerechtes Betreuungsangebot für unter Dreijährige bestehen dürfte, liegt die Quote in Westdeutschland mit 14,6 Prozent weit darunter. Dabei unterscheiden sich die Zuwachsraten in der U3-Betreuung in Ost und West seit 2006 kaum (+6,3 Prozent in Ostdeutschland, +6,6 Prozent in Westdeutschland) (Kom Dat 3/2009: 4). Und auch wenn sich in Westdeutschland Unterschiede zwischen einzelnen Bundesländern und v. a. zwischen städtischen und ländlichen Räumen ergeben, so ist das vorhandene Angebot weder im Hinblick auf die Erwerbsbeteiligungsmöglichkeiten von Frauen noch im Hinblick auf die Bedeutung früher Förderung für die Bildung und Integration von Kindern bedarfsgerecht. Insbesondere für unter einjährige Kinder in Ost wie West sowie für einjährige Kinder in Westdeutschland ist die Betreuungssituation schwierig. So nehmen nur 1,7 Prozent der unter einjährigen Kinder in Westdeutschland und 5 Prozent in Ostdeutschland eine Betreuung in Anspruch, während 12,4 Prozent der westdeutschen und 56,7 Prozent der ostdeutschen Einjährigen sowie 29,7 Prozent der west- und sogar 77,8 Prozent der ostdeutschen Zweijährigen betreut sind (Kom Dat 3/2009: 4).

Bis heute besteht damit ein erhebliches Gefälle in der Angebotsstruktur zwischen den westlichen und den östlichen Bundesländern. Während in Ostdeutschland ein bedarfsgerechtes Betreuungsangebot für unter Dreijährige besteht, kann davon in Westdeutschland keine Rede sein. Dabei hat das Ende 2008 in Kraft getretenen „Kinderförderungsgesetz" den Ausbau der Betreuungsplätze für unter dreijährige Kinder beschleunigt. Immerhin 2,15 Milliarden Euro stellt der Bund im Rahmen des Investitionsprogramms „Kinderbetreuungsfinanzierung" in den Jahren 2008 bis 2013 dafür zur Verfügung. Mit weiteren 1,85 Milliarden Euro entlastet er die Bundesländer bei der Finanzierung der Betriebskosten. Ziel ist es, bis 2013 für 35 Prozent aller unter-dreijährigen Kinder einen Betreuungsplatz bereitzustellen, weil dann ein Rechtsanspruch auf Betreuung ab dem vollendeten ersten Lebensjahr besteht.

Grundsätzlich sollen Eltern wählen können, ob sie ihr Kind in einer Kindertageseinrichtung oder in der Kindertagespflege betreuen lassen wollen. Die Jugendämter sind verpflichtet, selbst oder mittels eines beauftragten Verbandes oder Dienstes Eltern über das Platzangebot im örtlichen Einzugsbereich sowie die pädagogische Konzeption der jeweiligen Einrichtungen zu informieren und sie bei der Auswahl zu beraten.

Sowohl für die Betreuung in einer Einrichtung als auch in der Tagespflege fallen normalerweise Elternbeiträge an, die regional und in Abhängigkeit vom Träger unterschiedlich hoch sein können. Elternbeiträge sind in unterschiedlichem Maße gestaffelt nach dem Einkommen der Eltern, der Kinderzahl und dem Betreuungsumfang und können bei Bedürftigkeit ggf. ganz vom Jugendamt übernommen werden. Die Kosten für die Kinderbetreuung sind innerhalb bestimmter Grenzen von der Steuer abziehbar. Für Studierende und Auszubildende ist diese Möglichkeit mangels steuerpflichtigem Einkommen jedoch oft nicht gegeben.

Zunehmend bieten auch Unternehmen ihren Beschäftigten Hilfe und Angebote bei der Kinderbetreuung an. Dies kann über die Einrichtung betrieblicher Kitas, über eine Beteiligung an den Kosten der Kinderbetreuung, über den Kauf von Belegungsrechten in bestehenden Einrichtungen, über private Betreuungsvermittlung oder auch über das Angebot von Ferien- oder Notfallbetreuung geschehen.

5.5.2 Kinderbetreuung für Kinder im Alter von drei bis sechs Jahren

Jedes Kind ab drei Jahren hat mittlerweile das Recht auf einen Kindergartenplatz (§ 24 SGB VIII). Qualitative Standards, z. B. die Gruppenstärke und die Personalausstattung werden im Landesrecht geregelt. Der Besuch des Kindergartens soll die Entwicklung des Kindes zu einer eigenverantwortlichen und gemeinschaftsfähigen Persönlichkeit fördern, aber auch auf die Schule vorbereiten. So sind in einigen Bundesländern verbindliche Sprachtests vorgeschrieben, die eventuelle Sprachprobleme frühzeitig aufdecken sollen, sodass die betroffenen Kinder noch vor Schuleintritt besonders gefördert werden können.

Allerdings besteht kein Recht auf einen Ganztagsplatz. Vielmehr wird das Recht auf einen Kindergartenplatz als Anspruch auf einen Halbtagsplatz definiert, der in seiner Lage zeitlich flexibel ist. Zwar sind die Kommunen gehalten, ein „bedarfsgerechtes" Angebot an Ganztagsplätzen sowie ggf. ergänzende Plätze in der Kindertagespflege vorzuhalten. Es ist jedoch schwer, eine Betreuung, die beiden Elternteilen eine Erwerbstätigkeit in vollem Umfang ermöglichen würde, zu realisieren. Bei der Vergabe der Ganztagsplätze müssen verschiedene Kriterien berücksichtigt werden, dazu zählen die Erwerbstätigkeit oder Ausbildung beider Elternteile, die spezifische familiäre Situation, wie z. B. die Situation von Alleinerziehenden, aber auch das Anmeldedatum, die Entfernung zum Wohnort, sowie bei konfessionellen Trägern die Konfessionszugehörigkeit.

Für die Betreuung in Kindergärten und entsprechenden Einrichtungen werden ebenfalls Beiträge fällig, die in ähnlicher Weise variieren wie die Beiträge zu Betreuungseinrichtungen für unter Dreijährige. In der Regel fallen die Beiträge für Kinder über drei Jahren aber geringer aus.

5.5.3 Kinderbetreuung für Kinder über sechs Jahren

Für viele Eltern stellen sich die Probleme der Kinderbetreuung ab der Grundschule wieder verstärkt, etwa weil die Schule später beginnt und früher schließt als die Kita, in die die Kinder bislang gingen. Zwar müssen die Kommunen für schulpflichtige Kinder bis zum Alter von 14 Jahren ein „bedarfsgerechtes" Betreuungsangebot zur Verfügung stellen. Was aber genau „bedarfsgerecht" bedeutet, ist unklar.

Dennoch sind nach Schätzungen etwa 662.400 Kinder – überwiegend im Grundschulalter – vor und nach der Schule betreut, davon etwa 40 Prozent im Hort, der Rest in Ganztagsschulen oder in Betreuungsangeboten, bei denen Schule und Jugendhilfe kooperieren (vgl. Autorengruppe Bildungsberichterstattung 2008). Die Zahl der Hortplätze hat dabei in den vergangenen Jahren in den meisten Bundesländern – zum Teil deutlich – zugenommen, lediglich in NRW ist sie gesunken. Gleichzeitig wurde dort jedoch der Offene Ganztag an Grundschulen fest verankert (Kom-Dat 3/2009: 4).

Weitere Betreuungsformen existieren in Form von Schulkinderhäusern, pädagogisch betreuten Mittagstischen sowie Angeboten zur Hausaufgabenbetreuung in verschiedener Trägerschaft. Teilweise haben sich auch Kooperationen zwischen schulischen, kommunalen und außerschulischen Partnern etabliert, bei denen zum Beispiel gemeinsam mit Sportvereinen oder Musikschulen Freizeit- und Kulturangebote entwickelt werden. Von wachsender Bedeutung sind schließlich Ganztagsschulen wie in NRW, in denen Unterricht, Hausaufgabenbetreuung und Freizeitangebote in einen strukturierten Tageslauf für die Kinder integriert und durchgängig pädagogisch begleitet werden.

Auch für die Betreuung von Schulkindern werden in der Regel Elternbeiträge fällig, die je nach Träger unterschiedlich hoch sind und auf verschiedene Weise differenziert werden. Lediglich an öffentlichen Ganztagsschulen wird – abgesehen von Zahlungen wie einem Essensgeld – auf die Erhebung von Gebühren verzichtet.

6 Empfehlungen

Seit der Wissenschaftliche Beirat das vorliegende Gutachten im Jahre 2004 in einer früheren Version erstmalig veröffentlicht hat, ist die politische Debatte über die Zielsetzung und über konkrete Ansatzpunkte zur Verbesserung der Vereinbarkeit von Elternschaft und Ausbildung nicht stehen geblieben. Im Bereich der beruflichen Bildung im Rahmen des dualen Systems sind einige Schritte, die anknüpfend an Modellversuche und andere Initiativen seinerzeit empfohlen wurden, mittlerweile gesetzlich verankert worden. Defizite gibt es hier allerdings noch im Bereich der Umsetzung, speziell im Hinblick auf eine Abstimmung verschiedener Maßnahmen in den Bereichen Organisation der Ausbildung, Kinderbetreuung und Finanzierung von Ausbildung und Lebensunterhalt zu sinnvollen Maßnahmenbündeln. Im Bereich der Hochschulbildung, der für die hier betrachtete Vereinbarkeitsfrage aus verschiedenen Gründen von noch größerer Bedeutung sein dürfte, bieten die Leitlinien der mittlerweile stark fortgeschrittenen Studienreformen ein gewisses Potenzial, auch dort in Zukunft bessere Rahmenbedingungen für Studierende mit Kindern zu schaffen. Allerdings wird dieses Potenzial bislang kaum aktiv genutzt. Die Frage nach der Vereinbarkeit von Familienpflichten und Studium spielte für die Ausgestaltung der Reform bisher sicherlich keine besondere Rolle. In diesem Bereich besteht daher, trotz neuer Initiativen auf der Ebene vieler Hochschulen und einiger Länder, die auf wachsendes Problembewusstsein hindeuten, weiterhin nennenswerter Handlungsbedarf.

Mit seinen abschließenden Empfehlungen vertritt der Beirat im Grundsatz eine Position, die er bereits in zahlreichen früheren Gutachten eingenommen hat: Die Rahmenbedingungen für die Wahrnehmung von Elternschaft sollen in Deutschland so beschaffen sein, dass Frauen und Männer die Entscheidung für Kinder in möglichst freier Selbstbestimmung treffen können. Staat und Gesellschaft tragen subsidiär Verantwortung dafür, die nötigen Voraussetzungen zu schaffen, dass Eltern diese Entscheidung – wann immer sie wollen – treffen und ihren Kinderwunsch verwirklichen können. Unter dieser Voraussetzung erscheint es auch angebracht, es den Eltern zu überlassen, wie sie ihre Entscheidung mit den Anforderungen einer beruflichen Ausbildung oder eines Hochschulstudiums in Übereinstimmung bringen und wie sie dabei für ihre Kinder sorgen wollen, mit entsprechenden Folgen für eine angemessene Berücksichtigung ihrer Situation im Rahmen des jeweiligen Bildungsweges. Es gibt ohne

Zweifel Anforderungen an die ordnungsgemäße Durchführung einer Ausbildung bzw. eines Studiums. Starre Ordnungsvorstellungen über eine „optimale" Gestaltung der Bildungsprozesse sollten angesichts des Primats der Entscheidung für die Elternschaft jedoch zurücktreten.

Die institutionellen Rahmenbedingungen in beiden hier angesprochenen Bereichen legen bislang ein Phasenmodell der Lebensplanung nahe. Demzufolge sollte eine Familiengründung erst nach Abschluss der Ausbildungsphase und nach Erreichen einer gesicherten beruflichen Position erfolgen. Die steigende Akademisierung und die lange Dauer akademischer Ausbildungen haben daher in der Vergangenheit sicherlich dazu beigetragen, die Realisierung von Kinderwünschen im Lebenslauf nach hinten zu verlagern. Dabei darf nicht übersehen werden, dass die zeitliche Verschiebung angesichts der Rahmenbedingungen in der Arbeitswelt, d. h. nach dem Abschluss des Studiums, und den hohen Opportunitätskosten von Kindern für akademisch ausgebildete Frauen in einer nicht zu vernachlässigenden Zahl von Fällen letztlich zu einer gänzlichen Aufgabe des Kinderwunsches geführt haben kann.

Damit ist ein solches Phasenmodell bereits heute vielfach nicht realisierbar. Es wird in Zukunft immer weniger tragfähig sein. Zunehmend international ausgerichtete Arbeitsmärkte mit Qualifikationsanforderungen, die sich teilweise sehr schnell ändern, verlangen eine Neuorientierung. Dies gilt speziell für eine akademische Ausbildung, die den Anforderungen an Professionalität *und* Flexibilität gerecht werden soll. Es bezieht sich jedoch auch auf die berufliche Ausbildung, die in der Regel kürzer dauert und von jüngeren Personen durchlaufen wird, denen anschließend größere Zeitfenster zur Weiterentwicklung ihrer Lebensplanung verbleiben. Einerseits verschränken sich die traditionell getrennten Systeme beruflicher und akademischer Bildung immer mehr durch Übertritte in beide Richtungen. Andererseits nähern sie sich, u. a. durch die jüngsten Studienreformen, in ihren Ausbildungszielen aneinander an, mit noch nicht voll absehbaren Konsequenzen für ihre Organisationsformen sowie für individuelle Bildungsentscheidungen. In jedem Fall werden die individuellen Ausbildungs- und Erwerbswege immer mehr durch mehrfache Umorientierungen und lebenslanges Lernen gekennzeichnet sein. Die Realisierung von Kinderwünschen wird dabei fast zwangsläufig immer wieder mit Anforderungen in einzelnen Bildungsphasen – in der Erstausbildung wie in der Weiterbildung – kollidieren. Insofern muss, neben der seit langem geforderten Vereinbarkeit von Familien- und Erwerbstätigkeit, die Vereinbarkeit von Elternschaft mit der Aus- und Weiterbildung in allen Phasen des Lebenslaufs gesichert werden.

6.1 Empfehlungen für Elternschaft und duales Ausbildungssystem

Im Bereich des dualen Systems der beruflichen Ausbildung ergeben sich Probleme der Vereinbarkeit mit einer Elternschaft insbesondere unter drei Perspektiven. An erster Stelle ist der sowohl in organisatorischer als auch in inhaltlicher Hinsicht nach wie vor hohe Formalisierungsgrad der Ausbildung zu nennen. Manche der bereits vorliegenden Empfehlungen beziehen sich daher darauf, bereits bestehende Gestaltungsspielräume in der Ausbildung stärker zu nutzen, den organisatorischen Rahmen flexibler zu gestalten und Möglichkeiten zum Nachholen von Ausbildungsinhalten bzw. zu ihrer komprimierten Vermittlung zu bieten. Zweitens ergeben sich für Auszubildende mit Kindern oft Probleme, ihren Alltag – einschließlich der Möglichkeiten zur Kinderbetreuung – zu organisieren. Aufgrund des geringen Lebensalters und oft noch unzureichender Lebenserfahrung von Auszubildenden wird dabei nicht selten auch auf die Notwendigkeit sozialpädagogischer Hilfestellungen verwiesen. Das gilt insbesondere dann, wenn der Eintritt einer Schwangerschaft nicht geplant war. Drittens geht es um Fragen der Finanzierung während der Ausbildung, angefangen von der Sicherung des Lebensunterhaltes der Auszubildenden.

6.1.1 Modifizierung des Vollzeitprinzips in der beruflichen Ausbildung

Seit dem Beschluss des Eckpunktepapiers des Bund-Länder-Ausschusses für Berufliche Bildung („Eckpunkte für eine modifizierte Vollzeitausbildung" vom 30. März 2001) liegt ein grundsätzlicher Lösungsentwurf für die hier an erster Stelle genannten Probleme vor. Das Papier empfahl seinerzeit den Kammern, bei der Eintragung von Ausbildungsverhältnissen das Vollzeitprinzip zu modifizieren und differenzierte Möglichkeiten zur Verkürzung oder Verlängerung der Ausbildungszeiten zu schaffen. Hierbei sollte auch eine in die Ausbildungszeit fallende Elternschaft Beachtung finden, wobei allerdings nur eine Überschreitung der Regelausbildungsdauer um maximal zwölf Monate vorgesehen war. Ausbildung in Teilzeit sollte darauf abzielen, die tägliche/wöchentliche Ausbildungszeit so zu reduzieren, dass Erziehung und Betreuung von Kindern neben der Ausbildung möglich sind und trotzdem den inhaltlichen Anforderungen des Berufsbildungsgesetzes (BBiG) an eine Vollzeitausbildung entsprochen werden kann.

Durch eine Änderung des BBiG von 2005 ist diese Lösung in § 8 Abs. 1 als „Teilzeitberufsausbildung" mittlerweile im Kern gesetzlich verankert worden. Auf klare Vorgaben für das Ausmaß der Verkürzung der täglichen oder wöchentlichen Ausbildungszeit bzw. einer etwaigen Verlängerung der Gesamtdauer der Ausbildung wurde dabei verzichtet. Beides ist vielmehr ins Ermessen der jeweiligen Kammern gestellt, die auf gemeinsamen Antrag der Auszubildenden und Ausbildenden sowie bei berechtigtem Interesse über die Modifikationen entscheiden. Als typische Fälle mit berechtigtem Interesse gelten dabei u. a. Auszubildende, die ein eigenes Kind betreuen (oder nahe Angehörige pflegen).

Bemerkenswert ist, dass eine Verminderung der regelmäßigen Arbeitszeit dabei nicht notwendig mit einer Verlängerung der Ausbildungsdauer einhergehen muss. Dies knüpft an frühere Modellversuche an, bei denen die im BBiG vorgesehene wöchentliche Anwesenheitszeit im auszubildenden Betrieb unter Berücksichtigung der „Lebenserfahrung" der Auszubildenden bis auf sechs Stunden am Tag (75 Prozent) reduziert werden konnte (siehe Berufsbildungsbericht 2002). Damit wird zugleich eine Forderung des Fünften Familienberichts (1994) aufgegriffen, wonach durch Familientätigkeit erworbene Qualifikationen anzuerkennen und als Fach- und Schlüsselqualifikationen in Anspruch zu nehmen seien. Die Berichts-Kommission führte seinerzeit aus, dass solche Kompetenzen in der Aus- und Weiterbildung sowie in der Erwerbsarbeit verwertbar seien, und berief sich auf entsprechende Befunde aus Forschungsarbeiten sowie auf Erfahrungen aus der Berufspraxis. Speziell empfahl sie, den Erwerb familienbezogener Kompetenzen für Berufe mit Familien- und Haushaltsbezug durch eine Neuordnung der entsprechenden Aus- und Weiterbildungsordnungen zu ermöglichen. Sie wies auch darauf hin, dass die Zusammenarbeit von Familie und Schule eine stärkere Familienbezogenheit der Lehreraus- und -weiterbildung verlange. Auch der Wissenschaftliche Beirat für Familienfragen hat sich wiederholt dafür ausgesprochen, dass spezielle Familienkompetenzen für ausgewählte berufliche Ausbildungsgänge anzurechnen seien, wobei ein entsprechendes Qualifikationsprofil erarbeitet und mit den Qualifikations- und Tätigkeitsprofilen einzelner Ausbildungsberufe abgeglichen werden müsse.

Bereits die Vorschläge der Bund-Länder-Kommission lassen allerdings keinen Zweifel daran, dass dort in erster Linie ein Ausnahmetatbestand beschrieben wird, und auch die gesetzliche Umsetzung zielt explizit nur auf Ausnahmefälle. „Abgesehen von den in der Bundesausschussempfehlung [...] aufgeführten Ausnahmegründen kann auch der übereinstimmende Wille der Vertragsparteien, wegen des Erfordernisses der Kinderbetreuung oder pflegebedürftiger Personen in der Familie ein Ausbildungsverhältnis mit reduzierter täglicher Ausbildungszeit einzugehen, als akzeptabler Grund im Sinne von § 29 Abs. 3 BBiG angesehen werden, der es ausnahmsweise rechtfertigt, die nach der Ausbildungsordnung festgelegte Ausbildungsdauer auf einen längeren Zeitraum festzusetzen" (Bundesanstalt für Arbeit 2002: 77). Auch bei zahlreichen Modellprojekten – etwa in Bremen, Hessen, Niedersachsen und NRW, die bereits vor der Gesetzesänderung gestartet wurden und zu einem Gutteil weiter existieren – wird Teilzeitberufsausbildung als Instrument eingesetzt, um einem kleinen Kreis von Mitgliedern spezieller Problemgruppen verspätet einen „zweiten" Weg zum

Abschluss einer beruflichen Ausbildung zu ermöglichen, etwa um alleinerziehende Mütter aus einem längeren Sozialhilfe- bzw. SGB II-Leistungsbezug herauszuführen (Puhlmann 2009). Als regelmäßige, von Ausbildern ohne unnötige Vorbehalte und ohne finanzielle Förderung angebotene Form der (Weiterführung der) Ausbildung junger Eltern, v. a. junger Mütter, ist die Teilzeitausbildung jedenfalls bei weitem noch nicht etabliert.

Als komplementär zur Modifikation der Vollzeitausbildung sind Anstrengungen zur allgemeinen Modularisierung der beruflichen Ausbildung anzusehen. Vorarbeiten dazu lieferte das BIBB mit dem „Konzept der Qualifizierungsbausteine", das dort ab 1999 für das „Bündnis für Arbeit" entworfen wurde und das sich inzwischen in der Berufsvorbereitung etabliert hat. Erste Erfahrungen mit einer Modularisierung der Ausbildung wurden zudem – allerdings nicht unter dem Aspekt der Elternschaft – mit der Einführung entsprechender Rahmenbedingungen in Ausbildungsberufen der IT-Branche ab 2001 gemacht. Mittlerweile gibt es für 14 Berufe Ausbildungskonzepte auf der Basis von „Ausbildungsbausteinen", die gleichfalls vom BIBB entwickelt wurden (BIBB 2009: Abschnitt C), die eine bessere Anrechenbarkeit bereits erworbener Kompetenzen nach § 7 bzw. § 27a Handwerksordnung (HwO) oder eine konsekutive Heranführung an die Abschlussprüfung nach § 43 Abs. 2 Berufsbildungsgesetz (BBiG)/§ 36 Abs. 2 HwO bzw. § 45 Abs. 2 BBiG/§ 37 Abs. 2 HwO bieten sollen (BMBF 2008: 4). Effektiv richten sich allerdings auch alle diese Bemühungen an Problemgruppen mit speziellen Qualifikationsdefiziten. So werden Qualifizierungsbausteine heute im Bereich der Berufsausbildungsvorbereitung für lernbehinderte Jugendliche eingesetzt, Ausbildungsbausteine gelten als Instrument für die verspätete Ausbildung von Altbewerbern und Altbewerberinnen. Ihre Anwendung setzt dabei ein enormes Engagement von Ausbildungsbetrieben und Kammern voraus. Dabei könnte eine generelle Modularisierung auch ein wichtiges Element bei der standardmäßigen Ausgestaltung von Teilzeitausbildungen für junge Mütter sein, deren einziges „Handicap" darin besteht, bereits während ihrer Ausbildung ein Kind zu haben oder zu erwarten.

Da die Berufswahl nicht selten bereits mit Rücksicht auf die angestrebte Vereinbarkeit von Familie und Beruf erfolgt, sollte der Ausbau von Teilzeitangeboten in den Lehrberufen konsequent weitergeführt werden, und die Modularisierung von Ausbildungsordnungen sollte auch unter dieser Rücksicht vorangetrieben werden. Dies ist auch wünschenswert, um für junge Mütter die Bandbreite der zur Auswahl stehenden Berufe zu erweitern und ihnen den Zugang zu besser bezahlten Berufen zu eröffnen. Die Beratung über Möglichkeiten und Wege der Ausbildung für junge Mütter wird gegenwärtig schwerpunktmäßig durch die Arbeitsagenturen wahrgenommen. Hier sollte breiter, etwa im Rahmen einer sozialpädagogischen Begleitung junger Mütter an den Schulen und u. U.

sogar im Sinne einer aufsuchenden Beratung im Rahmen der Familienhilfe, informiert werden.

Der Wissenschaftliche Beirat für Familienfragen empfiehlt den (weiteren) gezielten Ausbau der Möglichkeiten einer modifizierten Vollzeitausbildung und die systematische Einbeziehung von Eltern in den Nutzerkreis. Zur systematischen Vorbereitung einer familienadäquaten Ausbildung gehört im Falle der Geburt eines Kindes auch die Verlängerung der möglichen Ausbildungszeiten um einen Zeitraum von bis zu drei Jahren. Instrumentell muss eine solche Modifizierung der Vollzeitausbildung mit einer weitgehenden Modularisierung von Ausbildungsinhalten und der kumulativen Anerkennung von Leistungen einhergehen.

6.1.2 Angebote der Kinderbetreuung und Unterstützung bei der Alltagsorganisation

Versuche der Einführung von modifizierten Vollzeitausbildungen für junge Mütter sind allerdings oft nur dann erfolgreich, wenn sie mit verschiedenen Begleitmaßnahmen verbunden werden. Elternschaft in der Phase der Berufsausbildung konfrontiert die Betroffenen mit einer Reihe von Problemen, die sich u. a. aus dem jungen Alter von Müttern und Vätern sowie einem hohen Anteil Alleinerziehender ergibt. Nicht selten bedürfen die Betroffenen einer sozialpädagogischen Unterstützung, und die Vereinbarkeit von beruflicher Ausbildung und Familientätigkeit in Form von Teilzeitmodellen lässt sich durch eine solche Begleitung der jungen Mütter erhöhen (siehe Puhlmann 2002). Neben einer berufsbezogenen Beratung kann eine solche auf ihre Lebenssituation zugeschnittene Begleitung auf die Stärkung ihrer Erziehungskompetenzen, auf ein angemessenes Planungsverhalten im Umgang mit Zeit und Finanzen oder auf ihre Integration in das Erwachsenenleben außerhalb der Mutterrolle abzielen (vgl. Wissenschaftlicher Beirat für Familienfragen 1998). Außer den Ausbildungsbetrieben und den Berufsschulen ist hier ein weiterer Träger der Ausbildung zu beteiligen, der v. a. Probleme der Organisation der Vereinbarkeit, aber auch solche bei der Förderung von Alltags- und Familienkompetenz lösen kann. Dafür bieten sich insbesondere Verbundausbildungssysteme an.

In vielen Fällen scheitert eine Fortführung der Ausbildung nach einer ersten Betreuungsphase an fehlenden Angeboten zur institutionellen Kinderbetreuung. Zwar kann die Ausbildung während der gesamten dreijährigen Elternzeit dem Gesetz nach unterbrochen werden. Eine nahtlose Wiederaufnahme der Ausbildung und ein fristgerechter Ausbildungsabschluss sind nach einer so langen Unterbrechung aber in der Regel nicht möglich. Wollen die jungen Mütter die Ausbildung nach einer kürzeren Elternzeit wieder aufnehmen, wird dies aufgrund der nach wie vor bestehenden Engpässe im Bereich der institutionellen Betreuungsangebote für Kinder unter drei Jahren oftmals verhindert. Über den Ausbau von Betreuungskapazitäten, wie er derzeit betrieben wird, hinaus ist die besondere Situation der Auszubildenden zu berücksichtigen. Öffnungszeiten der Betreuungseinrichtungen müssen den Ausbildungszeiten angepasst werden. Diese müssen den Kindern auch während des Berufsschulbesuches ihrer Eltern zur Verfügung stehen. Soweit es um kommunale oder freie Krippen, Kindergärten und Horte geht, muss sichergestellt werden, dass Auszubildenden – insbesondere bei Krippen – hohe Priorität bei der Vergabe eingeräumt wird. Tagesmütter müssen sich der besonderen Lage von Müttern in der dualen Ausbildung anpassen.

Kinderbetreuung kann darüber hinaus auch betrieblich organisiert werden. Dafür bieten gerade die erwähnten Verbundausbildungssysteme entsprechende Möglichkeiten, die sicherstellen, dass die Betreuungszeiten jenen des Ausbildungssystems entsprechen. Solche Verbundsysteme sind ideell und materiell zu fördern.

6.1.3 Finanzierung der Ausbildung und Sicherung des Lebensunterhalts

Bei der Finanzierung der Lebenshaltungskosten von Auszubildenden mit Kindern stellen Besonderheiten der Ausbildungsvergütung eine Schwierigkeit dar. Eine Ergänzung der Ausbildungsvergütung – etwa um ALG II – ist im Regelfall ausgeschlossen (Ausnahme: ein Zuschuss zu den Mietkosten sowie Sozialgeld für die Kinder, vgl. 5.1.5), und die Gesamtvergütung ist an die Regelausbildungszeit gebunden. Bei familienbedingter Verlängerung bedarf es also zusätzlicher Finanzierungsquellen, da die Arbeitgeber (allein) nicht dafür aufkommen können und wollen.

Um ein Einkommen zu erzielen, das die Versorgung einer Familie ermöglicht, könnte die Einführung einer öffentlich zu finanzierenden Familienkomponente der Ausbildungsvergütung (ggf. als Darlehen) vorgesehen werden. Dabei ist der Sonderstatus des Ausbildungsverhältnisses zu beachten, das weder ein reines Erwerbs- noch ein reines Bildungsverhältnis ist. Hier ist u. U. an eine klare Zuordnung zum Bildungsbereich und damit an eine Förderung in Anlehnung an das BAföG zu denken, wie sie mit der Berufsausbildungsbeihilfe (BAB) im Prinzip bereits existiert. Bei BAföG-Leistungen wie bei der BAB ist jedoch eine ausreichende Kinderkomponente vorzusehen. Entsprechende Reformen müssen mit den oben genannten Programmen zur allgemeinen Förderung einer modifizierten Vollzeitausbildung für junge Mütter und Väter abgestimmt werden. Zwar liegen aus den Modellversuchen zur Einführung der modifizierten Vollzeitausbildung für junge Mütter und Väter mittlerweile erste Erfahrungen vor (siehe Abschnitt 6.1.1). Allerdings fehlt es bisher an bundesweit etablierten Programmen zur Finanzierung solcher Modelle, und einzelne Versuche scheitern in der Praxis u. a. am fehlenden Willen der Grundsicherungsträger u. ä., Rechtsvorschriften entsprechend weit auszulegen. Der Wissenschaftliche Beirat für Familienfragen empfiehlt daher die Verabschiedung eines Programms „Elternschaft in der dualen Ausbildung", das die Finanzierung entsprechender Ausbildungsmaßnahmen bundesweit und auch für Personen außerhalb eines längeren Sozialleistungsbezuges auf eine verlässliche Basis stellt.

6.1.4 Kombinierte Maßnahmenbündel und Modellvorhaben

Mittlerweile gibt es zahlreiche Modellprojekte, die der besonderen Situation von jungen Müttern und Vätern in der Ausbildung Rechnung tragen und sich dazu auf eine modifizierte Vollzeitausbildung für diese Zielgruppe stützen (vgl. dazu Bundesanstalt für Arbeit 2002; Puhlmann 2009). Eines der am längsten laufenden Projekte dieser Art ist das hessische Landesprogramm „Betriebliche Ausbildung Alleinerziehender" (auch bekannt unter dem Namen „junge alleinerziehende Mütter in Berufsausbildung", JAMBA; vgl. Abschnitt 3.3.2 sowie Christ 2009)[40]. Die Modellversuche sind im Hinblick auf die Zusammensetzung der teilnehmenden Institutionen sehr unterschiedlich ausgestaltet und – bei diversen Gesetzesänderungen in mehreren relevanten Gebieten – von der Kooperationsbereitschaft der Arbeitgeber, der Kammern sowie der Grundsicherungsträger und der Arbeits- und Jugendämter abhängig. Angesichts der Entwicklungen im Bereich der rechtlichen Absicherung modifizierter Vollzeitausbildungsmodelle erfolgt die weitere Koordination in vielen Fällen durch einen Trägerverein. Neben den Betrieben werden die Grundsicherungsstellen und Arbeitsämter als mögliche Leistungsträger, die Jugendämter als Anbieter oder Koordinatoren der Kinderbetreuung, die Bezirksregierungen in ihrer Funktion als Schulaufsicht (Anpassung der Schulzeiten) sowie Bildungsträger für die sozialpädagogische Unterstützung oder – im Falle der Ausbildung in Übungsfirmen – für die berufliche Ausbildung selbst in die Kooperation mit einbezogen. Hinzu treten je nach Einzelfall als Mittelgeber Kommunen, der Europäische Sozialfonds oder einzelne Spender und Spenderinnen.

---

[40] Die Förderkonditionen für teilnehmende Auszubildende und Betriebe haben sich, u. a. wegen wechselnder rechtlicher Rahmenbedingungen seit der Initiierung des Programms im Jahr 1998 mehrfach geändert. Von 2000 bis 2007 wurde es vom ESF kofinanziert. Aktuell werden im Rahmen dieses Programms pro Jahr rund 160 Plätze bewilligt. Unterstützt wird das Programm vom Land, gegebenenfalls unter Beteiligung des zuständigen Grundsicherungsträgers, der jeweiligen Projektträger, der Ausbilder (für zuwendungsfähige Kosten sowohl in einer Vorlauf- als auch in der Ausbildungsphase) sowie Einrichtungen zur Kinderbetreuung.

Insgesamt kann davon ausgegangen werden, dass die Einrichtung und das Gelingen solcher Projekte und Programme zum Angebot einer modifizierten Vollzeitausbildung für junge Mütter und Väter stark von den Kooperationsstrukturen und -kompetenzen vor Ort abhängen. Die Finanzierung stellt sich oft als ein bei jedem Versuch neu zu vereinbarendes Mischsystem aus unterschiedlichsten Quellen dar. Auf zahlreiche finanzielle Zuwendungen besteht dabei kein Rechtsanspruch. Teilweise wird bei der Finanzierung auf Kontingente von Ausbildungsplätzen für sozial Benachteiligte zurückgegriffen. All dies steht in deutlichem Widerspruch zur Forderung, Elternschaft im Rahmen einer Berufsausbildung als ebenso legitim und normal anzusehen wie im Rahmen einer Berufstätigkeit.

Für wirkliche Problemfälle, etwa nach sehr früher *Teenage*-Mutterschaft, fehlt derzeit ein umfassendes, auf die Besonderheiten dieser Gruppe abgestimmtes, rechtliches Instrumentarium. Hier klafft insbesondere eine Lücke im SGB VIII, das mit seinen Angeboten nicht auf die spezielle Lage Jugendlicher zugeschnitten ist, die selbst schon Kinder haben und zugleich berufliche Orientierung und Ausbildung suchen. Erfolg versprechende Maßnahmen, die nicht an die Zufälligkeiten günstiger Akteurskonstellationen gebunden sind, erfordern für solche Fälle daher Anpassungen dieses Gesetzes, auch wenn eine zunehmende Verbreitung damit nicht unbedingt gefördert werden sollte.

In vielen anderen Fällen kann letztendlich aber auch die Interessenlage der Unternehmen vor dem Hintergrund der demografischen Situation, die etwa ab 2010 zu einem wachsenden Arbeitskräftemangel führen wird, für die Sache der Familie genutzt werden. Das Bestreben, als „familienfreundlicher Betrieb" zu erscheinen, ist mittlerweile weitverbreitet (BMFSFJ, iw Köln 2006). Erhaltung und Nutzung des in der betrieblichen Ausbildung geschaffenen Humanvermögens sind ein Ziel familienorientierter Personalpolitik[41], das in den letzten Jahren zunächst einzelne Unternehmen (z. B. Commerzbank und Telekom) entwickelt haben, das aber zunehmend auch für mittelständische Betriebe oder Kleinbetriebe Bedeutung erhält. Dies gilt in besonderem Maße für das Handwerk, wie eine aktuelle Bestandsaufnahme im Auftrag des BMFSFJ (2008b) zeigt.

Die Wettbewerbsfähigkeit eines Unternehmens hängt in der Wissensgesellschaft von heute mehr und mehr von der Qualifikation seiner Mitarbeiter und Mitarbeiterinnen ab. Innovationsfähigkeit, Kreativität, Wissen und Erfahrung, Engagement und Leistung, die in der Wissensgesellschaft eine zentrale Rolle spielen, sind bekanntlich an Menschen gebunden. Die Unternehmen stehen damit

---

[41] Im Rahmen einer familienfreundlichen Unternehmenspolitik werden verschiedene Maßnahmenbereiche unterschieden: „1. Arbeitszeit; 2. Arbeitsabläufe, -inhalte; 3. Flexibilität des Arbeitsortes; 4. Informations- und Kommunikationspolitik; 5. Führungskompetenz; 6. Personalentwicklung; 7. Entgeltbestandteile und geldwerte Leistungen; 8. flankierender Service für Familien; 9. Personalpolitisches Datenmodell" (Becker 2000: 518).

vor erheblichen personalwirtschaftlichen Herausforderungen: Angesichts der demografischen Entwicklung und ihrer arbeitsmarktpolitischen Auswirkungen (Fachkräftemangel) sowie des gesellschaftlichen Wertewandels (z. B. verändertes Rollenverständnis der Frauen) werden sie gezwungen, verstärkt auf ältere Arbeitnehmer und Arbeitnehmerinnen , aber auch auf gut qualifizierte Frauen (und Männer) mit familiären Verpflichtungen zurückzugreifen. Maßnahmen der Personalentwicklung sind von Großunternehmen leichter zu finanzieren als von kleinen oder mittleren Unternehmen. Daher bedarf es hier eines gesetzlichen Rahmens zur Koordination und – soweit dadurch anderweitige öffentliche Ausgaben verringert oder ersetzt werden können – auch zur Förderung solcher Maßnahmen. Entsprechende Regelungen können sich auf differenzierte Formen der (betrieblichen und/oder kommunalen) Kinderbetreuung beziehen, ebenso auf die Flexibilisierung von Arbeitsort, Arbeitszeit und die Schaffung von Weiterbildungsmodulen, die auf die Familiensituation abgestimmt sind.

In erster Linie ist eine gezielte Förderung von Eltern in der Berufsausbildung jedoch durch Maßnahmen einer familienorientierten Betriebs- und Personalpolitik seitens der Unternehmen selbst angezeigt. Alle Maßnahmen familienadäquater Unternehmenspolitik sollten um Komponenten der spezifischen Berücksichtigung der Ausbildungssituation ergänzt werden. Die Entwicklung von familienfreundlichen Ausbildungsbedingungen könnte dabei ebenso wie diejenige einer familienadäquaten Betriebsführung und Unternehmenspolitik staatlicherseits unterstützt werden. Instrumentell kann dabei an Formen der Sonderabschreibung für familienorientierte Investitionen oder an ein *family mainstreaming* (z. B. Vergabe öffentlicher Aufträge nur an auditierte Unternehmen) gedacht werden. Denkbar wäre auch, im Rahmen der Auditierung ein Sonderzertifikat für „familienfreundliche Betriebe für junge Eltern" einzuführen. Jedenfalls sind die Vereinbarkeit von Elternschaft und Ausbildung im dualen System und damit selbstbestimmte Entscheidungen über diese beiden zentralen Aspekte individueller Lebensentwürfe durch grundsätzliche Lösungen vonseiten der Kammern, der Arbeitgeber und des Staates zu ermöglichen. Es sei noch einmal betont, dass es dabei keinesfalls nur um die Förderung „sozial Benachteiligter" geht. Vielmehr ist Elternschaft durch eine entsprechende Politik von Folgen zu befreien, die daraus eine Ursache möglicher Benachteiligung machen.

6.2 Empfehlungen für Elternschaft und Hochschule

Der Anteil junger Menschen, die einen akademischen Bildungsabschluss anstreben, wächst laufend, und die Nachfrage der Unternehmen nach akademisch qualifizierten Arbeitskräften steigt. Die lange Dauer eines Hochschulstudiums und die Bedingungen, unter denen ein erfolgreicher Abschluss anschließend am Arbeitsmarkt verwertet werden kann, dürften zu den wichtigsten Gründen dafür zählen, dass viele junge Frauen die Realisierung ihrer Kinderwünsche derzeit zunächst immer weiter verschieben und diese Wünsche am Ende nicht selten nur teilweise oder gar nicht realisieren. Sofern es nicht gelingt, die Vereinbarkeit von Studium und Elternschaft zu verbessern und bestehende Benachteiligungen von Studierenden mit Kindern durch Elternschaft abzubauen, werden sich diese Konflikte in der individuellen Lebensplanung immer weiter verstärken. Auch werden die Belastungen derjenigen hoch bleiben, die sich im Studium, aber auch in der anschließenden frühen Erwerbsphase, trotzdem für Kinder entscheiden.

Mit der als Bologna-Prozess bekannt gewordenen Studienreform werden derzeit in der deutschen Hochschullandschaft durch die Einführung gestufter Studiengänge sowie durch deren Modularisierung Strukturen geschaffen, die auf eine flexible und individuelle Studien- und Berufsplanung angelegt sein sollen. In diesem Zusammenhang könnten sich durchaus Chancen zur besseren Vereinbarkeit von Studium und Elternschaft eröffnen, sofern dieses Ziel bei der Neuausrichtung des universitären Ausbildungssystems angemessen Berücksichtigung findet – ungeachtet dessen, dass bisherige, noch eher unsystematische Beobachtungen darauf verweisen, dass mit der Einführung gestufter Studiengänge die Flexibilität der Studienorganisation eher ab- als zugenommen hat.

Der Wissenschaftliche Beirat für Familienfragen sieht es vor diesem Hintergrund als seine Aufgabe an, in der anhaltenden Diskussion um die Studienreformen auf diese Thematik hinzuweisen und Vorschläge für eine bessere Vereinbarkeit von Studium und Elternschaft zu formulieren. Möglichkeiten, entsprechende Maßnahmen einzuleiten und zu ergreifen, sieht der Beirat insbesondere mit Blick auf drei interdependente Handlungsfelder, nämlich die Studienorganisation, die Kinderbetreuung und die Finanzierung des Studiums.

6.2.1 Umbau der Studienorganisation

Das Hochschulrahmengesetz nennt als eine Aufgabe der Hochschule die Berücksichtigung der „besonderen Bedürfnisse von Studierenden mit Kindern" (§ 2 Abs. 4, Satz 1 Halbsatz 2 HRG). Diese Regelung ist allerdings nur eine allgemeine Aufgabenfestlegung, deren potenziell weitreichende Implikationen völlig offenbleiben. Sie ist zu unbestimmt, hat keine zwingenden Rechtsfolgen und wird den Bedürfnissen dieser Gruppe von Studierenden daher nicht gerecht. Vielmehr müssen etwa im Hinblick auf die Studienorganisation konkrete Regelungen für die Berücksichtigung der Elternschaft hinsichtlich Regelstudiendauer und Prüfungsfristen getroffen werden, wobei der zeitliche Umfang der Elternzeit im Studium über den Beginn der „Kindergartenzeit" hinaus Beachtung finden sollte.

Empfehlungen für Elternschaft und Hochschule

Bisher geraten Studienpläne, die sich – außer bei berufsbegleitenden Studiengängen – grundsätzlich am Modell des Vollzeitstudiums orientieren, fast zwangsläufig mit den zeitlichen Möglichkeiten jener Studierenden in Konflikt, die Familienpflichten wahrnehmen wollen. Doch die mangelnde Vereinbarkeit von Elternschaft und Studium kann durch die Struktur der Studiengänge, die Gestaltung der Curricula und die Wahl der Lehrmethoden erheblich verringert werden:

1. Grundsätzlich ist es erforderlich, formalisierte Teilzeitstudiengänge einzurichten, die dem geringeren zeitlichen Budget von Eltern Rechnung tragen. Auf entsprechende Modellversuche wurde in diesem Gutachten hingewiesen. Dazu ist es notwendig, von starren Regelstudienzeiten abzugehen und stattdessen Regelstudienvolumina einzuführen, die sich idealerweise nach der individuellen Inanspruchnahme universitärer Leistungen seitens der einzelnen Studierenden richten.[42] Insbesondere Prüfungsfristen sollten das (faktische) Teilzeitstudium von Studierenden mit Kindern berücksichtigen (siehe Ziff. 3).

2. Die Modularisierung aller Studiengänge im Rahmen des Bologna-Prozesses, die allgemein der Flexibilisierung der Studiengänge dienen soll, sollte auch den Bedürfnissen von Studierenden mit Kindern Rechnung tragen. Grundsätzlich werden mit den einzelnen Modulen kompakte Wissenseinheiten in zeitlich beschränktem Rahmen vermittelt und abgeprüft. Die dadurch erworbenen Leistungsnachweise bleiben den Studierenden in jedem Fall erhalten und müssen bei Fortsetzung des Studiums zu einem späteren Zeitpunkt (auch an anderen Hochschulen) anerkannt werden. Für Studierende mit Kindern ist dabei vor allem wichtig, dass das Modularisierungskonzept seiner Idee entsprechend auch konsequent umgesetzt wird. D. h. dass die einzelnen Module selbst nicht zu umfangreich sein und dass weiterführende Module zwar das Grundwissen, aber keine zu spezifischen Details aus vorangegangenen Modulen voraussetzen sollten. Das könnte einen den individuellen zeitlichen Möglichkeiten der Studierenden mit Kindern angepassten Studienverlauf ermöglichen, der u. U. sogar längere Unterbrechungen des Studiums für Erziehungsphasen erlauben würde.

---

[42] An Universitäten, die Studiengebühren erheben, müssten folgerichtig auch die je Semester erhobenen Gebühren entsprechend reduziert werden, sofern sie im Falle studierender Eltern nicht ohnedies entfallen. Zugleich müsste wohl die Berechtigungen zur Ablegung von Prüfungen in jedem Semester entsprechend abgestuft werden (um Umgehungen auszuschließen). Dies könnte jedoch so geschehen, dass eine flexible Rückkehr von einem Teilzeit- zu einem Vollzeitstudium auch im Nachhinein möglich ist. Parallel dazu sollten auch die BAföG-Leistungen an Studierende mit Kindern an solche Phasen von Teilzeitstudien angepasst werden (vgl. zu all diesen Aspekten auch Abschnitt 6.2.3).

3. Pflichtveranstaltungen sollten – wenn möglich – in Kernzeiten gelegt werden, während derer eine geregelte Kinderbetreuung eher gesichert ist als in Randzeiten. Letztere sollten vor allem für Wahl- und Wahlpflichtveranstaltungen verwendet werden, die den Studierenden auch in zeitlicher Hinsicht einen größeren Gestaltungsspielraum bieten.

4. Angesichts der engen Zeitfenster von Studierenden mit Kindern und ihrer konfligierenden Interessenlagen (Kind oder Studium) sollte bei der Vergabe von Plätzen in zeitlich günstig liegenden Seminaren eine angemessene Vorrangregelung für Studierende mit Kindern eingeführt werden, wie dies bisher schon fallweise geschieht.

5. Bei der Organisation von Praktika wie auch beim Zugang zu zulassungsbeschränkten Lehrveranstaltungen (z. B. mit Laborplätzen) sollten Familieninteressen durch angemessene Vergabekriterien berücksichtigt werden. Fallweise sollten für solche Phasen bzw. Veranstaltungen auch spezielle Möglichkeiten der Kinderbetreuung angeboten oder mobilisiert werden können (vgl. 6.2.2).

6. In der Lehre könnte der verstärkte Einsatz neuer Medien dazu führen, dass die Vereinbarkeitsproblematik entschärft wird. Die Verbindung von Fern- und Präsenzstudium, *E-Learning* und ein Ausbau der virtuellen Universität können insbesondere für Eltern ein entsprechend ihren zeitlichen Möglichkeiten partiell selbst organisiertes, zügiges Studium ermöglichen.

7. Rahmenordnungen und Prüfungsordnungen müssen flexibler auf die Belange studierender Eltern eingehen. Eine Beurlaubung aufgrund von Elternzeit darf nicht wie eine anderweitige Beurlaubung vom Studium behandelt werden. Vielmehr sollten Studierende, die wegen Elternzeit ihr Studium vorübergehend unterbrechen, trotz Beurlaubung Prüfungen ablegen können, ohne sich zugleich denselben Fristenregelungen unterwerfen zu müssen, wie sie für Vollzeitstudierende verbindlich sind. Auf diese Weise können durch Elternschaft bedingte Verzögerungen im Studienverlauf vermindert und die Studienzeiten verkürzt werden.

8. In Ausbildungsgängen mit einer Zwei-Phasen-Struktur, die in regulierte Berufsfelder münden (Jurisprudenz, Medizin, Lehr- und Pfarramt, etc.), ist auch in der zweiten Phase (Referendariat, Vorbereitungsdienst, Vikariat, etc.) Familientätigkeit in zeitlicher, organisatorischer und räumlicher Hinsicht zu berücksichtigen. Die einschlägigen Ordnungen für postgraduale Ausbildungen sollten daraufhin geprüft werden, in wieweit sie – über gesetzliche Elternzeitregelungen hinaus – eine Balance zwi-

schen Ausbildung und Familientätigkeit ermöglichen und etwa Teilzeitregelungen für Eltern vorsehen. Insbesondere bedürfen Vorschriften über maximale Unterbrechungszeiten zwischen den einzelnen Phasen der Überprüfung und gegebenenfalls der Revision.

Bedeutsam ist für die Umsetzung solcher Vorschläge und Ideen durch die Hochschulen nicht zuletzt, welche Anreize dazu seitens der Politik geschaffen werden können. Als Maßnahmen zugunsten familiengerechter Studienbedingungen und -ordnungen könnten sie mindestens teilweise Gegenstand von Zielvereinbarungen zwischen Hochschulen und für die Hochschulen zuständigen Länderministerien sein. Alternativ oder ergänzend könnten sie Kriterien für die wettbewerbliche Vergabe zusätzlicher Mittel für „gute Lehre" werden.

6.2.2 Verbesserung der Kinderbetreuung

Der Beirat hat an anderer Stelle argumentiert, dass es zu den wichtigsten Voraussetzungen für eine grundlegende Verbesserung der Vereinbarkeit von Elternschaft und Erwerbstätigkeit gehört, die familienergänzende Kinderbetreuung nicht nur für die unter dreijährigen Kinder großzügig auszubauen und für die drei- bis sechsjährigen Kinder durch ganztägige Angebote zu ergänzen, sondern diese Angebote als beitragsfreie Dienstleistung anzubieten oder sie bei der Besteuerung der Familien angemessen zu berücksichtigen (vgl. Wissenschaftlicher Beirat 1998). Eine ähnliche Argumentation hat seinerzeit auch das Bundesverfassungsgericht vorgetragen: Die Entscheidung darüber, ob Eltern die Verantwortung für Kinder ausschließlich oder überwiegend selbst übernehmen und demzufolge ihre Erwerbstätigkeit unterbrechen oder einschränken, d. h. auf Erwerbseinkommen verzichten, oder ob sie die öffentliche Verantwortung für Kinder in der Weise nutzen, dass sie familienergänzende Dienstleistungen (z. B. Kindertagesstätten) in Anspruch nehmen, sollte den Eltern selbst überlassen werden, wobei die damit jeweils verbundenen Minderungen der steuerlichen Leistungsfähigkeit – der Gegenstand der vorgelegten Fälle – unabhängig von der elterlichen Entscheidung als Teil des kindlichen Existenzminimums steuerfrei zu stellen sind (vgl. BVerfG 1998, 2 BvR 1057/91; 2 BvR 1226/91; 2 BvR 980/91).

Diese Anforderungen lassen sich auf die Vereinbarkeit von Elternschaft und Ausbildung übertragen. Wie die Beschreibung und Analyse der Lebenslagen und Einstellungen von Studierenden gezeigt haben, spielen ein mangelhaftes Betreuungsangebot und eine angespannte Einkommenssituation eine zentrale Rolle bei der Entscheidung gegen Elternschaft. In diesem Zusammenhang wirken sich die regional sehr unterschiedlichen Elternbeiträge[43] für die vorhandenen Kinder-

---

[43] Vgl. dazu Ergebnisse des Kindergartenmonitors der Initiative Neue Soziale Marktwirtschaft und der Zeitschrift Eltern, http://www.insm-kindergartenmonitor.de/.

tageseinrichtungen, zumal für ganztägige Angebote, als ein Faktor aus, der bei den Kosten-Nutzen-Abwägungen der studierenden Frauen und Männer die Gründe gegen eine Elternschaft verstärkt. Unter familien- und kinderpolitischen, aber auch unter bildungspolitischen Aspekten (vgl. Wissenschaftlicher Beirat 2002) ist einem beitragsfreien Angebot von Kindertageseinrichtungen eine vergleichbare, womöglich sogar höhere Rationalität im Sinne der Berücksichtigung der langfristigen Interessen der Gesellschaft zuzuschreiben als einem gebührenfreien Angebot von Hochschulen, um das in Deutschland immer noch heftig gerungen wird. Im Hinblick auf die Gewährleistung von Gerechtigkeit für Familien fällt der Vergleich mit noch größerer Eindeutigkeit zugunsten beitragsfrei gewährter Kinderbetreuung aus.

Der Beirat ist sich bewusst, dass die Einlösung dieser Forderung einer familien-, kinder- und bildungspolitischen Wende gleichkommen würde, wobei für einen entsprechenden politischen Gestaltungswillen derzeit keine Anzeichen erkennbar sind. Die folgenden Empfehlungen konzentrieren sich daher auf kurzfristig einlösbare Reformschritte zur Schaffung von besseren Bedingungen für die Vereinbarkeit von Elternschaft und Ausbildung.

Das Recht auf institutionelle Kinderbetreuung nach § 24 KJHG ist – auch unabhängig von der Frage der Kostenbeteiligung der Eltern – in seiner geltenden Form nur sehr begrenzt geeignet, die Vereinbarkeit von Studium und Elternschaft zu gewährleisten. Es umfasst nur den Anspruch auf einen Kindergartenplatz für Drei- bis Sechsjährige, der dem zeitlichen Betreuungsbedarf aus der Sicht von Studierenden nicht gerecht wird. Ein zeitlich flexibles Betreuungsangebot, das es Studierenden ermöglichen würde, Lehrveranstaltungen auch in zeitlichen Randbereichen (z. B. in den Abendstunden) wahrzunehmen, ist damit in der Regel bei Weitem noch nicht verbunden. Zudem besteht dieser Anspruch nur am Wohnort der Studierenden. Beide Probleme bleiben aller Voraussicht nach erhalten, wenn der Rechtsanspruch auf institutionelle Kinderbetreuung – aktuellen, aber immer noch umstrittenen Plänen entsprechend – ab 2013 auch auf unter Dreijährige ausgedehnt werden sollte, die von den heutigen Regelungen noch gar nicht erfasst werden. Es sollte daher – mit unterschiedlichen Rollen – Aufgabe der Politik und der Hochschulen sein, eine den speziellen Erfordernissen von Studierenden mit Kindern entsprechende Ergänzung institutioneller Betreuungsangebote zu organisieren:

1. Für Studierende mit Kindern sollte die regelmäßige Ganztagsbetreuung mit flexiblen Bring- und Abholzeiten auch für Kinder unter drei Jahren sowie für Schulkinder gesichert werden. Ein von den Hochschulen getragenes, rein universitätsinternes Betreuungsangebot ist aus unterschiedlichen Gründen kaum leistbar und auch aus pädagogischen Gründen nicht unbedingt wünschenswert. Wohl aber könnten Hochschulen

Kooperationen mit den Kommunen und/oder örtlichen Arbeitgebern (Betreuungsverbund, Belegplätze) eingehen. Das setzt allerdings Änderungen in den rechtlichen Vorschriften voraus, die solche Kooperationen bislang verhindern. Zum einen muss es möglich sein, dass Mittel der Hochschule und der Studentenwerke auch für solche Kooperationsvorhaben eingesetzt werden. Zum anderen sollte der kommunale Finanzausgleich dazu beitragen, die jeweiligen Hochschulkommunen für solche Kooperationsvorhaben zu gewinnen.

2. Seitens der Hochschulen sollte es insbesondere gezielte Unterstützung für private Elterninitiativen geben, die eine Kinderbetreuung – teilweise oder ganz – in Eigenregie sichern. Gerade Studierende verfügen zumeist nicht über so hohe Einkommen, dass sie die je nach Betreuungskonstellation und lokalen Gegebenheiten unterschiedlich hohen Kosten einer Ganztagsbetreuung ihrer Kinder immer aufbringen können. Andererseits kann die zeitliche Flexibilität studierender Eltern so groß sein, dass sie sich in solchen Initiativen der Kinderbetreuung selbst engagieren könnten. Hier ist eine gezielte Beratung vonseiten der Hochschule (und der Jugendämter) ebenso angezeigt wie die Bereitstellung von Räumlichkeiten.

3. Zur gezielten Deckung zugespitzter Bedarfssituationen könnten Hochschulen sich ferner darum kümmern, in einem gewissen Umfang Möglichkeiten der Kurzzeitbetreuung von Kindern anzubieten. Angesichts besonderer, z. T. zeitlich konzentrierter Anforderungen im Studium (Prüfungen, Blockveranstaltungen, Exkursionen, Praktika) einschließlich der Anforderungen aus postgradualen Studiengängen wird es an Hochschulen auch bei ansonsten geregelter Kinderbetreuung immer einen zusätzlichen Betreuungsbedarf geben, der flexibel und unbürokratisch zu decken sein sollte. Die finanzielle Grundlage für solche Angebote könnten durch Fundraising zu diesen Zwecken eingeworbene Mittel darstellen.

4. Neben der institutionellen Betreuung von Kindern ist auch die Frage familiengerechten Wohnraums von großer Bedeutung. Hier ist ein ausreichendes Angebot an Eltern-Kind-Wohnungen, z. B. im Bereich von Studentenwohnheimen, zur Verfügung zu stellen. Entsprechende Wohneinheiten könnten zudem die studentische Selbstorganisation im Rahmen von Betreuungs- und Hausarbeitsgemeinschaften fördern. Über die besondere Bedeutung der Wohnung für die Lebenslage von Familien hat sich der Wissenschaftliche Beirat (1975) bereits in seinem Gutachten „Familie und Wohnen" ausführlich geäußert. Auf die dortige,

nach wie vor aktuelle Erörterung der Wohnverhältnisse als äußerst wichtige Rahmenbedingungen für die Sozialisationsleistungen von Familien, der spezifischen Nachteile von Familien in der Gründungsphase beim Zugang zu kostengünstigem Wohnraum und der daraus häufig resultierenden Einschränkungen beim Wohnbedarf von Eltern und Kindern wird hier ausdrücklich verwiesen.

6.2.3 Maßnahmen zur Finanzierung von Elternschaft und Studium

Mit der Geburt von Kindern fallen für die Eltern Kosten an, die das Kindergeld weit überschreiten, mit dem jeweils nur ein Teil des Existenzminimums sowie der Ausgaben für die Erziehung und Betreuung der Kinder gedeckt wird. Daran würde auch eine Verlängerung des Elterngeldes für studierende Eltern auf volle 14 Monate, die der Beirat empfiehlt und wie sie ansonsten die Regel darstellt, wenig ändern. Müssen diese Kosten durch zusätzliche Erwerbstätigkeit der studierenden Eltern abgedeckt werden – und dies trifft, wie dargestellt, in vielen Fällen zu –, so verringert sich die Zeit, die ihnen für das Studium verbleibt, weiter. Um ein ordnungsgemäßes Studium zu gewährleisten, ist eine Unterstützung aus einer Hand notwendig, die eine ausreichende Kinderkomponente enthält. Statt des Anspruchs auf Sozialgeld für Kinder oder Kinderzuschlag für Studierende sollten daher Leistungen nach dem BAföG wie auch Stipendien um eine entsprechende Kinderkomponente erweitert werden. Bei der Befristung der Bewilligung von BAföG werden Kindererziehungszeiten im Allgemeinen bereits berücksichtigt. Es sollten jedoch auch durch Kindererziehung verlängerte Studienzeiten im Rahmen von Teilzeitstudiengängen im Besonderen berücksichtigt werden.

Zudem sollten Studierende mit eigenen Kindern im Rahmen des BAföG generell unabhängig vom Einkommen ihrer Eltern gefördert werden. Dies könnte z. B. vor dem Hintergrund einer Regelung geschehen, die den einschlägigen Bestimmungen im SGB II angeglichen wird. Bei studierenden Eltern könnte dies ab Beginn einer Schwangerschaft geschehen. Zudem sollte der Kinderbetreuungszuschlag auf Kinder bis 14 Jahre ausgedehnt werden.

Ein weiteres Problem resultiert in diesem Zusammenhang daraus, dass Leistungen nach dem BAföG während einer formellen, erziehungsbedingten Studienunterbrechung („Urlaubssemester") nicht gewährt werden. Studierende in dieser Lage haben zwar u. U. Anspruch auf andere Leistungen, etwa nach dem SGB II. Die Gewährung solcher Leistungen – oft nur für eine kurze Zeit – ist jedoch sowohl für die Antragsteller und Antragstellerinnen als auch für die Träger mit enormem bürokratischen Aufwand verbunden, ohne dass bei den betroffenen Eltern während des Leistungsbezuges irgendeines der ansonsten damit verbundenen Ziele (Übergang in Erwerbstätigkeit, Verbesserung der Beschäftigungsfähigkeit, etc.) zu verfolgen ist. Als einfache Lösung für solche Fälle bietet sich an, neben einer Verlängerung der Förderhöchstdauer bei einem erziehungsbedingten Teilzeitstudium BAföG-Leistungen auch während einer begrenzten Zahl von „Erziehungs-Urlaubssemestern" je Kind weiter zu gewähren – insbesondere wenn in dieser Zeit Prüfungsleistungen erbracht werden können (vgl. dazu auch Abschnitt 6.1). Für das geltende Recht ist außerdem zu erwägen, ob das in Härtefällen (z. B. zum Studienabschluss) auf Darlehensbasis gewährte ALG II nicht auf die Obergrenze für die zu tilgende Kreditsumme gemäß dem BAföG angerechnet werden sollte.

In postgradualen Studienprogrammen ergeben sich darüber hinaus weitere Probleme. Da hier Leistungen nach dem BAföG nicht (mehr) bezogen werden können, wird eine Promotion meist durch ein Stipendium oder eine wissenschaftliche Tätigkeit an der Hochschule oder einer Forschungseinrichtung finanziert. Von diesen Möglichkeiten werden Eltern jedoch noch zum Teil durch starre Altersgrenzen, z. B. bei der Förderung des wissenschaftlichen Nachwuchses durch Stipendien, ausgeschlossen.[44] Elternzeiten sollten auch angemessen berücksichtigt werden, wenn es um die Vergabe von Preisen geht, die bislang ebenfalls noch zum Teil an ein Höchstalter gebunden sind. Andererseits hat sich hier schon einiges getan. So vergibt die DFG ihre Stipendien mittlerweile unabhängig vom Alter der Geförderten.

Zur familienadäquaten Ausgestaltung des Studiums zählen entsprechende Maßnahmen bei dessen Finanzierung. Studiengebühren müssen bei der Finanzierung berücksichtigt werden. Der Beirat empfiehlt, die jeweils bestehenden Regelungen auf ihre familienpolitisch bedeutsamen Elemente zu prüfen und diese Aspekte auch bei allen Änderungen der bestehenden Regelungen zu beachten. Allerdings sind die aus der Erhebung von Gebühren oder alternativen Modellen der Beteiligung Studierender an der Studienfinanzierung resultierenden Probleme für die Vereinbarkeit von Elternschaft und Hochschulstudium aufgrund der

---

[44] Die Vereinbarkeit von Elternschaft und einer wissenschaftlichen Laufbahn, angefangen von den Rahmenbedingungen für ein Promotionsstudium, sind ein Thema, das im Anschluss an die Thematik dieses Gutachtens eigener Aufmerksamkeit bedürfte. Hingewiesen sei hier auf die vorbildliche Praxis der Deutschen Forschungsgemeinschaft: Falls wissenschaftliche Mitarbeiter und Mitarbeiterinnen, deren Stelle im Rahmen eines DFG-Projekts finanziert wird, daraus wegen Mutterschutz oder Elternzeit ausscheiden, finanziert die DFG nicht nur eine Vertretung, um den Projektfortgang zu gewährleisten, sondern auch die entsprechende Verlängerung der Beschäftigung der ursprünglichen StelleninhaberInnen, selbst wenn diese die Laufzeit des geförderten Projekts überschreitet. Die DFG leistet auch Unterstützung dafür, dass Mitarbeiter und Mitarbeiterinnen während Schwangerschaft oder Elternzeit ihre wissenschaftliche Tätigkeit möglichst lange fortsetzen bzw. möglichst rasch wieder – auch auf Teilzeitbasis – darin integriert werden. Entsprechende Regelungen gelten bislang nur auf lokaler Basis, für einzelne Hochschulen, während sie bei anderen Wegen der Forschungsförderung aus Bundesmitteln fehlen.

existierenden Regelungen nicht so groß wie es auf den ersten Blick erscheinen könnte.

Eine Erhebung von Studiengebühren während der gesamten Dauer des Erststudiums (zumeist in Höhe von bis zu 500 Euro je Semester) wird derzeit in Baden-Württemberg, Bayern, Hamburg, Niedersachsen und Nordrhein-Westfalen praktiziert bzw. qua Landesgesetz den einzelnen Hochschulen überlassen, die davon überwiegend Gebrauch machen. In Hessen sind solche Studiengebühren hingegen zwischenzeitlich wieder abgeschafft worden, im Saarland wird die Abschaffung derzeit vorbereitet. Gebühren für Langzeitstudierende, die in Deutschland den Einstieg in die Erhebung von Studiengebühren für ein Erststudium markierten, werden – neben den Ländern mit einer generellen Erhebung von Studiengebühren – auch in Bremen, Niedersachsen (mit erhöhter Gebühr), Sachsen-Anhalt und Thüringen erhoben. Ferner gibt es in Rheinland-Pfalz und Sachsen Gebühren für ein sogenanntes „Zweitstudium"[45]. Außerdem sind Weiterbildungsstudiengänge in der Regel fast flächen deckend mit Gebühren verbunden.

Bei der Gebührenerhebung für ein Langzeitstudium (mit einer Dauer von i. d. R. mehr als zehn Semestern) sollten nach einem Beschluss der Kultusministerkonferenz vom Mai 2000 von Anfang an die Lebensverhältnisse der Studierenden berücksichtigt werden. Zu den möglichen Ausnahmetatbeständen gehörte dabei auch die Berücksichtigung familienpolitischer Zielsetzungen. Unter diesen Gesichtspunkten war und ist angesichts der zeitlichen Beanspruchung – gerade in der Phase der frühen Elternschaft – eine Anpassung der Regelstudienzeit für Studierende mit Kindern grundsätzlich vorzusehen.

In den meisten Ländern, in denen mittlerweile generelle Gebühren für ein Erststudium erhoben werden, werden Studierenden mit Kindern die Studiengebühren aufgrund expliziter Regelungen über Befreiungstatbestände grundsätzlich erlassen. Eine Ausnahme ist Hamburg, wo eine solche Befreiung nur noch für erziehungsbedingt verlängerte Studienzeiten gewährt wird. Außerdem unterscheiden sich die einzelnen Regelungen durch die jeweils vorgesehenen Altersgrenzen der Kinder (zwischen unter 8 und unter 14 Jahren), und die Befreiung ist teilweise auf eine bestimmte Zahl von Semestern begrenzt, teilweise nicht. Nachzudenken ist daher über sinnvolle Prinzipien für eine differenzierte Ausgestaltung von Gebührennachlässen, wo diese für studierende Eltern nicht ohnedies entfallen. Verringern gebührenpflichtige Studierende zur Betreuung ihrer Kinder die Inanspruchnahme von Studienveranstaltungen oder legen sie im Studium eine Erziehungspause ein, dann sollten etwa auch die als Nutzungsentgelte aufzufassenden Studiengebühren verringert oder vorübergehend ausgesetzt werden.

---

[45] Hinzuweisen ist in diesem Zusammenhang darauf, dass sich die Gebührenfreiheit eines „Erststudiums" in allen Bundesländern, die sie praktizieren, unter den Rahmenbedingungen der neuen, gestuften Studiengänge sowohl auf Bachelor- als auch auf Master-Studiengänge bezieht.

Als Alternativen zu Studiengebühren sind in Deutschland in den letzten Jahren weitere Modelle der Studienfinanzierung, namentlich Studienkonten und Bildungsgutscheine, diskutiert worden.[46] „Studienkonten", wie sie heute in Rheinland-Pfalz praktiziert werden[47], statten jeden Studierenden mit einem Konto an Semesterwochenstunden (SWS) aus, die nach Maßgabe der effektiv besuchten Veranstaltungen abgebucht werden. Sind alle SWS verbraucht, fallen analog zu den Gebühren für Langzeitstudierende Studiengebühren an. Eine gesonderte familienpolitische Komponente erscheint dabei prinzipiell nicht als notwendig, da bei einer kinderbedingt geringeren Inanspruchnahme von Studienleistungen auch weniger Stunden vom Konto abgebucht werden. Es muss lediglich aufgrund des jeweiligen Curriculums möglich sein, während des Studiums eine Erziehungspause einzulegen oder die Anzahl der besuchten Lehrveranstaltungen zu verringern. Wird trotz der etwas problematischen Verteilungswirkung eine verstärkte Förderung von Studierenden mit Kindern gewünscht, bietet sich eine „Kindergutschrift" auf das Studienkonto an. Das in Deutschland in dieser Rolle bis heute unerprobte Konzept sogenannter „Bildungsgutscheine" sieht die Zuteilung einer staatlich finanzierten Grundausstattung mit Gutscheinen vor, die die Studierenden bei den Hochschulen vorlegen müssen. Nach Verbrauch dieser Grundausstattung müssen weitere Gutscheine entgeltlich erworben werden. Prinzipiell können Bildungsgutscheine daher analog zum Vorschlag der Studienkonten beurteilt werden: Auch hier können bei einer Erziehungspause die Gutscheine „gehortet" werden; bei geringerer Nachfrage von Lehrveranstaltungen müssen die Gutscheine jedoch entsprechend teilbar sein. Für eine spezifische Förderung von Studierenden mit Kind ist die Zuteilung zusätzlicher Gutscheine denkbar.

Soweit zur Finanzierung von Gebühren zweckgebundene Darlehen mit speziellen Konditionen gewährt werden, könnten auch solche Studiendarlehen mit einer Kinderklausel versehen werden. Sowohl die aufgrund der Erziehungspause und/oder des verringerten Zeitaufwands für das Studium zu erwartende Verlängerung der Studiendauer als auch eine Erhöhung der Darlehensleistungen führen zu einem höheren Rückzahlungsbetrag. Die Bedingungen der Rückzahlung von

---

[46] Auf eine Diskussion der Anreizeffekte unterschiedlicher Finanzierungsmodelle auf der Angebots- und Nachfrageseite des Hochschulstudiums, d. h. auf Hochschulen und Studierende, wird hier verzichtet. In verteilungspolitischer Hinsicht unterscheidet sich die Kombination von Studiengebühren und -darlehen grundlegend von Alternativen wie Studienkonten und Bildungsgutscheinen, da letztere im Grunde eine Subvention der Studierenden durch Nicht-Studierende darstellen. Darüber hinaus sind von Studienkonten und Bildungsgutscheinen kaum Mehreinnahmen für die Hochschulen zu erwarten. Zu diesen Aspekten und zur Möglichkeit der sozialverträglichen Kombination von Studiengebühren mit staatlich garantierten Bildungsdarlehen vgl. Grüske (2002).

[47] Anknüpfend an Modellversuche, die ursprünglich gemeinsam mit den Ländern Nordrhein-Westfalen und Bremen betrieben wurden. Ähnlich wie Bildungsgutscheine war das Modell auch darauf angelegt, Steuerungseffekte auf der Angebotsseite des Hochschulstudiums, d. h. bei den Hochschulen, auszulösen (vgl. Ministerium für Wissenschaft, Weiterbildung, Forschung und Kultur Rheinland-Pfalz 2003).

Studiendarlehen sollten jedoch bereits ohne familienpolitische Komponente Merkmale berücksichtigen, die an der Leistungsfähigkeit des Darlehensnehmers bzw. der Darlehensnehmerin anknüpfen (z. B. Stundung bei Arbeitslosigkeit). Wird gesellschaftlich eine weiter gehende Unterstützung Studierender mit Kind gewünscht, ist eine teilweise Übernahme der Rückzahlungsverpflichtung durch den Staat denkbar. Unter Berücksichtigung der im Zeitverlauf zunehmenden Leistungsfähigkeit von Akademikern und Akademikerinnen könnte dies jedoch verteilungspolitisch problematisch erscheinen. Alternativ könnten junge Familien durch allgemeine familienpolitische Maßnahmen unterstützt werden, wie etwa durch eine Steigerung des echten Transferanteils am Kindergeld.[48]

Decken Studiendarlehen über die Gebührenzahlung auch allgemeine Lebenshaltungskosten, dann sollten solche (zinsgünstigen) Darlehen – auch außerhalb des BAföG, wo zu diesem Zweck bereits ein Kinderbetreuungszuschlag gewährt wird – aufgrund der kinderbedingt gestiegenen Lebenshaltungskosten weiter ausbezahlt werden und die Möglichkeit einer Anpassung in Form einer erweiterten Kinderklausel beinhalten. Diese Kinderklausel könnte Studierenden mit Kind auch die Inanspruchnahme externer Betreuung ermöglichen.

Zusammenfassend ist festzuhalten, dass alle Reformkonzepte zur Finanzierung des Hochschulstudiums die besondere zeitliche und materielle Belastung von Studierenden mit Kindern durch entsprechende Regelungen berücksichtigen können und dies auch tun sollten. Im Übrigen muss darauf hingewiesen werden, dass bei einem Studienortswechsel zwischen Ländern mit unterschiedlichen Finanzierungssystemen die familienpolitischen Elemente nicht verloren gehen dürfen.

6.2.4 Unterstützung von „Familiengerechten Hochschulen"

Einige Hochschulen haben in den letzten Jahren Fragen der Vereinbarkeit von Familie, Erwerbstätigkeit und Studium aufgegriffen und sich um eine Zertifizierung als „familiengerechte Hochschule" bemüht[49]. Im Zuge der entsprechenden Auditierung wird der Status quo der an der jeweiligen Universität oder Fachhochschule angebotenen familienorientierten Maßnahmen erfasst und das hochschulindividuelle Entwicklungspotenzial anhand eines differenzierten Kriterienkataloges systematisch ermittelt. Mit Blick auf Familienfreundlichkeit werden Fragen der Arbeitszeit, des Arbeitsortes, der Personalentwicklung und der Perso-

---

[48] Vgl. hierzu das Gutachten des Wissenschaftlichen Beirats zum Familienlasten- und Familienleistungsausgleichs (Wissenschaftlicher Beirat 2001).
[49] Siehe hierzu auch die Hinweise zum Audit „familiengerechte Hochschule" unter http://www.beruf-und-familie.de/ [28.06.2010].

nalführung aufgegriffen, die vor allem die Interessen der an der Hochschule Beschäftigten berühren. Belange der Studierenden werden berücksichtigt, soweit es um flankierenden Service für Familien oder die Bedingungen für Studium und weitere wissenschaftliche Qualifizierung geht. Im Rahmen der Auditierung wird ein Maßnahmenkatalog mit der Hochschulleitung vereinbart, der eine Weiterentwicklung hin zu einer familiengerechten Hochschule einleiten soll. Der Beirat empfiehlt den Hochschulen, sich grundsätzlich um die Auditierung als „familiengerechte Hochschule" zu bemühen.

Die allgemeine Studienberatung ist um eine integrierte Studien- und Familienberatung zu erweitern. Diese sollte idealerweise eine Begleitung beim Übergang vom Studium in den Beruf mit einschließen (z. B. durch das Angebot von Praktikumsplätzen mit Vermittlung von Kinderbetreuung oder einschlägige Informationsangebote).

Durch die Schaffung von Familienbeauftragten an Hochschulen kann die hier geforderte familienorientierte Gestaltung der Studienorganisation und der Studien- und Prüfungsordnungen sowie eine geeignete Initiierung von Kinderbetreuungsarrangements erleichtert werden. Diese sind in alle universitären Entscheidungsprozesse einzubeziehen, durch welche die Interessen studierender Eltern oder die Interessen der Studierenden, die ihren Kinderwunsch gerne während des Studiums realisieren wollen, unmittelbar berührt sind.

Schließlich und letztens sollen Programme entwickelt und in den Hochschulen umgesetzt werden, die unter dem Schlagwort „Hochschule für Familie" firmieren könnten und die mit einem erweiterten oder gänzlich neuen Angebot aufwarten sollten. Zu denken ist hier beispielsweise an relevante Kursangebote, an denen Eltern und Kinder teilhaben können, an die Schaffung von Gelegenheitsstrukturen für den Austausch von studierenden Eltern untereinander wie auch zwischen Eltern und den unterschiedlichsten Vertretern und Vertreterinnen der Hochschule, womöglich auch an die Durchführung entsprechender „Aktionstage". Ziel dieser Aktivitäten sollte es sein, die bisherige Trennung von „Familienalltag" und „Studienalltag" ein Stück weit aufzuheben und die Familie in die Hochschule und die Hochschule in die Familie zu holen. Dass das Zusammenwirken von Familien und Bildungsinstitutionen nachhaltig zu unterstützen und zu fördern sei, hat der Wissenschaftliche Beirat für Familienfragen bereits anlässlich seiner Folgerungen aus der PISA-Studie gefordert (Wissenschaftlicher Beirat 2002). Diese Forderung ist auch im vorliegenden Kontext unter der Maßgabe einer „Familienorientierung des Bildungssystems" zu wiederholen.

7 Bedingungen schaffen für die Vereinbarkeit von Ausbildung, Studium und Elternschaft! Ein Plädoyer

Lebenszufriedenheit und individuelles Glück setzen mehr voraus als eine gute Ausbildung, eine gesicherte berufliche Existenz oder beruflichen Erfolg. Die Mehrzahl der Menschen kann und will sich ein Leben ohne Kinder weiterhin nicht vorstellen und wünscht sich ein Leben in einer Familie. Darin unterscheiden sich junge Männer nicht von jungen Frauen, Ostdeutsche nicht von Westdeutschen, Auszubildende in den Betrieben nicht von Studierenden an Hochschulen. Allenfalls gibt es geringfügige Abweichungen in der Verbreitung und Intensität dieses Wunsches. Demgegenüber besteht aber oft eine Kluft zwischen Kinderwunsch und tatsächlicher Kinderzahl. Sie ist besonders groß bei Frauen, die mit einem Hochschulabschluss erst relativ spät das Bildungssystem verlassen haben und zugleich mit der erworbenen akademischen Qualifikation eine gut bezahlte Erwerbstätigkeit aufnehmen können. Außerdem gibt es Anzeichen, dass der Anteil derer, die von vornherein keine Kinder haben wollen, in jüngerer Zeit zunimmt. Beides, die Kluft zwischen Kinderwunsch und seiner Realisierung wie auch die Abkehr vom Kinderwunsch, kann letztlich eine Reaktion auf die mangelnde Vereinbarkeit von Familientätigkeit und Erwerbstätigkeit bzw. die fehlende Balance zwischen beiden Lebensbereichen (*work–life balance*) darstellen.

Das vorliegende Gutachten erweitert den Blick auf die Problematik mangelnder Vereinbarkeit, indem es die Vereinbarkeit von Ausbildung, Studium und Elternschaft in das Blickfeld rückt. Es greift damit eine Problematik auf, die bereits im Fünften Familienbericht (BMFuS 1994) unter dem Stichwort „Familienorientierung des Bildungssystems" angesprochen wurde. Das Gutachten verfolgt nicht das Ziel, Maßnahmen zu propagieren, die einen besonderen Anreiz bieten, schon während eines Studiums, schon gar nicht während einer beruflichen Ausbildung eine Familiengründung zu realisieren. Es will hingegen deutlich machen, welche Probleme mit einer Elternschaft, insbesondere einer Mutterschaft, während einer Ausbildung und eines Studiums einhergehen. Es will darüber hinaus aufzeigen, was nach Ansicht des Wissenschaftlichen Beirats zu tun ist, um die Benachteiligungen zu minimieren, denen eine nicht zu vernachlässigende Zahl der betroffenen jungen Menschen ausgesetzt ist. Die vorgeschlagenen Maßnahmen sind zudem im Rahmen einer umfassenderen Politik zu sehen, die darauf abzielt, Benachteiligungen von Eltern in verschiedenen gesellschaftlichen Bereichen und die Benachteiligung von Frauen im Hinblick auf ihre Erwerbsbeteiligung zu beseitigen. Dann, und nur dann, kann das Votum des Beirats auch als ein Beitrag zur Erweiterung der Freiheitsspielräume bei der verantwortungsvoll zu treffenden Wahl von Zeit und Umständen einer Familiengründung durch die jungen Menschen betrachtet werden.

Die Gleichzeitigkeit von Ausbildung und Elternschaft birgt unter den derzeitigen Rahmenbedingungen erhebliche Risiken, und zwar sowohl für das Gelingen der Partnerschaft, für das Familienleben und das Aufwachsen der Kinder als auch für den Erwerb von Qualifikationen und den weiteren Bildungs- und Erwerbsverlauf. Die verfügbaren Daten offenbaren, dass eine Verschränkung von Ausbildung, Studium und Elternschaft meistens nicht konfliktfrei verläuft. In fast allen Fällen führt die Gleichzeitigkeit von Elternschaft und Ausbildung zu großen Belastungen der jungen Väter und Mütter, die – wie Ergebnisse einschlägiger Studien zeigen – in ihrem Bildungsverhalten in erheblichem Maße eingeschränkt sind. Demgemäß sind das hohe Durchschnittsalter Studierender und entsprechend lange Studienzeiten häufig auch Folgeprobleme einer frühen Elternschaft, was in der bisherigen Diskussion um „überlange" Studienzeiten nicht hinreichend beachtet wird.

Folge dieser mangelnden Vereinbarkeit sind oft defizitäre Entwicklungen und problematische Umorientierungen, die in einem Abbruch der Ausbildung oder des Studiums, einem Abbruch der Schwangerschaft, einer ungewollten dauerhaften Kinderlosigkeit oder dem unfreiwilligen Verzicht auf weitere Kinder offenbar werden. Solche Entwicklungen zeitigen aber nachhaltige negative Effekte und lassen sich zu späteren Zeitpunkten nur noch unter hohem Aufwand oder gar nicht korrigieren. Das Fehlen einer guten Ausbildung ist im Lebensverlauf – jedenfalls in Deutschland – kaum zu kompensieren. Ebenso lassen sich wegen eines Studiums aufgeschobene Kinderwünsche nicht beliebig lange nachholen.

Die hier skizzierten Folgen der mangelnden Vereinbarkeit von Ausbildung und Elternschaft können weder individuell noch gesellschaftlich erwünscht sein. Es darf nicht zu Benachteiligungen kommen, wenn junge Menschen sich entscheiden, bereits während ihrer Ausbildung ihren Kinderwunsch zu realisieren. Ebenso muss vermieden werden, dass ein Studium gegebenenfalls um den Preis ungewollter Kinderlosigkeit erkauft wird. Der Wissenschaftliche Beirat für Familienfragen schlägt nach einer Analyse der Ausgangslage in den beiden Ausbildungssektoren – duales System und Hochschule – eine Reihe von Maßnahmen vor, die auf die Beseitigung gravierender Behinderungen und Benachteiligungen von Eltern in Ausbildung und Studium und auf eine bessere Vereinbarkeit dieser beiden Handlungsbereiche abzielen.

Mit Blick auf die Ausbildung im dualen System (vgl. Kapitel 3 und 6.1) muss die Vereinbarkeit mit Elternschaft durch grundsätzliche Lösungen vonseiten der Kammern, der Arbeitgeber und des Staates verbessert werden. Das vorliegende Gutachten benennt Maßnahmen, die sich auf eine weiter reichende Abkehr vom Vollzeitprinzip der beruflichen Ausbildung, auf Angebote der Kinderbetreuung und Unterstützung der jungen Mütter bei der Alltagsorganisation (z. T. in Form von Verbundausbildungssystemen) sowie auf Finanzierungsmöglichkeiten der Ausbildung beziehen. Dabei wird auch deutlich, dass es bei solchen Maßnahmen(-bündeln) keinesfalls um die Förderung von „sozial Benachteiligten" geht: Elternschaft ist durch eine entsprechende Familienpolitik – und im vorliegenden Falle auch eine entsprechende Bildungspolitik – von eben den Folgen einer möglichen Benachteiligung zu befreien.

Dieses gilt gleichermaßen für den Bereich der Hochschulausbildung (vgl. Kapitel 4 und 6.2) und für studierende Eltern. Benachteiligungen im Studium, die durch Elternschaft entstehen, sind zu beseitigen, und zwar unter dem Aspekt der Chancengleichheit von Studierenden mit Kindern gegenüber solchen ohne Kinder wie auch unter dem Aspekt der Vermeidung unerwünschter Nebeneffekte und Langzeitfolgen von Elternschaft. Hier haben vor allem die Länder die Regelungshoheit, und der Gesetzgeber ist gefordert, Rahmenbedingungen zu schaffen, die eine Gleichzeitigkeit von Elternschaft und Studium lebbar machen. Der Wissenschaftliche Beirat für Familienfragen unterbreitet im vorliegenden Gutachten Empfehlungen mit Blick auf drei Handlungsfelder, nämlich die Gestaltung von Studien- und Prüfungsordnungen und die Organisation des Studiums, die Sicherung der Kinderbetreuung im Umfeld der Hochschulen und die Finanzierung des Studiums. Gerade mit der mittlerweile weit gediehenen Einführung gestufter Studiengänge, der Diskussion über die Erhebung von Studiengebühren bzw. die Einführung alternativer Modelle wie Studienkonten sowie der aktuellen Anstrengungen zum Ausbau von Betreuungseinrichtungen für Kleinstkinder bieten sich neue Chancen, Hochschulen familiengerechter auszugestalten.

Elternschaft darf nicht auf Kosten von Ausbildung und Studium gelebt und eine Ausbildung oder ein Studium darf nicht zulasten von Elternschaft erworben werden müssen. Die mangelnde Vereinbarkeit von Ausbildung, Studium und Elternschaft verstößt nach Ansicht des Beirats gegen den Grundsatz der Gewährleistung der freien Entfaltung der Persönlichkeit. Die unzureichende Vereinbarkeit steht darüber hinaus aber auch im Widerspruch zu den wohlverstandenen Interessen des Gemeinwesens. Denn die Gesellschaft ist auf die hohe Qualifikation der jungen Erwachsenen ebenso angewiesen wie auf eine nachwachsende Generation von Kindern. Mit seinem Gutachten will der Beirat dazu beitragen, dass die Frage der Vereinbarkeit von Ausbildung und Elternschaft den gleichen Rang einnimmt wie die Frage der Vereinbarkeit von Erwerbstätigkeit und Elternschaft. In beiderlei Hinsichten ist ein politisches Handeln erforderlich, das sich gleichermaßen an der Sicherung des Wohlergehens und der Wohlfahrt der einzelnen Bürger und Bürgerinnen wie an den wohlverstandenen Interessen des Gemeinwesens orientiert.

Literatur

Anslinger, Eva, Junge Mütter im dualen System der Berufsausbildung. Potenziale und Hindernisse, Bielefeld: Bertelsmann, 2008.

Autorengruppe Bildungsberichterstattung (Hrsg.), Bildung in Deutschland 2008. Ein indikatorengestützter Bericht mit einer Analyse zu Übergängen im Anschluss an den Sekundarbereich I, Bielefeld: Bertelsmann, 2008.

Beblo, Miriam, Stefan Bender und Elke Wolf, The Wage Effects of Entering Motherhood. A Within-firm Matching Approach, ZEW Discussion Paper 06053, Mannheim, 2006.

Becker, Stefan J., „Unternehmensziel: Familienbewusste Personalpolitik", Familienwissenschaftliche und familienpolitische Signale, Hrsg. Bernhard Jans, Andre Habisch und Erich Stutzer, Grafschaft: Vektor, 2000: 517-520.

Beicht, Ursula und Joachim Gerd Ulrich, Welche Jugendlichen bleiben ohne Berufsausbildung? BIBB-Report 6/08. Verfügbar unter: www.bibb.de/de/49930.htm, [05.07.2010].

BIBB, Datenreport zum Berufsbildungsbericht 2009, Berlin, 2009. Verfügbar unter http://datenreport.bibb.de/html/133.htm [08.04.2010].

BIBB, Empfehlungen des Hauptausschusses des BIBB zur Vereinheitlichung der Gestaltung der Teilzeitausbildung, 2008.

Birkelbach, Klaus W., Berufserfolg und Familiengründung – Lebensläufe zwischen institutionellen Bedingungen und individueller Konstruktion, Opladen: Westdeutscher Verlag, 1998.

Berliner Institut für Sozialforschung GmbH (BIS), Sozioökonomische Situation junger Mütter (und Väter) in Berlin. Statistische Daten im Überblick, Berlin, 2008.

BMAS (Hrsg.), Lebenslagen in Deutschland. Der zweite Armuts- und Reichtumsbericht der Bundesregierung, Berlin, 2005.

BMAS (Hrsg.), Lebenslagen in Deutschland. Der dritte Armuts- und Reichtumsbericht der Bundesregierung, Berlin, 2008a.

BMAS, Grundsicherung für Arbeitsuchende SGB II, Fragen und Antworten, Berlin, 2008b. Verfügbar unter: http://www.bmas.de/portal/10362/grundsicherung__fuer__arbeitsuchende__sgb__ii.html, [06.07.2010]

BMAS, Sozialhilfe und Grundsicherung, Berlin, 2008c. Verfügbar unter: http://www.bmas.de/portal/1852/property=pdf/a207__sozialhilfe__und__grundsicherung.pdf, [06.07.2010].

BMBF (Hrsg.), Berufsbildungsbericht 2001, Berlin, 2001. Verfügbar unter: http://www.bmbf.de/pub/bbb2001.pdf, [28.06.2010].

Literatur

BMBF (Hrsg.), Berufsbildungsbericht 2002, Berlin, 2002. Verfügbar unter: http://www.bmbf.de/pub/bbb2002.pdf, [28.06.2010].

BMBF, Studiensituation und studentische Orientierungen. 10. Studierendensurvey an Universitäten und Fachhochschulen, Berlin, 2007a: 2.

BMBF (Hrsg.), Berufsbildungsbericht 2007b, Berlin, 2007. Verfügbar unter: http://www.bmbf.de/pub/bbb_07.pdf [25.08.2010].

BMBF, Jobstarter Connect. Einsatz von Ausbildungsbausteinen zur Ausbildungs- und Berufsintegration, Berlin, 2008.

BMBF (Hrsg.), Berufsbildungsbericht 2009, Bonn, Berlin, 2009.

BMBF, Achtzehnter Bericht nach §35 des Bundesausbildungsförderungsgesetzes zur Überprüfung der Bedarfssätze, Freibeträge sowie Vomhundersätze und Höchstbeträge nach § 21 Absatz 2, Berlin, 2010. Verfügbar unter http://www.bmbf.de/pub/achtzenter_bericht_bafoeg.pdf, [06.07.2010].

BMFSFJ (Hrsg.), Alleinerziehende in Deutschland – 1995/96. Dokumentation. Materialien zur Familienpolitik. Nr. 1, Bonn, 1997.

BMFSFJ, Elfter Kinder- und Jugendbericht. Bericht über die Lebenssituation junger Menschen und die Leistungen der Kinder- und Jugendhilfe in Deutschland, Berlin, 2001.

BMFSFJ, Familienmonitor 2008. Repräsentative Befragung zum Familienleben und zur Familienpolitik, Berlin, 2008a.

BMFSFJ, Familienfreundliche Maßnahmen im Handwerk: Potenziale, Kosten-Nutzen-Relationen, Best Practices. Berlin, 2008b.

BMFSFJ, Der Unterhaltsvorschuss. Eine Hilfe für Alleinerziehende, 2008c.

BMFSFJ, 3. Bilanz Chancengleichheit, Berlin, 2008d.

BMFSFJ, Atlas zur Gleichstellung von Frauen und Männern in Deutschland. Eine Standortbestimmung, Berlin, 2009a.

BMFSFJ, Dossier: Entgeltungleichheit zwischen Frauen und Männern in Deutschland. Berlin, 2009b.

BMFSFJ, Familienreport 2009. Leistungen, Wirkungen, Trends, Berlin, 2009c.

BMFSFJ, Dossier Vereinbarkeit von Familie und Beruf für Alleinerziehende. Materialien aus dem Kompetenzzentrum für familienbezogene Leistungen im BMFSFJ, Berlin, 2009d.

BMFSFJ und iw Köln, Unternehmensmonitor Familienfreundlichkeit 2006: Wie familienfreundlich ist die deutsche Wirtschaft – Stand, Fortschritte, Bilanz, Berlin, 2006.

BMFuS, Familien und Familienpolitik im geeinten Deutschland – Zukunft des Humanvermögens. Fünfter Familienbericht, Bonn: Bundestagsdrucksache 12/7560, 1994.

BMJ, Das Kindschaftsrecht. Fragen und Antworten, 2008.

Böhmer, Michael, Markus Matuschke, und Ute Zweers, Dossier Kindergeld in Deutschland – Familien wirksam fördern. Materialien aus dem Kompetenzzentrum für familienbezogene Leistungen im BMFSFJ, Berlin, 2008.

Büchel, Felix und Markus Pannenberg, „Berufliche Weiterbildung in West- und Ostdeutschland: Teilnehmer, Struktur und individueller Ertrag", Zeitschrift für Arbeitsmarktforschung 37, Heft 2, 2004: 73-126.

Bundesanstalt für Arbeit (Hrsg.), (Teilzeit-)Ausbildung für junge Mütter und Väter. Informationen für die Beratungs- und Vermittlungsdienste (ibv) 02/02, Nürnberg, 2002.

Bundesregierung, Koalitionsvertrag vom 26.10.09, Berlin, 2009: Ziffer 3835ff, 77.

Bundesverfassungsgericht, Leitsätze zum Beschluss des Zweiten Senats vom 10. November 1998: 28f., 42.

Bund-Länder-Ausschuss für Berufliche Bildung, „Eckpunkte für eine modifizierte Vollzeitausbildung, Beschluss vom 30. März 2001", Informationen für die Beratungs- und Vermittlungsdienste: (Teilzeit-)Ausbildung für junge Mütter und Väter. Modellprojekte aus der Praxis, 1/2002: 77/78.

Busch, Anne und Elke Holst, „Verdienstdifferenz zwischen Frauen und Männern nur teilweise durch Strukturmerkmale zu erklären", DIW-Wochenbericht 15/2008, Berlin, 2008.

Buxel, Holger, „Der ärztliche Nachwuchs ist unzufrieden", Deutsches Ärzteblatt, Jg. 106, Heft 37, 2009: 1538-1541.

BzGA, Kinderwunsch und Familiengründung bei Männern und Frauen mit Hochschulabschluss, Köln, 2005.

Christ, Kerstin, „Berufsausbildung mit Kind ist möglich – auch mit der SGB II-Instrumentenreform? Ein Erfahrungsbericht aus Hessen", G.I.B. Info: Magazin der Gesellschaft für innovative Beschäftigungsförderung des Landes Nordrhein-Westfalen, Heft 2, 2009: 18-22.

DIW, „Führungspositionen: Frauen geringer entlohnt und nach wie vor seltener vertreten", DIW-Wochenbericht 25/2006, Berlin, 2006.

Ehlert, Nancy, Dossier Elterngeld als Teil nachhaltiger Familienpolitik. Materialien aus dem Kompetenzzentrum für familienbezogene Leistungen im BMFSFJ, 2008.

Engstler, Heribert und Kurt Lüscher, „Späte erste Mutterschaft. Ein neues biographisches Muster der Familiengründung?" Zeitschrift für Bevölkerungswissenschaft, 17, 1991: 433-460.

European Commission, Employment in Europe 2007. Luxembourg: Office for Official Publications of the European Communities, 2007.

Eurostat Datenbank. Verfügbar unter
http://epp.eurostat.ec.europa.eu/portal/page/portal/statistics/search_database, [12.10.2010].

Familienforschung Baden-Württemberg, Alleinerziehende in Deutschland - Potenziale, Lebenssituationen und Unterstützungsbedarfe. Monitor Familienforschung, Ausgabe 15, im Auftrag des BMFSFJ, Berlin, 2008.

Familienkasse, Merkblatt Kinderzuschlag, Berlin, 2009.

Feuerstein, Thomas, Entwicklung des Durchschnittsalters von Studierenden und Absolventen an deutschen Hochschulen seit 2000, Wirtschaft und Statistik, Hrsg. Statistisches Bundesamt, Wiesbaden: 7/2008.

Flügge, Sybille, „Rechtliche und finanzielle Rahmenbedingungen eines Studiums mit Kind, Studieren mit Kind. Die Vereinbarkeit von Studium und Elternschaft: Lebenssituationen, Maßnahmen und Handlungsperspektiven", Waltraud Cornelißen und Katrin Fox Hrsg., Wiesbaden: VS Verlag für Sozialwissenschaften, 2007.

Forum Bildung (Hrsg.), Lernen – ein Leben lang. Vorläufige Empfehlungen und Expertenbericht, Bonn, 2001.

Friese, Marianne, „Lebenssituation und Bedarfe junger Mütter in Teilzeitausbildung", Studie zur Umsetzung von Teilzeitausbildung in Berlin. Gefördert durch die Senatsverwaltung für Wirtschaft, Technologie und Frauen und den Europäischen Sozialfonds (ESF), Hrsg. LiLA, Berlin, 2008: 36-40.

Geissler, Birgit und Mechthild Oechsle, „Die Modernisierung weiblicher Lebenslagen", Das Parlament: Aus Politik und Zeitgeschichte, 31-32, 2000: 11-17.

G.I.B.-Info 2_2009, Teilzeitberufsausbildung. Magazin der Gesellschaft für innovative Beschäftigungsförderung des Landes NRW, Bottrop, 2009.

Göhler, Marion und Wolf-Dieter Scholz, Zwischen Küche und Hörsaal. Zur Situation studierender Mütter, Oldenburg: Bibliotheks- und Informationssystem der Universität Oldenburg, 1989.

Grünheid, Evelyn, Junge Frauen in Deutschland – Hohe Ausbildung contra Kinder? BIB-Mitteilungen, 24(1), 2003: 9-15.

Grüske, Karl-Dieter, „Studiengebühren. Ein Beitrag zur Finanzierung der Hochschulen durch die Nutzer", Beiträge zur Hochschulforschung, 24, 2002: 72-89.

Hahner, Beatrix, Teilzeit-Ausbildung für junge Mütter und Väter. Anforderungen an Ausbilder/innen am Beispiel des STARegio-Projekts von IHK und HwK Lübeck, Dissertation am Institut für Erziehungswissenschaften des Fachbereichs 03 der Justus-Liebig-Universität Gießen, 2009.

Heckhausen, Jutta, Carsten Wrosch and William Fleeson, "Developmental regulation before and after a developmental deadline: The sample case of "biological clock" for childbearing", Psychology and Aging, 16(3), 2001: 400-413.

Helfferich, Cornelia, Anneliese Hendel-Kramer und Nina Wehner, fast – Familiengründung im Studium. Eine Studie in Baden-Württemberg – Abschlussbericht zum Projekt (Arbeitspapier der LANDESSTIFTUNG Baden-Württemberg), Bildung Nr. 5, Stuttgart, 2007.

Hertie-Stiftung (Hrsg.), (2003): Familiengerechte Hochschule, Frankfurt/Main, 2003: 192ff.

Heublein, Ulrich und Dieter Sommer, Lebensorientierungen und Studienmotivation von Studienanfängern, Kurzinformation A 5/2000, Hannover: Hochschul-Informations-System, 2000.

Heublein, Ulrich, Heike Spangenberg und Dieter Sommer, Ursachen des Studienabbruchs. Analyse 2002, Hochschulplanung Band 163, Hannover: Hochschul-Informations-System, 2003.

Heublein, Ulrich, Robert Schmelzer, Dieter Sommer und Johanna Wank, Die Entwicklung der Schwund- und Studienabbruchquoten an den deutschen Hochschulen. Statistische Berechnungen auf der Basis des Absolventenjahrgangs 2006, HIS:Projektbericht, Hannover: Hochschul-Informations-System, 2003.

Höhn, Charlotte, Andreas Ette, und Kerstin Ruckdeschel, Kinderwünsche in Deutschland. Konsequenzen für eine nachhaltige Familienpolitik, Stuttgart, 2006.

Huinink, Johannes, „Familienentwicklung in der Bundesrepublik Deutschland", Vom Regen in die Traufe: Frauen zwischen Beruf und Familie. Hrsg. Karl Ulrich Mayer, Jutta Allmendinger und Johannes Huinink, Frankfurt: Campus, 1991: 289-317.

Huinink, Johannes, Warum noch Familie? Zur Attraktivität von Partnerschaft und Elternschaft in unserer Gesellschaft, Frankfurt: Campus, 1995.

Huinink, Johannes, „Bildung und Familienentwicklung im Lebensverlauf", Zeitschrift für Erziehungswissenschaft, 3, 2000: 209-227.

Isserstedt, Wolfgang, Elke Middendorff, Gregor Fabian und Andrä Wolter, Die wirtschaftliche und soziale Lage der Studierenden in der Bundesrepublik Deutschland 2006. 18. Sozialerhebung des Deutschen Studentenwerks durchgeführt durch HIS Hochschul-Informations-System, Hrsg. BMBF, Berlin, 2007.

Isserstedt, Wolfgang, Elke Middendorff, Maren Kandulla, Lars Borchert und Michael Leszczensky, Die wirtschaftliche Lage der Studierenden in der Bundesrepublik Deutschland 2009. 19. Sozialerhebung des Deutschen Studentenwerks, durchgeführt durch HIS Hochschul-Informations-System, Hrsg. BMBF, Berlin, 2010.

Jansen, Andreas, Angelika Kümmerling und Steffen Lehndorff, IAQ-Report: Unterschiede in den Beschäftigung- und Arbeitszeitstrukturen in Ost- und Westdeutschland. IAQ/HBS Arbeitszeit-Monitor 2001-2006, Duisburg-Essen, 2009-03.

Kahle, Irene, Studierende mit Kindern. Die Studiensituation sowie die wirtschaftliche und soziale Lage der Studierenden mit Kindern in der Bundesrepublik Deutschland. Ergebnisse der Sonderauswertung der 13. Sozialerhebung des Deutschen Studentenwerkes im Mai 1991, Hrsg. Hochschul-Informations-System, Hannover, 1993.

Kaufmann, Franz-Xaver, Zukunft der Familie im vereinten Deutschland. Gesellschaftliche und politische Bedingungen, München: C.H. Beck, 1995.

Kaufmann, Franz-Xaver, „Familie und Modernität", Die "postmoderne" Familie. Familiale Strategien und Familienpolitik einer Übergangszeit Hrsg. Kurt Lüscher, Franz Schultheis und Michael Wehrspaun, Konstanz: Universitätsverlag, 1988: 391-415.

Kluve, Jochen und Martin Tamm, Evaluation des Gesetztes zum Elterngeld und zur Elternzeit – Studie zu den Auswirkungen des BEEG auf die Erwerbstätigkeit und die Vereinbarkeitsplanung, Essen, 2009.

KomDat 3/2009, Kommentierte Daten der Kinder- und Jugendhilfe. Informationsdienst der Dortmunder Arbeitsstelle Kinder- und Jugendhilfestatistik, Dortmund, 2010.

Kosmann, Marianne, Jennifer Neubauer, Annett Schultz und Holger Wunderlich, Alleinerziehende im Sozialhilfebezug - Risiken und Chancen im Leben zwischen Familie und Erwerbstätigkeit. Endbericht zu Händen des Bundesministeriums für Gesundheit und Soziale Sicherung, Bochum, 2003.

Krappmann, Lothar, „Familie im Lebensentwurf – die Perspektive der nachwachsenden Generation", Gerechtigkeit für Familien, Hrsg. Konrad Deufel und Clemens Geißler, Freiburg: Lambertus, 2003: 127-132.

Kreyenfeld, Michaela und Dirk Konietzka, Wandel der Geburten- und Familienentwicklung in West- und Ostdeutschland, Hrsg. Norbert Schneider, Lehrbuch Moderne Familiensoziologie, Opladen: UTB, 2008: 121-137.Krüsselberg, Hans-Günter, „Familienarbeit und Erwerbsarbeit im Spannungsfeld struktureller Veränderungen der Erwerbstätigkeit", Kontinuität und Wandel der Familie in Deutschland, Hrsg. Rosemarie Nave-Herz, Stuttgart: Lucius & Lucius, 2002: 277-314.

Kühn, Thomas, Biographische Planung und ihre Ambivalenzen. Annäherungen junger Erwachsener an die Option Familienplanung, BIOS, 16, 2003: 64 – 86.

Künzler, Jan, Partnerschaft und Elternschaft im Familiensystem, Bielefeld: Kleine, 1994.

Literatur

Kuwan, Helmut, Frauke Bilger, Dieter Gnahs, und Sabine Seidel, Berichtssystem Weiterbildung IX: Integrierter Gesamtbericht zur Weiterbildungssituation in Deutschland, Berlin, 2006.

Liebhardt, Hubert, Jörg M. Fegert, Medizinstudium mit Kind: Familienfreundliche Studienorganisation in der medizinischen Ausbildung. Lengerich: Pabst Sciences Publisher, 2010.

Lietzmann, Torsten, Warum Alleinerziehende es besonders schwer haben. Bedarfsgemeinschaften im SGB II, IAB-Kurzbericht 12/2009, Nürnberg, 2009.

Löhr, Henrike, „Kinderwunsch und Kinderzahl", Die Familie in Westdeutschland, Hrsg. Hans Bertram, Opladen: Leske+Budrich, 1991: 461-496.

LiLA e.V., Teilzeitausbildung für junge Mütter – eine Investition in die Zukunft für Zwei. Dokumentation einer Fachtagung am 11. Juni 2007 in Berlin, 2007.

Märten, Doreen, „Sicherstellung des Lebensunterhalts von Auszubildenden in Berufsausbildung in Teilzeit", Studie zur Umsetzung von Teilzeitausbildung in Berlin. Gefördert durch die Senatsverwaltung für Wirtschaft, Technologie und Frauen und den Europäischen Sozialfonds (ESF), Hrsg. LiLA, Berlin, 2008: 40-48.

Medizinischer Fakultätentag Deutschland, Resolution zur Familienfreundlichkeit in Studium und Weiterbildung von Medizinerinnen und Medizinern, 2010. Verfügbar unter http://www.mft-online.de/html/resolution.htm, [06.07.2010].

Ministerium für Generationen, Familie, Frauen und Integration des Landes Nordrhein-Westfalen (Hrsg.), Frauen zwischen Beruf und Familie – Entwicklungen in NRW 1997-2005, Düsseldorf, 2007.

Middendorff, Elke, Kinder eingeplant? Lebensentwürfe Studierender und ihre Einstellung zum Studium mit Kind. Befunde einer Befragung des HISBUS-Online-Panels im November/Dezember 2002 (HIS Kurzinformationen A4/2003), Hrsg. Hochschul-Informations-System, Hannover, 2003.

Middendorff, Elke, Studieren mit Kind. Ergebnisse der 18. Sozialerhebung des Deutschen Studentenwerks, durchgeführt durch HIS Hochschul-Informations-System, Hrsg. BMBF, Berlin, 2008.

Minks, Karl-Heinz, Ingenieurinnen und Naturwissenschaftlerinnen – neue Chancen zwischen Industrie- und Dienstleistungsgesellschaft. Ergebnisse einer Längsschnittuntersuchung zur beruflichen Integration von Frauen aus technischen und naturwissenschaftlichen Studiengängen, Hochschulplanung Band 153, Hrsg. Hochschul-Informations-System, Hannover, 2001.

Minks, Karl-Heinz und Hilde Schaeper, Modernisierung der Industrie- und Dienstleistungsgesellschaft und Beschäftigung von Hochschulabsolventen. Ergebnisse aus Längsschnittuntersuchungen zur beruflichen Integration von Hochschulabsolventinnen und –absolventen, Hochschulplanung Band 159, Hrsg. Hochschul-Informations-System, Hannover, 2002.

Montada, Leo, „Gerechtigkeitsmotiv und Eigeninteresse", Zeitschrift für Erziehungswissenschaft, 3, 1998: 413-430.

Multrus, Frank, Tino Bargel und Michael Ramm, Studiensituation und studentische Orientierungen. 10. Studierendensurvey an Universitäten und Fachhochschulen, Hrsg. BMBF, Berlin, 2008.

Ministerium für Wissenschaft, Weiterbildung, Forschung und Kultur Rheinland-Pfalz Grundsatzpapier zum Studienkonten-Modell, 2003.

Nave-Herz, Rosemarie, „Kontinuität und Wandel in der Bedeutung, in der Struktur und Stabilität von Ehe und Familie in der Bundesrepublik Deutschland", Wandel und Kontinuität der Familie in der Bundesrepublik Deutschland Hrsg. Rosemarie Nave-Herz, Stuttgart: Enke, 1998: 61-94.

Nienhüser, Werner, Studentische Erwerbstätigkeit und Probleme im Studium – Eine empirische Analyse geschlechtsspezifischer Unterschiede. Diskussionsbeiträge aus dem Fachbereich Wirtschaftswissenschaften der Universität Essen Nr. 116, Essen, 2001.

Paul-Kohlhoff, Angela, 13 Thesen: Teilzeitausbildung als Reformperspektive für die duale Ausbildung – eine effektive Förderung der Integration von Frauen in die Berufsausbildung? Informationen für die Beratungs- und Vermittlungsdienste der Bundesanstalt für Arbeit, 2, 2002: 146-148.

Perspektive Deutschland, Projektbericht Perspektive-Deutschland 2005/2006. Die größte gesellschaftspolitische Online-Umfrage, Düsseldorf, 2006.

Pfahl, Svenja uns Stefan Reuyß, Das neue Elterngeld. Erfahrungen und betriebliche Nutzungsbedingungen von Vätern, Hrsg. Hans-Böckler-Stiftung, Düsseldorf, 2009.

Puhani, Patrick und Katja Sonderhof, The effects of maternity leave extension on training for young women. IZA Discussion Paper Nr. 3820, 2008.

Puhlmann, Angelika, "Objektive Chancenlosigkeit? Individuelles Versagen? Zur Berufslosigkeit junger Frauen in den alten und neuen Bundesländern", Wirtschaft und Berufserziehung, 8, 1993: 236-241.

Puhlmann, Angelika, Berufsausbildung junger Mütter – junge Mütter in der Berufsausbildung: Probleme und Lösungsansätze. Informationen für die Beratungs- und Vermittlungsdienste der Bundesanstalt für Arbeit, 2, 2002: 79-83.

Puhlmann, Angelika, „Berufsausbildung in Teilzeit - Gründe und Hintergründe", Ausbildung in Teilzeit für junge Mütter. Bundesweiter Transfer und Berliner Perspektiven. Dokumentation der MultiplikatorInnenschulung am 11. Juni 2007 in Berlin, Hrsg. Bundesinstitut für Berufsbildung, 2007: 38-41.

Puhlmann, Angelika, Geschichte und Umsetzung von Teilzeitberufsausbildung: Daten – Fakten – Erkenntnisse. G.I.B.INFO, Magazin der Gesellschaft für innovative Beschäftigungsförderung des Landes NRW, 2_09, 2009: 12-17.

Reichle, Barbara, „Nonsupport in Partnerschaften: Die negative Seite sozialer Unterstützung", Sozialpsychologie des Stresses und der sozialen Unterstützung. Beiträge des 14. Hamburger Symposions zur Methodologie der Sozialpsychologie, Hrsg. Erich H. Witte und Christiane Bleich, Lengerich: Pabst, 2000: 89-111.

Reichle, Barbara, „Partnerschaftsentwicklung junger Eltern: Wie sich aus der Bewältigung von Lebensveränderungen Probleme entwickeln", Elternschaft heute. Gesellschaftliche Rahmenbedingungen und individuelle Gestaltungsaufgaben, Hrsg. Norbert F. Schneider und Heike Matthias-Bleck, Opladen: Leske + Budrich, 2002: 75-93.

Scheiwe, Kirsten, „Kindesunterhalt und Sozialleistungen", Kinder und Jugendliche im Sozialleistungssystem. Bundestagung des Deutschen Sozialrechtsverbandes 2008, Berlin: Erich Schmidt Verlag, 2009: 51-77.

Schmid, Günter, Wege in eine neue Vollbeschäftigung. Übergangsmärkte und aktivierende Arbeitsmarktpolitik. Frankfurt, New York: Campus, 2002.
Schmidt, Renate-Berenike und Uwe Sielert (Hrsg.), Handbuch Sexualpädagogik und sexuelle Bildung, Weinheim u. München: Juventa Verlag, 2008.
Schneewind, Klaus A. und Laszlo A. Vaskovics, Optionen der Lebensgestaltung junger Eltern und Kinderwunsch. Verbundstudie – Endbericht, Stuttgart: Kohlhammer, 1996.
Schneewind, Klaus A., Laszlo A. Vaskovics, Veronika Backmund, Hans-Peter Buba, Harald Rost, Norbert F. Schneider, Wolfgang Sierwald und Gabriele Vierzigmann, Optionen der Lebensgestaltung junger Ehen und Kinderwunsch. Verbundstudie im Auftrag des Bundesministeriums für Familie und Senioren, Schriftenreihe des Bundesministeriums für Familie und Senioren, Band 9, Stuttgart: Kohlhammer, 1992.
Schneider, Norbert F., Ruth Limmer und Kerstin Ruckdeschel, Sind berufliche Mobilitätserfordernisse in Zeiten der Globalisierung noch mit Familie vereinbar? Stuttgart: Kohlhammer, 2002.
Schnitzer, Klaus, Wolfgang Isserstedt und Elke Middendorf, Die wirtschaftliche und soziale Lage der Studierenden in der Bundesrepublik Deutschland 2000. 16. Sozialerhebung des Deutschen Studentenwerks, durchgeführt durch HIS Hochschul-Informations-System, Hrsg. BMBF, Berlin, 2001.
Schön, Bärbel, Tamara Frankenberger und Maria Tewes-Karimi, Gratwanderung: eine Studie über Studentinnen mit Kindern. Weinheim: Deutscher Studienverlag, 1990.
Solga, Heike und Svenja Pfahl, Wer mehr Ingenieurinnen will, muss bessere Karrierechancen für Frauen in Technikberufen schaffen, WZBrief Bildung, Berlin, 2009.
Specht, Gerd, „BQF-Programm", Vorhabenskizze. Betriebliche Erst-Ausbildung in Teilzeit (BEAT). Ein Modellprojekt zur beruflichen Integration von jungen, insbesondere allein erziehenden jungen Müttern und Vätern bis 25 Jahre, Unveröffentlichte Vorhabenskizze des Bildungsträgers RE.init e.V., 16.08.2006.
Statistisches Bundesamt, Leben und Arbeiten in Deutschland. Sonderheft 2: Vereinbarkeit von Familie und Beruf, Ergebnisse des Mikrozensus 2005, Wiesbaden, 2006a.
Statistisches Bundesamt, Geburten und Kinderlosigkeit in Deutschland. Ergebnisse der Sondererhebung 2006, Wiesbaden, 2007a.
Statistisches Bundesamt, Hochschulstandort Deutschland 2007, Begleitmaterial zur Pressekonferenz am 12. Dezember 2007 in Berlin, 2007b.
Statistisches Bundesamt, Mikrozensus 2008 --- Neue Daten zur Kinderlosigkeit in Deutschland. Ergänzende Tabellen zur Pressekonferenz am 29. Juli 2009 in Berlin, 2009a.
Statistisches Bundesamt, Bevölkerung und Erwerbstätigkeit. Haushalte und Familien. Ergebnisse des Mikrozensus 2008, Wiesbaden, 2009b.
Statistisches Bundesamt, Statistisches Jahrbuch 2009 für die Bundesrepublik Deutschland, Wiesbaden, 2009c.
Statistisches Bundesamt, Tabellen: Altersspezifische Geburtenziffern der Geburtsjahrgänge 1930-1993, früheres Bundesgebiet; DDR/neue Länder, Wiesbaden, 2009d.
Statistisches Bundesamt, Pressemitteilung Nr. 450 vom 25.11.2009: 7% mehr Studienanfänger im Studienjahr 2009, Wiesbaden, 2009e. Verfügbar unter:

http://www.destatis.de/jetspeed/portal/cms/Sites/destatis/Internet/DE/Presse/pm/200 9/11/PD09__450__213,templateId=renderPrint.psml [07.06.2010].

Statistisches Bundesamt, Bildung und Kultur. Studierende an Hochschulen. Vorbericht, Wiesbaden, 2010.

Strehmel, Petra, „Mutterschaft und Berufsbiographieverlauf: Entwicklungskonsequenzen bei jungen Akademikerinnen", Frauenleben zwischen Beruf und Familie: Psychosoziale Konsequenzen für Persönlichkeit und Gesundheit, Hrsg. Leokadia Brüderl und Bettina Paetzold, Weinheim: Juventa, 1992: 69-88.

Stutzer, Erich, „Familienfreundlichkeit als Zukunftsfrage in Unternehmen. Ergebnisse des Mikrozensus 2005", Vortrag im Rahmen des Workshops zur Vereinbarkeit von Arztberuf und Familie am 3. November 2009, Universität Ulm, 2009.

Thomé, Harald, Auszubildende und Studierende und SGB II und SBG XII, Tacheles-Online-Redaktion, Wuppertal, 2004. Verfügbar unter: http://www.tacheles-sozialhilfe.de/aktuelles/2004/Studium_Ausbildung_und_SGB_II.html, [23.01.2010].

Troltsch, Klaus, László Alex, Richard von Bardeleben und Joachim G. Ulrich, Jugendliche ohne Berufsausbildung – eine BIBB/EMNID-Untersuchung, 1999. Verfügbar unter: http://www.bibb.de/dokumente/pdf/a21_Jugendliche-ohne-Berufsausbildung.pdf, [15.07.2010].

Ulrich, Joachim G., Simone Flemming, Ralf Granath, Elisabeth M. Krekel, Die Entwicklung des Ausbildungsmarktes im Jahr 2009. Im Zeichen von Wirtschaftskrise und demografischem Einbruch. BIBB-Erhebung über neu abgeschlossene Ausbildungsverträge zum 30. September, 2010. Verfügbar unter: http://www.bibb.de/de/53060.htm, [28.06.2010].

Walper, Sabine, Anna-Katharina Gerhard, Beate Schwarz und Mechthild Gödde, „Wenn an den Kindern gespart werden muss: Einflüsse der Familienstruktur und finanzieller Knappheit auf die Befindlichkeit von Kindern und Jugendlichen", Familie und Entwicklung. Aktuelle Perspektiven der Familienpsychologie, Hrsg. Sabine Walper und Reinhard Pekrun, Göttingen: Hogrefe, 2001: 266-291.

Wassermann, R., Studium und Elternschaft – Belastungssituation vor dem Hintergrund sozioökonomischer und familiärer Strukturen, Dissertation, Fakultät für Sozialwissenschaft, Ruhr-Universität Bochum, 2005.

Wassermann, R. und A. Mett, Endbericht – Projekt: Rahmenbedingungen für ein Teilzeitstudium an der Fakultät für Sozialwissenschaft der Ruhr-Universität Bochum, 2003.

Wiesner, Reinhard, SGB VIII Kinder- und Jugendhilfe Kommentar, 3. Aufl. München: Beck Juristischer Verlag, 2006.

Wissenschaftlicher Beirat für Familienfragen beim BMFJG, Familie und Wohnen, Schriftenreihe des Bundesministers für Familie, Jugend und Gesundheit. Band 20, Stuttgart: Kohlhammer, 1975.

Wissenschaftlicher Beirat für Familienfragen beim BMFJG, Familie und Arbeitswelt, Schriftenreihe des Bundesministers für Familie, Jugend und Gesundheit. Band 143, Stuttgart: Kohlhammer, 1984.

Wissenschaftlicher Beirat für Familienfragen beim BMFuS, Leitsätze und Empfehlungen zur Familienpolitik im vereinigten Deutschland, Schriftenreihe des Bundesministers für Familie und Senioren. Band 1, Stuttgart: Kohlhammer, 1991.

Literatur

Wissenschaftlicher Beirat für Familienfragen beim BMFSFJ, Kinder und ihre Kindheit in Deutschland. Eine Politik für Kinder im Kontext von Familienpolitik, Schriftenreihe des Bundesministeriums für Familie, Senioren, Frauen und Jugend. Band 154, Stuttgart: Kohlhammer, 1998.

Wissenschaftlicher Beirat für Familienfragen beim BMFSFJ, Gerechtigkeit für Familien. Zur Begründung und Weiterentwicklung des Familienlasten- und Familienleistungsausgleichs, Schriftenreihe des Bundesministeriums für Familie, Senioren, Frauen und Jugend. Band 202, Stuttgart: Kohlhammer, 2001.

Wissenschaftlicher Beirat für Familienfragen beim BMFSFJ, Die bildungspolitische Bedeutung der Familie – Folgerungen aus der PISA-Studie, Schriftenreihe des Bundesministeriums für Familie, Senioren, Frauen und Jugend. Band 224, Stuttgart: Kohlhammer, 2002.

Wissenschaftlicher Beirat für Familienfragen beim BMFSFJ, Elternschaft und Ausbildung, 2004.

Wissenschaftlicher Beirat für Familienfragen beim BMFSFJ, Stärkung familialer Beziehungs- und Erziehungskompetenzen, Juventa: Weinheim, 2005.

Wissenschaftlicher Beirat für Familienfragen beim BMFSFJ, Ganztagsschule - eine Chance für Familien, Wiesbaden: VS Verlag für Sozialwissenschaften, 2006a.

Wissenschaftlicher Beirat für Familienfragen beim BMFSFJ, Kurzgutachten Bildung, Betreuung und Erziehung für Kinder unter drei Jahren, Hrsg. BMFSFJ, Berlin, 2008.

Wolff, Anja, Studie zur Umsetzung von Teilzeitberufsausbildung in Berlin. Gefördert durch die Senatsverwaltung für Wirtschaft, Technologie und Frauen und den Europäischen Sozialfonds (ESF), Berlin, 2008.

Ziefle, Andrea, Die individuellen Kosten des Erziehungsurlaubs: Eine empirische Analyse der kurz- und längerfristigen Folgen für den Karriereverlauf von Frauen, Hrsg. WZB, Berlin, 2004.

Ziegenhain, Ute, Lex Wijnroks, Bärbel Derksen und Ruth Dreisörner, „Entwicklungspsychologische Beratung bei jugendlichen Müttern und ihren Säuglingen: Chancen früher Förderung der Resilienz", Was Kinder stärkt. Erziehung zwischen Risiko und Resilienz, Hrsg. Günther Opp, Michael Fingerle und Andreas Freytag, München: Reinhardt, 1999: 142-165.

Ziegenhain, Ute, Bärbel Derksen und Ruth Dreisörner, „Frühe Förderung von Resilienz bei jungen Müttern und ihren Säuglingen", Kindheit und Entwicklung, 13, 2004: 226-234.

Ziegenhain, Ute, „Förderung der Beziehungs- und Erziehungskompetenzen bei jungen Müttern", Praxis der Kinderpsychologie und Kinderpsychiatrie, 56, 2007: 660-675.

Zierau, Johanna, Vereinbarkeit von Mutterschaft und Berufsausbildung. Vortrag im Rahmen der Fachtagung „Wege aus der Sackgasse – Mütter lernen" am 30. September und 1. Oktober 1999 in Berlin, Informationen für die Beratungs- und Vermittlungsdienste der Bundesanstalt für Arbeit, 2, 2002: 85-95.

Zierau, Johanna und Marita Bartmann, Recherche zur Vereinbarkeit von Berufsausbildung und früher Mutterschaft, Hrsg. Bundesministerium für Bildung, Wissenschaft, Forschung und Technologie, Bonn, 1996.

Zybell, Uta, An der Zeit – Zur Gleichzeitigkeit von Berufsausbildung und Kindererziehung aus Sicht junger Mütter, Darmstadt, 2003.

Mitglieder des Wissenschaftlichen Beirats für Familienfragen

Gerlach, Prof. Dr. Irene
- Vorsitzende -
Evangelische Fachhochschule Bochum sowie
Forschungszentrum Familienbewusste Personalpolitik (FFP) Münster

Fegert, Prof. Dr. Michael
- stellvertretender Vorsitzender -
Universitätsklinik und Poliklinik für Kinder- und Jugendpsychiatrie/ Psychotherapie
Ärztlicher Direktor Universitätsklinikum Ulm

Ott, Prof. Dr. Notburga
- stellvertretende Vorsitzende -
Ruhr-Universität Bochum
Lehrstuhl für Sozialpolitik und öffentliche Wirtschaft

Althammer, Prof. Dr. Jörg
Katholische Universität Eichstätt-Ingolstadt
Lehrstuhl für Wirtschafts- und Unternehmensethik

Büchner, Prof. em. Dr. Peter
Philipps-Universität Marburg
Institut für Erziehungswissenschaft

Diewald, Prof. Dr. Martin
Universität Bielefeld
Professur für Soziologie, Schwerpunkt Sozialstrukturanalyse

Filipp, Prof. em. Dr. Sigrun-Heide
Universität Trier
Fachbereich I – Psychologie

Greve, Prof. Dr. Werner
Universität Hildesheim
Institut für Psychologie

Honig, Prof. Dr. Michael-Sebastian
Université du Luxembourg
Faculté des Lettres, des Sciences Humaines, des Arts et des Sciences de l'Education, Unité de Recherche INSIDE

Keil, Prof. em. Dr. theol. Dr. phil. Siegfried
Philipps-Universität Marburg
Fachbereich Evangelische Theologie, Fachgebiet Sozialethik

Kleinhenz, Prof. em. Dr. Gerhard
Universität Passau
Lehrstuhl für Volkswirtschaftslehre mit Schwerpunkt Wirtschafts- und Sozialpolitik

Krüsselberg, Prof. em. Dr. Hans-Günter,
Philipps-Universität Marburg
Fachbereich Wirtschaftswissenschaften, Wirtschaftspolitik II, Abteilung für Allgemeine Volkswirtschaftslehre

Liegle, Prof. em. Dr. Ludwig
Universität Tübingen
Institut für Erziehungswissenschaft

Lüscher, Prof. em. Dr. Kurt
Universität Konstanz
Fachbereich Geschichte und Soziologie

Rauschenbach, Prof. Dr. Thomas
Direktor des Deutschen Jugendinstituts

Scheiwe, Prof. Dr. Kirsten
Universität Hildesheim
Institut für Sozial- und Organisationspädagogik

Schneider, Prof. Dr. Wolfgang
Julius-Maximilians-Universität Würzburg
Lehrstuhl für Psychologie IV

Spieß, Prof. Dr. C.-Katharina
Deutsches Institut für Wirtschaftsforschung (DIW) und
Freie Universität Berlin (FU)

Walper, Prof. Dr. Sabine
Universität München
Department für Pädagogik

Werding, Prof. Dr. Martin
Ruhr-Universität Bochum
Lehrstuhl für Sozialpolitik und Sozialökonomie

Ständige Gäste

Dorbritz, Dr. Jürgen
Bundesinstitut für Bevölkerungsforschung

Schneider, Prof. Dr. Norbert F.
Direktor des Bundesinstituts für Bevölkerungsforschung

Assistent des Beirats

Juncke, David, Forschungszentrum Familienbewusste Personalpolitik Münster
(FFP) Münster

MIX
Papier aus verantwortungsvollen Quellen
Paper from responsible sources
FSC® C105338

If you have any concerns about our products,
you can contact us on
ProductSafety@springernature.com

In case Publisher is established outside the EU,
the EU authorized representative is:
Springer Nature Customer Service Center GmbH
Europaplatz 3, 69115 Heidelberg, Germany

Printed by Libri Plureos GmbH
in Hamburg, Germany